# 『五燈』系列禪録文獻語言研究

李旭 著

四川大學出版社

責任編輯：徐　凱
責任校對：張伊伊
封面設計：墨創文化
責任印制：王　煒

**圖書在版編目(CIP)數據**

“五燈”系列禪録文獻語言研究 / 李旭著. —成都：四川大學出版社，2018.5
ISBN 978-7-5690-1864-6

Ⅰ.①五…　Ⅱ.①李…　Ⅲ.①禪宗-中國-北宋②禪宗-語言-研究　Ⅳ.①B946.5

中國版本圖書館 CIP 數據核字（2018）第 108163 號

書名　“五燈”系列禪録文獻語言研究

著　　者　李　旭
出　　版　四川大學出版社
地　　址　成都市一環路南一段 24 號（610065）
發　　行　四川大學出版社
書　　號　ISBN 978-7-5690-1864-6
印　　刷　四川和樂印務有限責任公司
成品尺寸　148 mm×210 mm
印　　張　10
字　　數　230 千字
版　　次　2018 年 11 月第 1 版
印　　次　2018 年 11 月第 1 次印刷
定　　價　42.00 圓



◆讀者郵購本書，請與本社發行科聯系。
電話：(028)85408408/(028)85401670/
(028)85408023　郵政編碼：610065
◆本社圖書如有印裝質量問題，請寄回出版社調換。
◆網址：http://press.scu.edu.cn

# 前言

## 一、禪宗燈録及“五燈”概述

### （一）“燈録”概説

“燈録”以“燈”命名，取自佛法以一燈燃千燈，燈燈不息，佛法相繼之意。以“燈録”命名，於“燈”有兩方面意思：其一，“燈”代表了“破暗還明”①，取佛法引燃衆生原本清淨自性心智之喻；其二，“以一燈燃千燈”，燈燈相續，表明佛法無邊的接續。對於收録内容的真偽及記述的概括程度等問題我們權且放置再議，就其編撰體例來看，“五燈”系列燈録②基本上都是從西天祖師開始③，到達磨再到六祖，然後再按照不同宗派的法嗣順序進行收録排列，亦表示燈燈接續之理。“録”則明此禪籍的體裁，因其收録的多爲語録，以對話爲主，結合法嗣上的編排模式與内容上的傳

---

① “破暗還明”這種表示方法是違背禪宗宗旨的，但是此處爲了説明問題，姑且落此言詮。

② “五燈”系列燈録分别爲：《景德傳燈録》（下文简稱《傳燈録》）、《天聖廣燈録》（下文简稱《廣燈録》）、《建中靖國續燈録》（下文简稱《續燈録》）、《聯燈會要》（下文简稱《會要》）、《嘉泰普燈録》（下文简稱《普燈録》）。

③ 《普燈録》中沒有收録西天祖師，但是從達磨開始，到六祖慧能俱齊。

法宗旨，故合而稱之爲"燈録"。正如雷漢卿所説："燈録通過記載人物言行和排列傳法世次表明禪宗發展的歷史。其特點是除記録禪人機語作略和記載生平行事外，將禪人按世次排列，用標目或敘述文字表明禪師的譜系。"[①]

然而，並非以"燈録"命名的文獻才算"燈録"。"燈録"是指按照禪宗譜系編排，以機緣語録體爲主要體裁，記載歷代祖師傳法機緣事蹟的著作。如南唐時期的《祖堂集》被公認爲現存最早的"燈録"。《佛光大辭典》釋"燈録"爲："'燈録'，又稱'傳燈録'。指記載禪宗歷代傳法機緣之著作。燈或傳燈，意謂以法傳人，如燈火相傳，輾轉不絕。"[②] 在此明確説明，要記載傳法機緣，而這種傳法機緣的載體形式，即爲機緣語録體，就是平常所説的"參禪""公案"等具有大量機鋒語的著作。因此《祖堂集》之前的《寶林傳》《傳法寶紀》《楞伽師資記》《歷代法寶紀》雖然是按譜系編排，傳法代代相續，但是不符合"直指人心"的頓悟宗旨和語録體的標準，不能算是燈録。

南唐保大十年（952）泉州招慶寺静、筠二師所編《祖堂集》爲現存最古的正統燈録，到宋代隨著禪宗的逐漸興盛及其隊伍的壯大，燈録亦達到極盛，以"五燈"系列爲主要標志，稱"五燈"時期。這一時期除了"五燈"系列外，還有"五燈"系列的鈔本，如宋仁宗景祐元年（1034）王隨删節《景德傳燈録》成《傳燈玉英集》十五卷，現收録在《宋藏遺珍》第三册（臺北新文豐出版社影印刊行），此爲删定

① 雷漢卿：《禪籍方俗語研究》，巴蜀書社，2010 年版，第 13 頁。

② 星雲、慈怡：《佛光大辭典》，北京圖書館出版社，2005 年版，第 6260 頁。

道原《景德傳燈録》三十卷之跋鈔本。到明代，出現了大量的關於“五燈”系列的續補，如南石文琇撰，永樂十五年（1417）編成的《五燈會元補遺》一卷，又遠門淨柱撰於崇禎十七年（1644）的《五燈會元續略》（略稱《五燈續略》）四卷或八卷，又費隱通容、百癡行元合撰《五燈嚴統》二十五卷（目録二卷），以上三部書皆收録在《卍續藏》中，編排體例及模式與“五燈”系列大致相同。又明代圓極居頂編《續傳燈録》三十六卷（目録三卷），收於《大正藏》第五十一冊。南石文琇著《增集續傳燈録》六卷（目録一卷），瞿汝稷撰《指月録》（又作《水月齋指月録》）三十二卷，永覺元賢著《繼燈録》六卷（目録一卷），箬庵通問編，居士施沛彙集《續燈存稿》十二卷（目録一卷），以上四書皆收録在《卍續藏》中。到了清代燈録亦大量盛行，如聶先撰《續指月録》二十卷，位中淨符編撰《祖燈大統》九十八卷（目録二卷），別庵性統編《續燈正統》四十二卷（目録一卷），心圓居士撰《揞黑豆集》九卷，丈雪通醉著《錦江禪燈》二十卷（目録一卷），善一如純輯《黔南會燈録》八卷，以上皆收録在《卍續藏》中。在清代還有一部重要的燈録是霽崙超永編的《五燈全書》，一二〇卷（目録十六卷），是對《五燈會元》等傳燈録刪增而成，收録立傳計有七千餘人，可謂集燈録之大成，此書亦收録在《卍續藏》中。以上這些燈録除了《錦江禪燈》《黔南會燈録》兩種地方性燈録之外，其他的燈録在體例、收録人物、公案上與“五燈”系列皆有雷同，尤其在清代的《五燈全書》中，明顯可見宋代“五燈”的影響與價值。

（二）"五燈"版本

《傳燈録》爲北宋真宗朝吳僧道元所作，後經楊億、李維、王曙勘定入藏。現存较早的版本公認爲《四部叢刊》三編的景宋本，此合三本而成。

《大正藏》所收録的《傳燈録》[1]以元延祐三年（1088）希渭刊刻本爲底本，《重刊〈景德傳燈録〉狀》云："忽得本路天聖禪寺松廬和尚所藏廬山穩庵古冊，最爲善本，良愜素志。遂於丙辰年正月初十日，將衣鉢估唱，得統金一萬二千餘緡。是日命工刊行於世，流通祖道。"由此可知，延祐本以廬山穩庵本（也稱"洪舊本"）爲底本，"而'舊本'之文與金藏本合若符契，而金藏本最爲接近初刻本之面貌，故知此洪州舊本當與初刻也較爲接近"[2]。據此推測，大正本《傳燈録》也應是現存較接近《傳燈録》初刻的版本之一。爲了證實推測的合理性，筆者詳細核對過大正本《傳燈録》每卷目録的收録內容、法嗣傳承形式，細檢所收禪師人數，竟與馮國棟所推測的《傳燈録》初刻模式完全吻合。因此，本书以大正本《傳燈録》爲底本，以四部景宋本《傳燈録》作爲校正的參考。

現存《傳燈録》版本還有俄藏黑城出土寫本《景德傳燈録》。馬格俠云："通過與這兩個最古本的對照，我們發現黑

---

① 此在下文標注爲"大正本《傳燈録》"與其他版本加以區別，如俄藏黑城出土寫本《景德傳燈録》簡稱爲"黑城本《傳燈録》"，《四部叢刊》三編景宋本《景德傳燈録》簡稱爲"四部景宋本《傳燈録》"，《磧砂藏》中收録的《景德傳燈録》簡稱爲"磧砂本《傳燈録》"等。

② 馮國棟：《〈景德傳燈録〉宋元刊本敘録》，載於《文獻季刊》，2006 年第 1 期，第 116 頁。

城寫本《景德傳燈録》，在内容上和《四部叢刊》三編收録的景宋本的内容完全相同，只是在排版形式上有所差别罷了。……我們可以斷定黑城寫本的《景德傳燈録》所依據的原本，可能是景宋本《景德傳燈録》或者是其前的版本。其出現年代可能和景宋本的年代同時或者更早一些。……它可能是《景德傳燈録》的最早版本，也可能是道原、楊億等人的原刻本。其底本很有可能是熙寧四年印製的《熙寧藏》或者更早的版本。"① 既然其與《四部叢刊》三編收録的景宋本《傳燈録》内容一致，那麼本書就直接用俄藏黑城寫本《景德傳燈録》第十一卷與《大正藏》所收録元延祐本《傳燈録》進行比較，因其只有一卷，故只能用於參校，無法作爲對讀的底本。

《傳燈録》因其刊刻之後影響極盛，宋元時期多有刊刻，如紹興二年（1132）前後福州大中寺僧人正自募緣刊刻的福州本《傳燈録》，北宋末年釋思鑒於浙江寧海所刻的浙本《傳燈録》，國家圖書館現藏有"十三行本""十一行本""十五行本"，但此三者孰爲浙本《傳燈録》，抑或皆不是，尚無定論。元豐三年（1080）至宋徽宗崇寧二年或三年（1103或1104）刻成的《萬壽藏》（又稱《崇寧藏》）中所收録的《傳燈録》增加了音釋内容，北宋末南宋初雕成的《毗盧藏》刻版與《萬壽藏》多有相同之處，然此二藏皆藏於日本。元代《磧砂藏》與《普寧藏》所依版本皆和《萬壽藏》相關，因此本書亦選取《磧砂藏》爲校正的主要參考版本。

---

① 馬格俠：《俄藏黑城出土寫本〈景德傳燈録〉年代考》，載於《敦煌學輯刊》，2005年第2期，第250頁。

元代單刻本有至正二十五年（1365）刊本，爲比丘寶生依照希渭刊本雕刻。另有古建香山圓智居士根據東禪寺所藏本抄寫刊刻（馮國棟認爲東禪寺所藏本爲《萬壽大藏本》），現國家圖書館及台北“故宫博物院”皆有殘本。而明清時期有依照元古建香山圓智居士刊本（即萬壽本系）所刊的汪士賢刊本，又有依元延祐本刊刻的劉世珩景元本，还有依照《磧砂藏》重雕的永樂南藏本與永樂北藏本，後清代龍藏本以永樂北藏本進行雕刻，明清之際又有依照元延祐本所雕的嘉興藏本。然而總體來説，除了失傳的邵州本、浙本外，其他各本都有所依翻刻。故此本書以大正本《傳燈録》爲主要參考材料，參證黑城本、《中華大藏經》本、《磧砂藏》本所收録《傳燈録》，基本涵蓋了《傳燈録》初刻時期各版本。[1]

《廣燈録》是宋仁宗时鎮國軍節度使李遵勖所編撰的禪宗燈史。其書輯録了自釋迦牟尼、西天二十七祖、南嶽下九世、青原下十二世，約三百七十餘人之略傳及機緣。此書編成之後，1029 年，李遵勖進獻給朝廷[2]，1036 年農曆 4 月，宋仁宗賜序[3]。《萬壽藏》有收。1148 年閏 8 月，福州開元

① 注：本書對《傳燈録》各版本的判斷皆依馮國棟觀點，見《〈景德傳燈録〉宋元刊本敘録》一文。

② 此據依星雲、慈怡：《佛光大辭典》，北京圖書館出版社，2005 年版，第 6000 頁。

③ 此據依《卍續藏》第 135 冊《廣燈録·序》：“因賜之題，豈徒然哉！亦王者溥濟萬物之源也。其録三十卷，時景祐三年四月日賜序。”《佛光大辭典》記爲 1029 年賜序，疑誤。《禪籍志》卷上記述其刊行時間爲 1034—1037 年，疑誤，1034—1037 年確爲景祐年號，然以其年號來劃定《廣燈録》的刊行時間，實爲草率，且《卍續藏》及《趙城金藏》中所收録仁宗之御序皆記爲“時景祐三年四月賜序”，此時間已近明確，奈何仍以年號含糊概之？

禪寺依此官方版本刻成經版，入《毗盧大藏經》[1]，《趙城金藏》中有收録。筆者暫未見其他版本。經筆者依照《中華大藏經》與《毗盧大藏經》（依照《卍續藏》本）比較發現，兩者無甚實質性的差别，《中華大藏經》中的《廣燈録》只是未録《卍續藏》中《廣燈録》卷首的“福州開元禪寺住持傳法賜紫慧通大師，子一謹募衆緣，恭爲今上皇帝祝延聖壽，文武官僚資崇禄位。圓成雕造毗盧大藏經板一副。時紹興戊辰閏八月　日　謹題”，可證金藏本《廣燈録》的刻版不是依照毗盧本而是另有他本；又金藏本將“《天聖廣燈録》都帙目録”置於全書之尾，而續藏本將其置於全書之首（於仁宗所賜之序前，未審此是《卍續藏》自行編排，抑或是《毗盧藏》本就如此）；又金藏本於每一卷卷首列出所録禪師的具體目録，然續藏本無此羅列，需於整卷中自行翻檢；又各卷卷名下，金藏本有“第×張”（“×”按序數排列，記爲“第一張、第二張……第十一張、第十二張……”）的計數，蓋是因原以卷軸式收藏，故此爲標識頁碼，續藏本無此標注；又金藏本於每卷卷首有《釋迦説法圖》，續藏本無。除以上所列諸條之外，收録的禪師無有差别，偶有異體字、刻版時筆畫疏漏之處。根據筆者臆測：毗盧本《廣燈録》與金藏本《廣燈録》蓋依同一版本而刻。因《趙城金藏》中《廣燈録》有數卷缺失，《中華大藏經》中依照上海涵芬樓本補

① 《卍續藏》第135冊《廣燈録》卷首：“福州開元禪寺住持傳法賜紫慧通大師，子一謹募衆緣，恭爲今上皇帝祝延聖壽，文武官僚資崇禄位。圓成雕造毗盧大藏經板一副。時紹興戊辰閏八月　日　謹題。”另疑，1148年爲《廣燈録》入《毗盧藏》時間，此距宋仁宗景祐三年（1036）已相隔百余年久，在此之前，《廣燈録》或已刊行，故《佛光大辭典》將《廣燈録》刊刻的時間定爲1148年，欠妥，應將其刊刻時間改爲“1148年有《毗盧藏》刻版”。

録，恐稍有差異，故選用續藏本《廣燈録》，并以《中華大藏經》《廣燈録》爲校正參考。

《續燈録》是宋代法雲寺[①]住持禪僧惟白所編，駙馬都尉張敦禮表請，宋徽宗於建中靖國元年（1101）賜序的禪宗燈録。《續燈録》共三十卷，另有目録三卷，收於《卍續藏》第一三六冊，也收於《趙城金藏》中，《中華大藏經》卷七十四依《趙城金藏》收録《續燈録》，卷首都帙目録、序及正文中偶見“東寺”字樣印章，故筆者疑爲此爲叢寧本。金藏本序中内容與續藏本基本相同，只是個别漢字在刻録中有所差異。《中華大藏經》及《卍續藏》所載《續燈録》都帙目録皆在卷首，唯《中華大藏經》每卷卷首仍有该卷所列禪師目録，續藏本則無。另金藏本《續燈録》於每卷卷下有“葛同印造”之印章，又見“十八帝□”字樣[②]，卷總目録中有“宋叢寧藏本”[③]，又有“福州等覺禪院住持傳妙法門，昔□收印經版□□恭爲今上皇帝祝延聖壽□□（筆者疑爲此二字爲“闔郡”）官僚同資禄位，彫造續燈録印□一部計三函。時叢寧二年十月日謹題”傍有“東寺”印章[④]，然續藏本《續燈録》雖所録内容相差無幾，但全書無此記述，由此可知，金藏本《續燈録》實爲叢寧本，而續藏本疑爲毗盧

① 此法云寺應在開封，《佛光大辭典》未收録。
② 見《中華大藏經》第 74 冊第 427 頁。
③ 見《中華大藏經》第 74 冊第 2 頁。
④ 見《中華大藏經》第 74 冊第 428 頁。

本。[①] 續藏本《廣燈録》中有所記關於毗盧刻版字樣，而在續藏本《續燈録》則沒有毗盧刻版字樣。叢寧二年（1103），此時正值《叢寧萬壽藏》雕刻之時，萬壽藏中是否收録此經，當予考證。金藏本《廣燈録》中有“第×張”之標記，但是金藏本《續燈録》的頁碼上則沒有這種標記。經筆者比較，金藏本《續燈録》與續藏本《續燈録》所録禪師和內容差距不大，只是個別文字有異體，刻印有誤，金藏本《續燈録》部分內容有遺，《中華大藏經》依毗盧本補[②]，可知《毗盧藏》中亦收録《續燈録》，然續藏本《續燈録》是否爲毗盧本，根據金藏本與續藏本共同所載的內容可略加判斷，然未見全本，只能妄測，難以定論。又據《大正藏·昭和法寶總目録》第一卷所載《思溪藏》目録可知，《續燈録》在《思溪藏》中也有收，筆者未見《思溪藏》，故以續藏本爲底本，《中華大藏經》本爲參考。

《會要》又名《宗門聯燈會要》《禪宗聯燈録》，是南宋晦翁悟明於1183年在浙江永嘉江心寺過夏時編寫的，1189年淡齊李泳作序，1291年思忠作重刊序。收録在《卍續藏》第一三六冊，《禪宗全書》第五、六冊。暫未見於《磧砂藏》《趙城金藏》等經卷。本書即以《卍續藏》所收録的版本爲底本進行對照。

① 馮國棟認爲：“開元寺刻印毗盧藏雖多少有點與東禪寺競爭的意味，然所刻之版多與萬壽大藏相同……”見馮文《〈景德傳燈録〉宋元刊本敘録》，載於《文獻季刊》，2006年第1期，第119頁。

② 見《中華大藏經》第74冊第3頁。

《普燈録》爲宋代僧人雷庵正受於1204年編成，進於寧宗[①]，於《卍續藏》《趙城金藏》(《中華大藏經》第75冊)中有所收録，兩藏中所收録内容基本無差，據《普燈録》卷首《進聖宋嘉泰普燈録上皇帝書》所記："陛下尚憶靈山付囑之切，仰稽列聖外護之隆，有彰千載之逢，略賜乙夜之覽。乞詔景德天聖建中靖國故事，特攄睿斷，錫以序文，冠於卷首，俾祖門微旨增重於將來、流芳於不朽。仍乞降付福州東禪寺與大藏一就刊行，庶幾佛法、帝道萬世同昌顧不盛歟!"[②] 可知《普燈録》在當時已編入了福州東禪寺所刊刻的《叢寧萬壽大藏經》中。然《叢寧萬壽大藏經》現存於日本，日本刊刻發行的《卍續藏》中所收録的《普燈録》是否爲叢寧本，便不得而知，因金藏本與續藏本所收録内容差别不大，因此本書采用續藏本爲底本進行參考。

有關《會元》的版本馮國棟已經作了詳盡的考證[③]，其列舉了宋寶祐本、貞治戊申和刻本、元至正刻本、明嘉靖辛酉刻本、明萬曆嘉興藏本、明崇禎曹學佺刻本、日本續藏經本、青龍藏本、長沙刻經處刻本9種版本。然溯其源流，蓋宋寶祐本爲最早，其後有元至正刻本（殘本未見）、明嘉靖辛酉刻本、明萬曆嘉興藏本、清龍藏本5種爲源。因蘇淵雷點校本以寶祐本爲底本、續藏本以明萬曆嘉興藏本爲底本，

---

① 此據《卍續藏》第137冊第2頁《普燈録》卷首《進〈聖宋嘉泰普燈録〉上皇帝書》"夫以《傳燈》二十年之後而有《廣燈》，《廣燈》七十九年之後而有《續燈》，《續燈》百有一年之後而有《普燈》……" 推算，《普燈録》成書於1204年。

② 《普燈録·進聖宋嘉泰普燈録上皇帝書》，《卍續藏》第137冊第2頁。

③ 馮國棟：《〈五燈會元〉版本與流傳》，載於《宗教學研究》，2004年第4期，第89~91頁。

故本書以蘇淵雷點校本爲底本、以續藏本所收《會元》爲參考，進行比較研究。

## 二、“五燈”研究現狀

國外如日本對禪宗的研究主要集中在《壇經》《祖堂集》以及禪宗文獻的綜合研究上，以《五燈會元》及“五燈”系列燈録進行專題研究的成果并不多見。

國內對《五燈會元》及“五燈”系列燈録進行專題研究的，主要集中在禪宗文獻和禪宗語言兩個方面。

### （一）“五燈”文獻研究現狀

近年來，繼蘇淵雷點校《五燈會元》[①]出現之後，“五燈”系列的點校本有朱俊紅點校《五燈會元》[②]《景德傳燈録》[③]《天聖廣燈録》[④]《建中靖國續燈録》[⑤]《聯燈會要》[⑥]《嘉泰普燈録》[⑦]；又有顧宏義《景德傳燈録譯注》[⑧]；又有相關

---

① ［宋］普濟：《五燈會元》，蘇淵雷點校，中華書局，1984 年版。下文稱“中華本《會元》”。

② ［宋］普濟：《五燈會元》，朱俊紅點校，海南出版社，2011 年版。下文稱“朱校本《會元》”。

③ ［宋］道元：《景德傳燈録》，朱俊紅點校，海南出版社，2011 年版。下文稱“朱校本《傳燈録》”。

④ ［宋］李遵勗：《天聖廣燈録》，朱俊紅點校，海南出版社，2011 年版。下文稱“朱校本《廣燈録》”。

⑤ ［宋］惟白：《建中靖國續燈録》，朱俊紅點校，海南出版社，2011 年版。下文稱“朱校本《續燈録》”。

⑥ ［宋］悟明：《聯燈會要》，朱俊紅點校，海南出版社，2011 年版。下文稱“朱校本《會要》”。

⑦ ［宋］正受：《嘉泰普燈録》，朱俊紅點校，海南出版社，2011 年版。下文稱“朱校本《普燈録》”。

⑧ ［宋］道原著，顧宏義譯注：《景德傳燈録譯注》，上海書店出版社，2010 年版。下文稱“顧注本《傳燈録》”。

《會元》的解釋等，如蘇澤恩《圖解五燈會元》[①]，張恩富、吴德新、錢發平編譯《五燈會元》[②]等；在研究方面有李豔琴《〈五燈會元〉與〈祖堂集〉校讀》[③]等。

禪宗文獻研究方面的論文主要有以下幾個方面：一是標點校勘等研究，如項楚《〈五燈會元〉點校獻疑三百例》[④]《〈五燈會元〉點校獻疑續補一百例》[⑤]，又馮國棟《〈五燈會元〉校點疏失類舉》[⑥]、黄靈庚《〈五燈會元〉標點正誤二則》[⑦]、喬立智《〈五燈會元〉點校疑誤舉例》[⑧]都是針對蘇淵雷校點本標點問題進行勘正的；二是關於《會元》及其《傳燈録》的版本研究，馮國棟《〈五燈會元〉版本與流傳》[⑨]《〈景德傳燈録〉宋元刊本續録》[⑩]，馬格俠《俄藏黑城出土

---

① 蘇澤恩：《圖解五燈會元》，山東美術出版社，2008年版。

② 張恩富、吴德新、錢發平：《五燈會元》，西南師範大學出版社，2005年版。

③ 李豔琴、郭淑偉、嚴紅彦：《〈五燈會元〉與〈祖堂集〉校讀》，巴蜀書社，2011年版。

④ 項楚：《〈五燈會元〉點校獻疑三百例》，載於《古籍整理出版情況簡報》，1987年第3期。

⑤ 項楚：《〈五燈會元〉點校獻疑續補一百例》，《季羡林教授八十華誕紀念論文集（上）》，江西人民出版社，1991年版

⑥ 馮國棟：《〈五燈會元〉校點疏失類舉》，《戒幢佛學》第三卷，岳麓書社，2005年版。

⑦ 黄靈庚：《〈五燈會元〉標點正誤二則》，載於《古漢語研究》，1998年第1期，第13頁。

⑧ 喬立智：《〈五燈會元〉點校疑誤舉例》，載於《宗教學研究》，2012年第1期，第139～142頁。

⑨ 馮國棟：《〈五燈會元〉版本與流傳》，載於《宗教學研究》，2004年第4期，第89～91頁。

⑩ 馮國棟：《〈景德傳燈録〉宋元刊本續録》，載於《文獻》，2006年第1期，第113～122頁。

寫本〈景德傳燈録〉年代考》[①]等；三是涉及“五燈”的文獻上的綜合研究，如蘇淵雷《禪風·學風·文風——〈五燈會元〉新探》[②]、陳世強《〈景德傳燈録〉概說》[③]、楊曾文《道原及其〈景德傳燈録〉》[④]、黃夏年《王恩洋先生與〈五燈會元〉》[⑤]、王振國《略析〈宋高僧傳〉〈景德傳燈録〉關於部分禪宗人物傳記之誤失——兼論高僧法如在禪史上的地位》[⑥]、張靖龍《〈景德傳燈録〉中的唐五代佚詩考》[⑦]等。

（二）“五燈”及禪宗燈録語言研究現狀

禪宗語言研究方面的單篇論文一是考釋類的研究，如袁賓《〈五燈會元〉詞語續釋》[⑧]《〈五燈會元〉口語詞探義》[⑨]、

① 馬格俠：《俄藏黑城出土寫本〈景德傳燈録〉年代考》，載於《敦煌學輯刊》，2005年第2期，第249～252頁。

② 蘇淵雷：《禪風·學風·文風——〈五燈會元〉新探》，載於《法音》，1984年第1期，第17～24頁。

③ 陳世強：《〈景德傳燈録〉概說》，載於《法音》，1988年第6期，第28～30頁。

④ 楊曾文：《道原及其〈景德傳燈録〉》，載於《南京大學學報（哲學人文社會科學版）》，2001年第3期，第52～63頁。

⑤ 黃夏年：《王恩洋先生與〈五燈會元〉》，載於《世界宗教文化》，2001年第4期，第7～8頁。

⑥ 王振國：《略析〈宋高僧傳〉〈景德傳燈録〉關於部分禪宗人物傳記之誤失——兼論高僧法如在禪史上的地位》，載於《敦煌學輯刊》，2002年第1期，第98～105頁。

⑦ 張靖龍：《〈景德傳燈録〉中的唐五代佚詩考》，載於《溫州師範學院學報》，1987年第1期，第50～56頁。

⑧ 袁賓：《〈五燈會元〉詞語續釋》，載於《語言研究》，1987年第2期，第125～134頁。

⑨ 袁賓：《〈五燈會元〉口語詞探義》，載於《天津師範大學學報》，1987年第5期，第77～81頁。

周啟付《〈五燈會元〉中的諺語》[①]、劉凱鳴《〈五燈會元〉詞語補釋》[②]、段觀宋《〈五燈會元〉俗語言詞選釋》[③]、滕志賢《〈五燈會元〉詞語考釋》[④]及《〈五燈會元〉詞語考釋》[⑤]、徐健《〈五燈會元〉語詞釋義》[⑥]、馮春田《試說〈祖堂集〉〈景德傳燈録〉“作麼生”與“怎麼生”之類的詞語》[⑦]、張美蘭《〈五燈會元〉詞語二則》[⑧]、黄靈庚《〈五燈會元〉詞語劄記》[⑨]、邱震強《〈五燈會元〉釋詞二則》[⑩]等。二是詞法、語法上的內容，如闞緒良《〈五燈會元〉里的“是”字選擇問句》[⑪]、張美蘭《論〈五燈會元〉中同形動量

---

① 周啟付：《〈五燈會元〉中的諺語》，載於《讀書》，1988年第3期，第146~147頁。

② 劉凱鳴：《〈五燈會元〉詞語補釋》，載於《俗語言研究》，1994年創刊號，第38~40頁。

③ 段觀宋：《〈五燈會元〉俗語言詞選釋》，載於《俗語言研究》，1994年創刊號，第34~37頁。

④ 滕志賢：《〈五燈會元〉詞語考釋》，載於《俗語言研究》，1995年第2期，第36~37頁。

⑤ 滕志賢：《〈五燈會元〉詞語考釋》，載於《古漢語研究》，1995年第4期，第90~91頁。

⑥ 徐健：《〈五燈會元〉語詞釋義》，載於《俗語言研究》，1995年第2期，第29~35頁。

⑦ 馮春田：《試說〈祖堂集〉〈景德傳燈録〉“作麼生”與“怎麼生”之類的詞語》，載於《俗語言研究》，1995年第2期，第23~28頁。

⑧ 張美蘭：《〈五燈會元〉詞語二則》，載於《古漢語研究》，1997年第4期，第30頁。

⑨ 黄靈庚：《〈五燈會元〉詞語劄記》，載於《浙江師範大學學報（社會科學版）》，1999年第3期，第22~26頁。

⑩ 邱震強：《〈五燈會元〉釋詞二則》，載於《中國語文》，2007年第1期，第68~71頁。

⑪ 闞緒良：《〈五燈會元〉里的“是”字選擇問句》，載於《語言研究》，1995年第12期，第167~169頁。

詞》[1]、刁晏斌《〈景德傳燈録〉中的選擇問句》[2]、武振玉《試析〈五燈會元〉中的是非句與選擇問句》[3]、《〈五燈會元〉中的是非問句與選擇問句初探》[4] 祖生利《〈景德傳燈録〉中的支配式和主謂式複音詞淺析》[5]《〈景德傳燈録〉中的補充式複音詞》[6]《〈景德傳燈録〉的三種複音詞研究》[7]《〈景德傳燈録〉中的偏正式複音詞》[8]、《〈景德傳燈録〉中的聯合式複音詞》[9]、沈丹蕾《〈五燈會元〉的句尾語氣詞"也"》[10] 等。

另有部分碩士、博士學位論文以《會元》或"五燈"系列爲研究内容，一是文獻方面的研究，有黄俊銓《禪宗典籍

---

① 張美蘭:《論〈五燈會元〉中同形動量詞》，載於《南京師範大學學報（社會科學版)》，1996 年第 1 期，第 109～113 頁。

② 刁晏斌:《〈景德傳燈録〉中的選擇問句》，載於《俗語言研究》，1997 年第 4 期，第 25～28 頁。

③ 武振玉:《試析〈五燈會元〉中的是非句與選擇問句》，載於《長春大學學報》，1998 年第 2 期，第 56～58 頁。

④ 武振玉:《〈五燈會元〉中的是非問句與選擇問句初探》，載於《陝西師範大學繼續教育學報》，2001 第 1 期，第 56～58 頁。

⑤ 祖生利:《〈景德傳燈録〉中的支配式和主謂式複音詞淺析》，載於《西藏民族學院學報（哲學社會科學版)》，2001 年第 1 期，第 76～78 頁。

⑥ 祖生利:《〈景德傳燈録〉中的補充式複音詞》，載於《渭南師範學院學報》，2001 年第 3 期，第 16～19 頁。

⑦ 祖生利:《〈景德傳燈録〉的三種複音詞研究》，載於《古漢語研究》，1996 年第 4 期，第 61～65 頁。

⑧ 祖生利:《〈景德傳燈録〉中的偏正式複音詞》，載於《古漢語研究》，2001 年第 4 期，第 78～82 頁。

⑨ 祖生利:《〈景德傳燈録〉中的聯合式複音詞》，載於《古漢語研究》，2002 年第 3 期，第 58～63 頁。

⑩ 沈丹蕾:《〈五燈會元〉的句尾語氣詞"也"》，載於《安徽師範大學學報》，2011 年第 4 期，第 595～599 頁。

〈五燈會元〉研究》[①]、馮國棟《〈景德傳燈録〉研究》[②]等；二是語法方面的研究，有孟豔紅《〈五燈會元〉程度副詞研究》[③]、鄒仁《〈五燈會元〉動態助詞研究》[④]、殷偉《〈五燈會元〉反複問句及選擇問句研究》[⑤]、王遠明《〈五燈會元〉量詞研究》[⑥]、龔峰《〈五燈會元〉祈使句研究》[⑦]等；三是語言方面的研究，如杜曉莉《〈景德傳燈録〉同義名詞研究》[⑧]、江靈鈴《〈景德傳燈録〉與〈五燈會元〉語言比較研究》[⑨]、郭驥《〈天聖廣燈録〉與〈五燈會元〉語言比較研究》[⑩]、李旭《〈建中靖國續燈録〉與〈五燈會元〉語言比較研究》[⑪]、林莎《〈聯燈會要〉與〈五燈會元〉語言比較研究》[⑫]、李茂華《〈嘉泰普燈録〉與〈五燈會元〉語言比較研究》[⑬]等。

---

① 黄俊銓：《禪宗典籍〈五燈會元〉研究》，浙江大學博士學位論文，2007年。

② 馮國棟：《〈景德傳燈録〉研究》，復旦大學博士學位論文，2004年。

③ 孟豔紅：《〈五燈會元〉程度副詞研究》，武漢大學碩士學位論文，2004年。

④ 鄒仁：《〈五燈會元〉動態助詞研究》，福建師範大學碩士學位論文，2008年。

⑤ 殷偉：《〈五燈會元〉反複問句及選擇問句研究》，南京師範大學碩士學位論文，2006年。

⑥ 王遠明：《〈五燈會元〉量詞研究》，貴州大學碩士學位論文，2006年。

⑦ 龔峰：《〈五燈會元〉祈使句研究》，蘇州大學碩士學位論文，2010年。

⑧ 杜曉莉：《〈景德傳燈録〉同義名詞研究》，四川大學碩士學位論文，2003年。

⑨ 江靈鈴：《〈景德傳燈録〉與《五燈會元〉語言比較研究》，四川大學碩士學位論文，2010年。

⑩ 郭驥：《〈天聖廣燈録〉與〈五燈會元〉語言比較研究》，四川大學碩士學位論文，2010年。

⑪ 李旭：《〈建中靖國續燈録〉與〈五燈會元〉語言比較研究》，四川大學碩士學位論文，2010年。

⑫ 林莎：《〈聯燈會要〉與〈五燈會元〉語言比較研究》，四川大學碩士學位論文，2010年。

⑬ 李茂華：《〈嘉泰普燈録〉與〈五燈會元〉語言比較研究》，四川大學碩士學位論文，2010年。

此外，還有部分專著及辭書對“五燈”系列中的語詞進行了釋義，禪籍專著類如雷漢卿《禪籍方俗詞研究》[①]、李豔琴《禪籍語言研究》[②] 等；辭書類有《禪宗詞典》[③]《禪宗大詞典》[④]《宋元語言詞典》[⑤]《宋語言詞典》[⑥]《唐五代語言詞典》[⑦]，無著道忠《葛藤語箋》[⑧] 等，此外《漢語大詞典》中也有部分詞語采用了“五燈”内容作爲書證。

## 三、“五燈”文獻語言研究思路與方法

本書選取宋代“五燈”系列禪録爲語料，從漢語史和文獻校勘兩個角度出發進行研究。如同前文所提到的研究現狀，目前這兩方面的研究雖有涉及，但在深度和廣度上還有待加強。

從漢語史的角度來說，目前研究的關注點較多地集中在詞語的釋義和專書的語法研究上。可是儘管專書釋義的成果較多，但多爲單篇論文，以劄記的形式發表，釋詞數量有限。儘管《唐五代語言詞典》《宋語言詞典》《禪宗大詞典》《漢語大詞典》《葛藤語箋》等辭書對“五燈”系列禪録語詞多有釋義，但“五燈”系列禪録保存了豐富的新詞、口語詞、俗語等，仍有許多詞語需要解釋，因此，本書將“五

① 雷漢卿：《禪籍方俗詞研究》，巴蜀書社，2010年版。
② 李豔琴：《禪籍語言研究》，四川大學博士學位論文，2012年。
③ 袁賓：《禪宗詞典》，湖北人民出版社，1994年版。
④ 袁賓、康健：《禪宗大詞典》，崇文書局，2010年版。
⑤ 龍潛庵：《宋元語言詞典》，上海辭書出版社，1985年版。
⑥ 刘堅、江藍生：《宋語言詞典》，上海教育出版社，1997年版。
⑦ 江藍生、曹廣順：《唐五代語言詞典》，上海教育出版社，1997年版。
⑧ ［日］芳澤勝弘等：《禪語辭書類聚二・葛藤語箋》，日本花園大學禪文化研究所，1992年版。

燈"系列禪録語詞釋義及其對辭書的增補作爲重點研究對象。

對於詞語的考釋，徐時儀提出了"辨審字形、類比歸納、利用互文對文、利用異文、利用同義並列詞組與複合詞、鉤沉舊注、因聲求義、方言佐證、探求語源、尋繹詞義演變軌跡、考察歷史文化背景"[①] 等方法。本書力圖合理利用這些方法，儘量使考釋精准細緻。兼顧燈録具有宗教性的這一特殊文本特點，本書在考釋詞語的同時亦關注其引申的來源、禪語詞群内部的意義關係，并對禪義詞語的一詞多義進行詳細分析，對禪宗行業語（短語及句子等）進行解釋。

特別值得強調的是禪籍異文研究的方法由雷漢卿等大力提倡，如其所說："文本互參法就是禪籍文本的比較研究，就語言研究而言，通過比較可以發現文本的校點問題、詞語使用的雅俗及訛錯等問題，對於正確解讀禪籍大有裨益。"[②] "如果能夠借鑒歷史語言學的方法，比較唐宋禪籍之間語言的異同，便可以揭示其語言變化的社會、宗教外因和語言學内因。比較研究可以在唐代禪籍和宋代禪籍之間進行，也可以在同期語録如《五燈會元》和《景德傳燈録》《天聖廣燈録》《建中靖國續燈録》《聯燈會要》和《嘉泰普燈録》之間展開。通過比較我們可以發現文字（包括異體字、通假字、古今字、正俗字等）、詞彙、語法和内容表述等方面的異同

① 徐時儀：《古白話詞彙研究論稿》，上海教育出版社，2000 年版，第 413～414 頁。

② 雷漢卿：《禪籍方俗詞研究》，巴蜀書社，2010 年版，第 35 頁。

甚至訛錯，有助於禪宗語言和禪宗文獻的整理。”[①] 本書在對“五燈”系列禪録彙校的基礎上，利用異文文獻對疑難詞語進行考證，對異文同義詞及語法進行分析。

從文獻學的角度來説，《會元》是對《傳燈録》等5本燈録的整理與彙編，但《會元》對“五燈”的内容卻是有選擇性地收録，在文句内容上也多有删改，因此在“五燈”系列禪籍燈録中有這樣一種現象：不同燈録中對同一禪師的同一事跡均有記載，但往往内容有所差異，或詞語使用及句式有所不同，或史料記載上有出入，或表述有詳有略……以往的研究都是以《會元》或《傳燈録》爲研究對象，或選用“五燈”系列兩兩對比，而未將其作爲一個整體進行系統的對比研究。但禪籍燈録專書的研究難以處處顧及異文現象，在一定程度上會錯失“異文互參”這一便捷精確的訓詁方法。而題目擬定爲“異文研究”在研究範圍上又會受到“異文”的局限，幾年的反複實踐表明，由於禪籍燈録自身收録上的特點，如果局限於“異文”上的兩兩對比，大量禪師記述因爲没有異文存在而被人爲主觀地排除在研究範圍之外，而這些不甚出名的禪師事跡中的隻言片語往往保存了鮮活的口語詞，因而在選擇範圍上劃定“異文”而捨弃這些寶貴的口語資料是非常可惜的。因此，以《會元》爲底本，參考“五燈”進行補充彙校就顯得十分必要，這也是語言文獻研究之前的一項必須進行的工作。

從具體的彙校方法來説，筆者先是查閲了各種文獻資

① 雷漢卿：《試論禪宗語言比較研究的價值》，載於《語言科學》，2011年第5期，第551頁。

料，確定及對比了國内可見的"五燈"系列版本，結合《會元》目録對各燈録收録的禪師進行編目整理，並據此對《會元》的目録進行增補。然後依照增補後的目録，參考各燈録中的異文，進行逐字逐句的彙校。本書利用本校、理校、他校等方法進行校勘，根據錯誤的原因進行整理分類。通過學習實踐前輩學者的訓詁及校勘方法，結合"五燈"系列禪籍自身的特點，本書主要從以下幾個方面進行研究。

（一）新詞新義的判定與釋義

本書研究的新詞，均爲各字典辭書所未收的於宋代産生的語詞。新詞必然具有新義（舊義異形除外），新義指"舊形新義"，即語詞能指形式是宋代以前的，自有其含義，但在宋代産生了新的意義。

1. 新詞新義判定

"五燈"系列禪録是新詞、口語詞、方俗詞相當集中的文獻，在禪宗"不立文字"語言觀的指導下，禪師們多利用已有的語素隨意造詞，或賦予舊詞以新的禪義，由此就形成了新詞新義。而這些新詞新義是和大量早期出現的詞彙混在一起使用的，通過利用歷代世俗文獻與釋典禪籍進行佐證，將宋代産生[①]的新詞新義與早期疑難詞語區分開來，是進行新詞新義研究的首要工作。

2. 新詞新義釋義

雷漢卿在《禪籍方俗詞研究》一書中將禪籍方俗詞分爲"字面義、引申義、禪義、零語義"[②]，"五燈"系列禪録新

① 有少量禪語詞見於《祖堂集》。

② 雷漢卿：《禪籍方俗詞研究》，巴蜀書社，2010年版，第313頁。

詞也可劃分爲這四種類型。其中零語義不在本書研究範圍之內，僅出現字面義的新詞利用訓詁學原理結合歷代文獻考證相對容易，新詞新義的引申義是本書的重點研究對象。正如雷漢卿所説的："禪籍俗成語的語義由表及裏，字面義屬於最外層的淺層義，通過對字面義的抽象概括，歸納出富有哲理性和普遍意義的引申義，引申義是淺層字面義之下的深層語義。但禪籍俗成語的引申義往往還不是禪宗所要表達的終極意義，經過對引申義或字面義的偏取、補充而獲得體現禪理的禪義纔是禪籍俗成語所要表達的最終意義。"① 更有甚者，在"五燈"系列禪録中，有部分禪義完全是按照舊詞的字面意思進行引申的，和其在傳統正史文獻中的意義並無關聯甚至完全相反。如雷漢卿所説："禪義是將引申義由抽象還原爲具體，由一般還原爲個别，將可以用於指導普遍事物的意義重新注入禪的思想。禪義不是完全脱離俗成語的字面義或引申義而產生出的新義，而是對字面義或引申義進行偏取。"② 正是由於禪録語詞中含有的禪義與世俗文獻中的含義存在差異，給分析理解禪録文本造成了一定的障礙，因此對禪録中的新詞新義進行釋義雖然是基礎性的工作，但卻是十分必要的。正如方一新所説的："中古近代漢語詞彙研究的主要工作其一是，研究的前提必須是讀懂，在讀懂的基礎上纔談得上研究。這就要求對疑難詞語進行考釋，掃除閲讀上的障礙。通過對生澀、普通兩類特殊詞語的考釋、研究，

① 雷漢卿：《禪籍方俗詞研究》，巴蜀書社，2010 年版，第 313 頁。
② 雷漢卿：《禪籍方俗詞研究》，巴蜀書社，2010 年版，第 319 頁。

研讀古代白話典籍，爲深入研究打下基礎。”[①] 因此，對禪録新詞新義的釋義研究一方面有利於禪籍文本的分析、解讀與闡釋；另一方面對口語詞的産生、發展及後世的影響分析有一定的作用，如《禪宗大詞典》中部分口語詞書證首引元明清等白話小説，但實際上很多詞彙的首例均見於“五燈”系列禪録文獻，可見禪録對漢語史尤其是白話詞彙史研究的意義。

（二）禪録詞彙對辭書編纂的補充

1. 詞典未收詞釋義

“五燈”系列禪録中有一部分詞語在宋代以前産生，是客觀生活概念的直接反映，常用本義，在理解上有一定的難度，但是未爲字典辭書收録，本書利用訓詁學的方法進行釋義。

部分俚語俗諺在禪録中所使用的是引申義，在理解禪宗文本時需要將其意義明確才能疏通文意，但是很多俚語俗諺並不爲辭書所收録，本書試加以解釋。

2. 補充辭書失收的義項

辭書中收録的宋代以前的語詞中，有一部分在“五燈”系列禪録産生以前就已經産生了新的義項，“五燈”系列禪録沿用了此新義項並予以保留。這一部分語詞的新義項的産生時代早於“五燈”，故不能定義爲“新義”，但可作爲對辭書釋義的補充。在此過程中應注意參照文獻，重點考察新義的産生時代是否在宋代以前。

---

① 方一新：《中古近代漢語詞彙學·上編》，商務印書館，2010年版，第247～248頁。

3. 對詞典未收異構詞的補充

本書研究的異構詞主要指“同詞異構”，即由於通假字、俗字、同音字通用等原因導致的詞語異形，辭書中沒有標明“亦作××”，導致了閱讀理解上的困難。

（三）異文詞語釋義

此部分所有詞目均未被辭書所收，因在異文校勘的過程中發現，利用異文詞語對照釋義，故此單列一節，以明異文對勘爲語言研究提供的便利之處。

釋義方法：首先在異文對勘中發現疑難詞語，恰好有異文詞相對通俗可作爲釋義佐證[①]，此時應以通俗義爲參考（注意不能就此妄下結論，最多假定此義有正確的可能，因爲未加考察的異文文獻也可能存在錯誤），通過共時與歷時文獻對異文詞語的義項分別予以考證，若所假定的義項合理，暫定爲確；若兩詞或其中一詞不見於其他文獻，則需語境分析佐證。

（四）以共時同義詞研究爲切入點，從歷時的角度進行演變上的追溯

“五燈”系列禪録中存在大量的異文，這些出現於同一語境中，在句法上位於同一位置，在表義上極爲相近的大量異文同義詞爲同義詞的共時研究提供了豐富的資料。林莎、李旭等人的碩士學位論文已經對這種現象在成詞結構上作了描寫，本書從歷時的角度，以義位爲單位，對異文同義詞的

① 此種方法立足於異文對讀的基礎，若不對讀，單靠檢索則無法有效實行。注：沒有異文的疑難詞，本書將其分到“新詞”“新義”“未收詞釋義”“辭書義項補”中進行考釋。

來源、發展、使用情況進行描寫和追溯。這種描寫和追溯，有利於考查古漢語詞彙的意義演變及歷時更替狀況。徐時儀提出："詞義的演變是一種逐漸的變化，往往或多或少會在歷代文獻，尤其是同一文獻的不同文本中留下一些蛛絲馬跡的記載，這些記載爲我們考證詞義的演變提供了珍貴的綫索。"① 徐時儀說的是同一文獻的不同時代的版本對詞義演變研究的價值，這是毋庸置疑的，由於"五燈"系列各燈録時代相隔較近，本書采用歷時追溯的方法，對這些時代相近的異文同義詞進行歷時演變上的探索，分析其意義或語法功能上的差異及其歷代發展與使用情況。

（五）異文對勘基礎上的語法研究

在"五燈"系列異文中，同一句式常常出現不同的表達方式，以這些句式爲切入點，進行語法上的分析，也是異文研究方法可行性的表現之一。本書采取歷時與共時相結合的方式，對"五燈"系列禪録中的部分異文進行語法上的比較探討。

（六）異文彙校基礎上的文獻勘正

"五燈"系列禪録是佛教禪宗的經典之作，其已經被禪宗修行者列爲繼經論之後的修行必讀之書，可見其在宗教學上的重要性。然而，由於學科的差異等原因，已出版發行的宗教類傳播讀物中有大量引用"五燈"系列典籍原文時對其訛誤不加校改，對文本意義不加考證，因爲不懂文意而曲解、妄測之處比比皆是，甚至近年來相繼出版的"五燈"系

① 徐時儀：《略論文獻異文考證在漢語史研究中的作用》，載於《廣州大學學報》，2006年第5期，第82頁。

列“點校本”對藏經中的訛誤之處亦不加校改，因此“五燈”系列的勘正工作已迫在眉睫。本書運用“對校法”“本校法”“他校法”“理校法”“綜合校勘法”等，對禪宗燈録具體文本中訛誤的原因进行歸類分析，並對中華本《五燈會元》的標點訛誤予以勘正。

# 目 録

## 上編 “五燈”系列禪録語言研究



## 下編 “五燈”系列禪録異文研究

# 上編　“五燈”系列禪録語言研究

宋代語言在漢語史上屬中古及近代漢語過渡時期，其活潑的口語形式對元明時期的語言有一定的影響。20世紀七八十年代語言學界對宋代語言的研究主要集中在世俗文獻的釋義和語法研究等方面。90年代前後，禪宗語言研究逐漸受到重視，相關詞義訓釋方面的論文和辭書陸續問世，近年來專家學者多有補充成果。然而，正如袁賓所說的："唐宋禪僧語録在同時代的各類文獻中，口語色彩最爲濃厚，含有十分豐富的口語詞，因此在漢語史研究方面具有不容忽視的價值。"[①] 在禪籍燈録中，待解釋的疑難詞語、公案語等比比皆是，這無論從語言學還是從宗教學來說都是亟待解决的問題。本章著重對語詞的釋義，主要從新詞新義及辭書未收詞兩個方面進行。

對“新詞新義”的標準前文已有説明。[②] “辭書未收録詞語”是指在“五燈”系列中出現的，字典辭書中不曾收録但對閱讀造成一定困難的詞語，這一部分詞語未必都局限於

① 于穀：《禪宗語言和文獻》，江西人民出版社，1999年版，第44頁。
② 于穀：《禪宗語言和文獻》，江西人民出版社，1999年版，第12頁。

宋代（有些在《祖堂集》《禪林僧寶傳》等文獻中已有出現），但出於閱讀和研究的需要，實有解釋的必要。

本編選詞均不見於各種字典辭書，在解釋詞義的過程中，多在詞彙本義的基礎上，從禪宗的角度出發，利用宗教學的知識解釋其在文本中的二重或多重所指意義；對新詞新義的確定標準并未依照《禪宗大詞典》，而是以《四庫全書》、“漢籍全文檢索系統”及“中華基本古籍庫”等資源爲參照進行時代上的判斷，《禪宗大詞典》的首例書證等的增補不在本編的研究範圍之內。

# 第一章　“五燈”系列禪録新詞新義研究

## 第一節　新詞例釋

對於新詞的定義，學術界有不同的説法，郭良夫認爲新詞的産生一方面是時代、社會不斷發展的結果，另一方面“方言、民族語和外來語的詞，也是爲了滿足不斷增長的需要，經常進入普通話，成爲普通話的新詞。此外，詞的形式雖然是原來就有的，但是意義完全改變了，就是説原有的形式，賦予了全新的意義。這就不能説它仍然還是舊詞，應當説是一種新詞了。簡稱變成的詞，也是新詞”[①]。郭良夫認爲，新詞的成分中含有方言、民族語、外來語、舊詞形新詞義、簡稱詞等。

本章所謂新詞是指構成形式不同於舊有的形式，以前沒有出現過的、如今廣泛應用的詞形。新詞必然含有新義。

雷漢卿在其著作《禪宗方俗詞研究》“禪籍新詞新義例

① 郭良夫：《詞彙》，商務印書館，2000年版，第82頁。

釋"一章中說:"所謂新詞,一是指已有的舊詞表達唐宋時期的新概念(即舊形式表達新概念);二是指在唐宋時期出現的新語音形式(即新形式表達舊概念)。"[①] 此即明確了"新形式舊概念"也歸爲新詞的研究範疇。明確了"新詞"概念,本節試對以下詞語進行釋義。

【黑沒窣地】【黑沒焌地】黑乎乎的樣子。禪録中引申爲模糊、不清楚。

(1)道流!實情大難,佛法幽玄,解得可可地,山僧竟日與他說破,學者總不在意。千遍萬遍,脚底蹋過。黑沒窣地,無一個形段。歷歷孤明,學人信不及,便向名句上生解。(《廣燈録》卷十一《鎮州臨濟院義玄慧照禪師》)

(2)道流!實情大難,佛法幽玄,解得可可地,山僧竟日爲他說破,學者總不在意。千遍萬遍,脚底踏過,黑沒焌地,無一個形段。歷歷狐明,學人信不及,便向名句上生解。(《會要》卷九《鎮州臨濟義玄禪師》)

按:"黑沒窣地""黑沒焌地"皆指"黑",此爲對"黑"這一概念生動的表現形式。在東北方言中有"黑 chan 兒地",指物體顔色較黑,且有調侃、表愛的意味。在例(1)、例(2)中指模糊不清,沒有理解禪宗的宗旨,稀里糊塗。

【打帛石】舊時用於捶打漿洗之物的平整石頭。

(1)問:"如何是不變易底物?"師曰:"打帛石。"(《會元》卷十一《西院思明禪師》)

① 雷漢卿:《禪宗方俗詞研究》,巴蜀書社,2010年版,第596頁。

按：“打帛石”多用平整的石材，配棒狀石锤或木槌，作爲漿洗衣物時捶打之工具。

【寢削】消失。

(1) 一句頓超情量外，道無南北與西東。所以劫前消息，非口耳之所傳。格外真規，豈思量之能解。須知佛佛祖祖，了無一法爲人。子子孫孫，直下全身荷負。既已萬機寢削，自然一絲不留。(《普燈録》卷十三《慶元府光孝了堂思徹禪師》)

(2) 師曰："巨浪涌千尋，澄波不離水。"清曰："一句截流，萬機寢削。"師便禮拜。(《會元》卷十一《汝州風穴延沼禪師》)

(3) 上堂："玉宇霜清瓊林落葉，一向全提萬機寢削，作者好求無病藥。"(《繼燈録》卷五《建寧府斗峰大圭正璋禪師》)

按：《字彙·宀部》："寢，息也。"指"止、息"。"削"有"刪、除"之義。"寢削"爲並列複合詞，指"消失"。在禪宗燈録中常與"萬機"連用，指道理、義理無可追尋。

【捎空】指懸空，不著地。在禪宗語境多指"無所著""空無掛礙"。在宋代世俗文獻中引申爲"說話沒根據、沒邊際"，即說大話。①

① 在宋代世俗文獻中，"捎空"又同"脫空"，指"說大話"。如《三朝北盟彙編》卷二十二《政宣上帙》二十二："你說得也煞好，只是你南家說話多生捎空（謂虛誑爲捎空）。"又如《三朝北盟彙編》卷二百四十《炎興下帙》一百十四："遣人語公云：'樞密不捎空，我亦不捎空。'（小注：如中國人稱'脫空'）。"《詩詞曲語辭彙釋》中釋"脫空"爲"掉弄玄虛之義"，蓋由"捎空"之"掠空""懸空"之義引申而來，指所說的話沒有依據。

（1）問：“狼烟永息時如何？”師曰：“兩脚捎空。”（《會元》卷十一《汝州風穴延沼禪師》）

按：《正字通·手部》：“捎，掠也。”有“拂、掠”之義。如《世說新語·政事》：“見令史受杖，上捎雲根，下拂地足。”“捎空”一詞在禪宗燈録中常作“兩腳捎空”“捎空鷂子”，皆指“掠空”“騰空”，如：

（2）從來壯士氣如虹，赤脚捎空過海東。（《宗鑑法林》卷七十二《順天府潭柘古淵福源禪師》）

（3）僧問石鞏：“生死到來如何回避？”鞏云：“這的無生死。”師拈云：“還識這的麼？俊鶻捎空去，懵鳥泊籬頭。”（《圓悟佛果禪師語録》卷十八）

（4）欲寫達磨所傳之法，欲書今上皇帝所得之妙，書也書不盡，寫也寫不及。只這寫不及，書不盡處。或有一個半個，覷透諸訛，見得諦當，如捎空俊鷂，不受羅籠。（《續刊古尊宿語要》第六集《别峰印禪師語》）

由例（3）、例（4）可明確“捎空”在禪宗語境中由“騰空”引申出的“不受羈絆”“無所掛礙”“無所執著”義。

“捎空”一詞的“掠空”“騰空”義在元代世俗文獻中可見，如：

（5）王翦戰三十合詐敗，張晃趕將來。二馬並，王翦舉刀斬落張晃翻身，下脚捎空。王翦刀頭招起三軍唊殺。楚兵大敗。（《全相平話五種·秦並六國平話》卷上）

（6）才三十合，王翦詐敗，應榮聖趕將去，被王翦一刀砍落，兩脚捎空，如同春夢。刀頭招起人兵，燕兵大敗。（《全相平話五種·秦並六國平話》卷中）

例（5）、例（6）中的“捎空”皆指“懸空”。

【草草忽忽】草率倉促。

(1) 僧問：“請師不於語默里答話。”師以拄杖卓一下。僧曰：“和尚莫草草忽忽。”師曰：“西天斬頭截臂。”僧禮拜。師曰：“墮也！墮也！”(《會元》卷十七《興國契雅禪師》)

按：雷漢卿釋“草草”爲“草率”義[①]，“忽忽”有“倉促、急忙”義。如《三國志·魏志·華佗傳》：“適值佗見收，忽忽不忍從求。”“草草忽忽”在禪録中有注釋，如《煢絕老人天奇直注天童珏和尚頌古》上：“山云：‘住！住！且莫草草忽忽。’”下有小注云：“戒其倉卒不斟來言。”此處意爲不能倉促草率。

【臨粧】即“臨妝”，本指化妝，在禪宗燈録中又指被粉飾、遮蓋。

(1) 盡道古鏡不曾見，借爾時人看一遍。目前不覩一纖豪，湛湛冷光凝一片。凝一片，勿背面。嫫母臨粧不稱情，潘生迴首頻嘉歎。何欣欣何戚戚，好醜由來那是的。(《傳燈録》卷三十《法燈禪師泰欽古鏡歌三首》)

按：《禪宗大詞典》亦未收“臨妝”。《古今韻會舉要·陽韻》：“妝，《說文》：‘飾也。’徐曰：‘今俗作粧。’”“臨粧”即“化妝”，在禪宗燈録中引申爲“粉飾”“遮蓋”義，如：

(2) 欲識十方佛，不是眼中花。欲識眼中花，不是十方

① 雷漢卿：《禪籍方俗詞研究》，巴蜀書社，2010年版，第485頁。

佛。於此明得，過在十方佛。於此未明，聲聞起舞，獨覺臨粧。(《續燈録》卷四《滁州瑯琊山開化廣照禪師》)

【瓦礫生光】字面意思指平常的瓦礫也能放出光輝。禪録多指在應機教化的情況下，無上涅槃的大智慧遍十方法界，無處不在。又意在打破分别知見。

(1) 上首白椎罷，有僧方出，師乃約住云：“如來正法眼藏，委在今日，放開則瓦礫生光，把住則真金失色。權柄在手，殺活臨時，其有作家，共相證據。”(《續燈録》卷三《明州雪竇山資聖寺明覺禪師》)

按：“瓦礫”一詞在禪宗燈録中常用，在語境中和象徵高貴的事物對比運用，如“黄金”“真金”“須彌”等，表示在性質上的高低貴賤之差别。如：

(2) 保寧示衆：“大方無外，大圓無內。無內無外，聖凡普會。瓦礫生光須彌粉碎，無量法門百千三昧。”(《宗鑑法林》卷三十一《金陵保寧仁勇禪師》)

例 (1)、例 (2) 借世俗認知中“瓦礫”的平凡，相較“真金”“黄金”而言的貧賤來通過性質的相似隱喻賦予“瓦礫”以“平常”“隨處可見”之義。但隨後燈録中運用了轉折對比的手法，突破了傳統的邏輯與認知，在“放行”[①] 的條件下，一切看似低劣、平常的事物也能證得無上涅槃。如：

① 《禪宗大詞典》釋“把定放行”條爲：“‘把定’和‘放行’是禪家不同方式或風格的機緣施設。‘把定’謂截斷語路，使對方無可用心，是本分手段；‘放行’則慈悲爲懷，施以言句教説，是方便法門。”见袁賓、康健：《禪宗大詞典》，崇文書局，2010 年版，第 6 頁。

(3) 活人劍者，凡有語話，不犯鋒鋩，隨機妙轉，應物圓成。所謂放行則瓦礫生光，你若轉得身來，自是揚眉吐氣。(《五家宗旨纂要》卷中《浮山遠録公十六題》)

例(3)中的“隨機妙轉，應物圓成”道出了“方便道”在日常生活中靈活應機、無處不在的特點。在此作用下，日常生活中的舉手投足、花鳥蟲魚、磚頭瓦片無一處不蘊含著清淨智慧。

【真金失色】字面意思指“金子失去本來的顏色”，在禪録中指真如實體爲空。

(1) 例見“瓦礫生光”。

按：在常規條件下，真金是有顏色的，而在禪宗語境中用突破常規的邏輯表示“把住”狀態下“真如本體”的空無狀態。“放開”意在強調真如的“相用”，在隨緣生滅隨緣顯現情況下，世間事中無一處不顯現出真如的智慧。“把住”則主要強調“絕思絕慮”向真如本體的回歸，如：

(2) 真相儼然兮威音之前，妙觸出礙兮影響之後，功極而轉身，說禪而借口，把住也洞水逆流，放行也曹山顛酒。(《宏智禪師廣録》卷九《禪人并化主寫真求贊》)

例(2)中“真相儼然兮威音之前”即是講體性是超越了外在時空，本自具足的。“妙觸出礙兮影響之後”是指開悟後在世間事上達到圓融無礙的境界。“功極轉身”是向自性的回轉，“說禪借口”是借相的傳法與修行。“洞水逆流”是向自性之體的回歸。“把住”(也作“把定”)的結果在禪録中也有用例，如：

(3) 上堂：“在眼曰見，在耳曰聞，在手執捉，在足運

奔。豁開則東西南北，把住則毫髮不存。”（《密庵和尚語録》卷一《衢州大中祥符禪寺語録》）

按：由此可知，“放行”和“豁開”在禪録中爲同義詞，“東西南北”更證實了“放行”的結果是涅槃智慧遍及十方法界。“毫髮不存”可證“真金”所代指的禪法大意從根本上來説是虚無的，不可執著的。

【罪不重科】

其一，不要犯之前所犯過的錯誤。

（1）有僧出來禮拜，師便打。學云：“正遇作家。”師云：“罪不重科。”（《廣燈録》卷十九《韶州廣悟禪師》）

按：例（1）中的僧“禮拜”已落入凡聖高下的分别之中了，“作家”又是相待立名的行爲，此屬“犯重罪”，因此廣悟禪師提醒説“罪不重科”，即同樣的錯誤不能犯兩次。

（2）有僧出禮拜起曰：“請師答話。”師便棒。僧曰：“豈無方便?”師曰：“罪不重科。”復有一僧出禮拜起曰：“請師答話。”師曰：“兩重公案。”（《錦江禪燈》卷三《明州雪竇重顯禪師》）

例（2）中前一個“請師答話”和“豈無方便”都是向師父請益的，師父已經以“棒”答話了，還請，就屬於犯同樣的錯誤了。

（3）問：“‘拈槌豎拂、揚眉瞬目’即不問，‘向上一路’，請師舉唱。”師曰：“你爲什麼擔枷過狀?”曰：“與麼則謝師方便。”師曰：“罪不重科。”（《五燈全書》卷三十二《隨州智門光祚禪師》）

例（3）中的“向上一路”指自性上的清淨無漏是本自

具足的，“請師舉唱”就是向外馳求了，因此說是“擔枷過狀”，而“謝師方便”同樣是執著於外在的因緣，涅槃自性不生不滅不來不去不增不減，謝個什麽呢？“罪不重科”點明了兩次外在馳求的問題。

(4) 有僧自號映達磨，纔入方丈門，提起坐具云：“展則遍周沙界，不展則賓主不分。展即是，不展即是？”師云：“平地喫交了也。”映云：“明眼宗師，果然有在。”師便打。映云：“奪拄杖打和尚去，莫言不道。”師云：“棺木裏撐眼，且坐喫茶。”茶罷，映前白云：“適來容易觸忤和尚。”師云：“兩重公案，罪不重科。”便喝出。（《會要》卷二十七《江陵福昌惟善禪師》）

例（4）中的“明眼宗師”陷入了高下分别比較思維中，因此，師要打。“奪拄杖打和尚”一句證實映達磨還未死死落入這種分别，陷入無藥可救的程度，因此福昌惟善禪師說“棺木裏撐眼”（《指月録》作“棺木里瞠眼漢”），即是“死中得活”。但是後一句“適來容易觸忤和尚”則陷入“觸忤”之尊卑高下之中，因此惟善禪師强調“罪不重科”——不要老是犯之前的錯誤，一邊將映達磨罵出去了。

例（1）、例（2）、例（3）、例（4）中的“罪不重科”意在提醒學人不要犯同樣的錯誤。

其二，由同一罪行不能定兩個同樣的罪名引申出“不要多此一舉”。

在禪録中還有另一種情况，即語境中前後没有相同的錯誤行爲，但是較突兀地出現了“罪不重科”一詞，顯然，“罪不重科”不是指之前有所犯錯，而應該是由一次犯罪行爲不能定兩次同樣的罪名引申爲不要多此一舉，如：

(5) 僧問："虛空銷殞時如何?"師曰："罪不重科。"(《會元》卷二十《慶元府天童密庵咸傑禪師》)

例(5)中的"虛空銷殞"是回歸自然的狀態，實在不必多管，"罪不重科"即是說不要多此一舉。

其三，行爲所犯的不是同樣的錯誤，引申出針對不同的情況采取不同的施設方便，如：

(6) 喝散大眾，復召大眾。眾回首。師曰："世尊脚忙手亂，罪不重科；雲門無地容身，恩仇有報。今日山僧自領三十棒，貴圖此話大行。"(《五燈全書》卷九十四《燕京觀音壁山徹禪師》)

例(6)中的"罪不重科"是說世尊根據具體的情況采取多種施設。"法法本非法"，借相傳法本身可以看成是"罪"，而隨機教化便是"不重科"。

【老鼠銜鐵】字面意思指老鼠叼著鐵，引申爲不明其實，不得其用，沒有領悟真正的意思。

(1) 問："古人道，北斗裏藏身，意旨如何?"師曰："千聞不如一見。"曰："此話大行。"師曰："老鼠銜鐵。"(《會元》卷十五《明州雪竇重顯禪師》)

按：要釋"老鼠銜鐵"需先了解語境義。"北斗藏身"指認識到自性圓澄，如：

(2) 僧問雲門："如何是透法身句?"門云："北斗裏藏身。藏身北斗最分明，只爲人多見不精。巧妙妄陳心意解，却如平地作深坑。昏燈日晝何曾易，青竹黃花滿地生。"(《汾陽無德禪師語録》)

例(2)"巧妙妄陳心意解，却如平地作深坑"中認爲思維上的追尋會障礙對本自具足之自性的了悟。另外其他關於"透法身句"的回答也能反映出認識自性具足的重要性，如《傳燈録》卷二十《襄州萬銅山廣德和尚》："問：'如何是透法身句？'師曰：'無力登山水茅戶絕知音。'"此處打破了向外馳求之心，摒棄了來去等觀念，保任自心清淨即是。因此"北斗裏藏身"即是"觀照到內心圓澄清淨"之義，而這種"清淨圓澄"是不能靠道聽途說的，一定要靠自己的親自體悟，因此說"千聞不如一見"。例（1）中的"此話大行"指"都這麼說"，顯然是沒有聽明白句中的機關，因此雪竇重顯說其"老鼠銜鐵"，"老鼠"叼走"鐵"是沒有用的，意在說明學僧沒有領悟話中的真實含義。另有"老鼠啣金"等，如：

（3）示眾云："荊珍抵鵲，老鼠啣金。不識其寶，不得其用。還有頓省衣珠底麼？"（《萬松老人評唱天童覺和尚頌古從容庵録》卷六）

**【幽識】**禪宗燈録中指昏昧的境界，世俗文獻中又指人死後的思想意識。

（1）又說息心用，多智疑相似。良由性不明，求空且勞己。永劫住幽識，抱相都不知。放光便動地，於彼欲何爲。（《傳燈録》卷四《第一世法融禪師者》）

按：《小爾雅·廣詁》："幽，冥也。"例（1）中的"幽識"指昏昧之境界，不能辨別清楚正誤。"幽"又有"鬼、神"義，在世俗文獻中，"幽識"又指已故人的思想意識，如：

（2）娶妻之賢，治家溫厚，八十而終，可奇上壽，切奄

喪矣。孝子之克，勒石爲銘，以慰幽識。(《全遼文》卷十一《王樞》)

【染神】污染精神心性等行爲。

(1) 師上堂曰：“一句染神萬劫不朽，今日爲諸上座舉一句，分明記取珍重。”(《傳燈録》卷二十六《杭州報恩光教寺通辯明達禪師》)

按：“染神”的與事主體常爲經論、義理等，如：

(2)(釋道成) 年逾未立别肆開筵，數論毘曇染神便悟。(《續高僧傳》卷二十一)

又可爲妄念等，如：

(3) 當自斷戀如秋池華者，愛之染神，病無端緒，猶如蓮華色鮮且好，其有見者莫不愛樂，及秋華萎人心皆離不復貪樂，是故説當自斷戀如秋池華。(《出曜經》卷十九)

【離衰】草枯萎衰敗。

(1) 嚴風刮地，大野清寒。萬里草離衰，千山樹黯黲。(《續燈録》卷十《杭州佛日山智才禪師》)

按：“離”的古義多爲“失去、去掉”“分開”等。如《廣雅·釋詁二》：“離，去也。”《尚書·胤征》：“沈亂於酒，畔官離次。”孔穎達疏：“離其所居位次。”

“離衰”一詞始見於宋代。

但在上古漢語中有“離離”一詞，形容“果實盛多”，如《詩·小雅·湛露》：“其桐其椅，其實離離。”毛傳：“離離，垂也。”鄭玄箋：“其實離離，喻其薦俎禮物多於諸侯也。”孔穎達疏：“言二樹當秋成之時，其子實離離然垂而蕃多，以興其杞也其宋也二君於王燕之時，其薦俎衆多。”“離離”後又用來形容植物的濃密，如曹操《塘上行》：“蒲生我池中，其葉何離離。”

同時，“離離”又有表達抑鬱情緒的意義，“悲痛貌、憂傷貌”，如《楚辭·劉向〈九歎·思古〉》：“曾哀悽欷，心離離兮。”王逸注：“離離，剥裂貌。”又表達懶散疲沓貌，如《荀子·非十二子》：“勞苦事業之中，則儢儢然，離離然。”楊倞注：“離離，不親事之貌。”

蓋是受這種“憂傷、抑鬱”之義的感染，在南北朝及隋唐時期，“離離”用來修飾“草木”時漸多出現在憂傷、壓抑的語境中，如《全後周文·卷十一》：“蓋聞彼黍離離，大夫有喪亂之感；麥秀漸漸，君子有去國之悲。”《北裹志·顔令賓》：“花墜有開日，月沉無出期。寧言掩丘後，宿草便離離。”《丁卯集》卷七：“橘花滿地人亡後，菰葉連天雁過時。琴倚舊窗塵漠漠，劍横新塚草離離。”

在唐宋時期，“離離”逐漸用來形容草木的衰敗，如白居易《渭村雨歸》：“渭水寒漸落，離離蒲稗苗。閑傍沙邊立，看人刈葦苕。”

“離離衰草”見於後世文獻，如：

(2) 出其東門，遙望平原。離離衰草，漠漠黄昏。(《列朝詩集》丁集第七《寒荄》)

(3) 不見樓中帝於，只離離衰草遍天涯。(《天咫偶聞》卷四)

“離衰”所見不多。

【黯黲】

其一，樹木衰敗的顏色。

(1) 嚴風刮地，大野清寒。萬里草離衰，千山樹黯黲。(《續燈録》卷十《杭州佛日山智才禪師》)

按：《説文·黑部》："黯，深黑也。"又指昏暗没有光澤。《説文·黑部》："黲，淺青黑也。"《玉篇·黑部》："黲，今謂物將敗時顏色也。"特指東西將要腐敗變質時的顏色。"黲"又指暗色，如《廣韻·感韻》："黲，暗色。"又特指日暗色。《廣韻·敢韻》："黲，日暗色。"在例(1)中指樹木衰敗之色。

其二，天色昏暗義。

(2) 大王忿怒，勅令斬之，有司縛到衙下，舍人作誓，獄吏斬之，白乳湧出一丈，天四黯黲，斜景爲之晦明，地六震動，雨花爲之飄落。(《三國遺事》卷三)

【壁落】指牆壁。

(1) 師一日問黄檗："黄金爲世界，白銀爲壁落，此是什麽人居處?"(《傳燈録》卷八《池州南泉普願禪師者》)

按："壁落"一詞指牆壁，在後世世俗文獻中常用，如：

(2) 玲瓏四面亦無門，充塞十方絶壁落。羅列珍羞渠不食，癡人猶是貪藜藿。(《湛然居士文集》卷一)

【嗚剥剥】碰撞作響。

(1) 有僧問："甚麽處來?"山曰："討柴來。"僧指腰下刀曰："嗚剥剥，是個甚麽?"山拔刀作斫勢，師忽欣然。(《會元》卷十八《潭州上封佛心才禪師》)

按：“剥”本義非象聲詞，但“剥啄”一詞在唐代指叩門聲。如韓愈《剥啄行》：“剥剥啄啄，有客至門。我不出應，客去而嗔。”在宋代時期，“剥剥”已可以作爲象聲詞獨立使用，如宋梅堯臣《啄木二首》：“寒風正洌洌，蠹穴蟲且僵。况茲園林迥，剥剥響何長。”“剥剥”指啄木鳥啄木的聲音。又如《子和醫集·儒門事親》卷六：“嶺北李文卿，病兩膝臏屈伸有聲剥剥然。”此“剥剥”亦指聲響。

“鳴剥剥”應該指聲響，在例（1）中指腰間刀子的碰撞之聲。“鳴剥剥”作“敲打之聲”解在禪宗燈録中可見用例，如：

（2）我昔從師事參學，敲打虛空鳴剥剥。不惟萬象咲相麈，聚鐵等閑曾鑄錯，此道年來恐難説，遇著通人試甄别。（《了庵和尚語録》卷六《送明侍者參竺元和尚》）

例（2）虛擬出與虛空的碰撞之音爲“鳴剥剥”。

（3）太虛無門絕關鑰，扣之作聲鳴剥剥。（《了庵清慾禪師語録》卷七）

例（3）“鳴剥剥”是扣之作聲的結果。

【豎亞】也作“豎亞面門”，指在額頭中間豎起（一隻眼睛）。多指磨醯眼。

（1）又曰：“吾教意如磨醯首羅劈開面門，豎亞一隻眼，此是第二段義。”（《傳燈録》卷十六《鄂州巖頭全豁禪師》）

按：在禪宗燈録中，“豎亞一隻眼”常作“豎亞面門”，指磨醯首羅豎立於額頭上的第三只眼睛，具有神奇的視力，喻指法眼。① 如：

（2）宗乘提唱，妙絕名言，一句該通，乾坤函蓋。直似首羅正眼，竪亞面門。又如員伊三點，横該法界。（《會要》卷十六《福州鼓山佛心才禪師》）

【揢搓】垃圾。

（1）問："既是大容爲什麽趁出僧?"師曰："大海不容塵，小谿多揢搓。"（《傳燈録》卷二十二《英州大容諲禪師》）

按：《廣韻·盍韻》："搓，攞搓，和雜。""攞搓"意爲"秽雜；邋遢"。"揢"與"和雜"同音，"揢搓"亦爲"秽雜"義。如：

（2）迷悟雙忘，糞掃堆頭重添揢搓。（《續傳燈録》卷三十四《慶元府天童密庵咸傑禪師》）

【點埃】細小的微塵。

（1）日用事無别，唯吾自偶諧。頭頭非取捨，處處勿張乖。朱紫誰爲號，丘山絕點埃。神通并妙用，運水及般柴。（《傳燈録》卷八《襄州居士龐藴者》）

按："點"指小黑點，亦指小的痕跡。"點埃"指細小的微塵。此在世俗文獻中有見，如：

（2）膠膠擾擾中，本體元來静。一段澄明絕點埃，世事如泡影。（《酒邊詞·卜運算元》）

---

① 袁賓、康健：《禪宗大詞典》，崇文書局，2010年版，第297頁。

【象王嚬呻】又作“象王嚬伸”，本指象王舒展身軀之態，在禪宗燈録中指圓澄自性作用下在外相上體現出的超逸莊嚴之態。

（1）上堂，喝一喝云：“師子哮吼。”又喝一喝云：“象王嚬呻。”又喝一喝云：“狂狗趁塊。”又喝一喝云：“鰕跳不出斗。”乃云：“此四喝，有一喝堪與祖佛爲師，明眼衲僧試請揀看。若揀不出，大似日中迷路。”（《續燈録》卷二十二《南嶽法輪院齊添禪師》）

按：“象王嚬呻”本指象王舒展身體，如《祖庭事苑》釋此條爲：“《毛詩傳》：‘頻急也，申舒也。’謂有勞倦者，以手足胸背，左右上下，或急努，或舒展，自解其勞倦。”“象王”喻佛之舉止如象中之王。① 此爲佛相八十種好之一。“象王嚬呻”是對佛相莊嚴超逸的贊歎，如：

（2）象王嚬呻（小注云：“富貴中之富貴，誰人不悚然，好個消息。”）（《碧岩録》卷六）

而“象王”又譬喻爲佛，如《涅槃經》二十三：“是大涅槃，唯大象王能盡其底，大象王謂諸佛也。”因此“象王嚬呻”這種“舒展”的從容超逸莊嚴之態是在大涅槃之性下的外在顯現。

【膽大心麤】常和“龍頭蛇尾”連用，禪録中指有接機鋒的勇氣，但因缺少斗機鋒的智慧，在表達禪理上有所欠缺。

（1）混元未判，一氣岑寂。不聞有天地玄黄、宇宙洪

---

① 星雲、慈怡：《佛光大辭典》，北京圖書館出版社，2005 年版，第 5273 頁。

荒、日月盈昃、秋收冬藏，正當恁麼時，也好個時節。叵耐雪峰老漢，却向虚空裏釘橛，輥三箇木毬，直至後人搆占不上，便見潙山水牯牛，一向膽大心麤；長沙大虫，到處皵人家猪狗。雖然無禮難容，而今且放過一著。（《普燈録》卷七《隆興府泐潭湛堂文準禪師》）

按：例（1）中“膽大心麤”指以“潙山水牯牛”爲了悟之途徑，進行一系列的話頭練習悟道的行爲，但並不了悟禪義之究竟。又如：

（2）賊是小人，智過君子，大妄語成，便白拈去。膽大心麤，無你會處。稽首趙州，大法王主。（《禪宗頌古聯珠通集》卷十八《趙州觀音院從諗禪師》）

例（2）中的“大妄語”爲“有勇無謀”之表現，“語”體現出膽大，“妄”爲未見性，即“心麤”。“膽大心麤，無你會處”指未悟自性只靠勇氣和意識行動是不究竟的。“膽大心麤”在後世文獻中有所應用，《禪宗大詞典》釋義爲“謂做事膽子大，但麤疏魯莽欠思考”。首例爲元关漢卿《蝴蝶夢》第二折：“撲咚咚堦下升衙鼓，諕的我手忙脚亂，使不得膽大心麤。”

【癡人夜走】禪録中引申爲抛卻對目的與行爲、途徑等的思索揀則，所行通達無掛礙的境界。

（1）“……所以大覺世尊，初悟此事，便開方便門，示真實相，普令南北東西、四維上下、郭大李二、鄧四張三，同明斯事。雲岩今日不免傚古去也。”擊拂子云：“方便門開也，作麼生是真實相?”良久云：“十八十九，癡人夜走。”（《會要》卷十五《洪州寶峰文準禪師》）

按：“癡人夜走”按字面意思理解即爲癡呆者在夜間行走。據智障者行走無目的的特點，禪録中引申爲“抛卻目的”之義，智障者在黑夜中行走，則路也不見，但其是不管路况與方向的，往往信步而行，漫無目的，且優哉游哉。根據這些特徵，禪録中引申爲抛卻對目的與行爲、途徑等的思索揀則，達到所行無礙的境界。如例（1）中大覺世尊示真實相之後，大智慧無處不在，於一切處普令一切衆生，無有分别。“十八十九”意在表示沒有分别相，以“癡人夜走”的無目的特徵顯現真實相無處不在的特點。

（2）問：“破沙盆意旨如何？”師曰：“泥做底。”曰：“因甚唤作正法眼？”師曰：“十八十九，癡人夜走。”（《五燈全書》卷一百七《明州翠山月濤槩禪師》）

例（2）中“泥做底”是説沙盤的本性，之所以稱爲“正法眼”，是因爲“正法眼”無處不在，無有分别，不會因爲常人看來是破沙盆無用鄙陋就不具正法眼，正如禪宗公案中常説的“死貓頭無價”。

【誨勵】教誨鼓勵，多指師長教育學人，也偶用作學人自我省察勉勵。

（1）至人不遙，當造玄境。乃晨夕參承。師嘗端座面壁，莫聞誨勵。（《廣燈録》卷六《第二十八祖菩提達磨者》）

按：《説文・言部》：“誨，曉教也。”段注爲：“曉教者，明曉而教之也。訓以柔克，誨以剛克。《周書・無逸》胥訓告，胥，教悔是也。曉之以破其晦是曰誨。”“勵”有“勸勉”義，因此“誨勵”爲並列式構詞，意指通過言語等方便法門教誨使之了達事理并對其進行鼓勵。“誨勵”一詞也用於世俗文獻中，如：

(2) 然家法整肅，其子允，課習經史，日加誨勵，夜分猶使人視之。(《酉陽雜俎·續集》卷三《支諾皋下》)

然比較來說，仍是佛經文獻中常用，如：

(3)（東明慧旵禪師）潛隱杭州安溪古道山，三十年影不出山。高風遠播、四來群至。諸方宿德，爭趨座下。師誨勵無少倦，一言之出，莫不泠然有省。(《南嶽單傳記·第六十祖東明慧旵禪師》)

(4) 恒等誠才質闇短，染法未久，所存既重，眷慕亦深。猥蒙優詔褒飾過美，開喻誨勵言理備至，但情之所安實懷罔已，法服之下誓畢身命，兼少習佛法不閑世事。(《弘明集》卷十二《道恒道標二法師答偽秦主姚略勸罷道書》)

同時，"誨勵"也可作施受同體動詞，如：

(5) 卿已出家，棄俗辭君。應自誨勵，志果青雲。財色不顧，與世不群。金玉不貴，惟道爲珍。(《緇門警訓》卷二《周京師大中興寺道安法師遺誡九章》)

例 (5) 中的誨勵應指自我省察與鼓勵。

【艮踆】停止行走（追趕），退回去。

(1) 能曰："汝須速回，遇蒙即止，逢袁當住。"明即禮謝而返，逮至嶺下，遇衆追之，明紿之曰："自嶺而來，杳無所見。"衆艮踆焉。明後易名道明，蓋避師名之上一字也，止袁州蒙山。(《廣燈録》卷七《三十二祖弘忍大師》)

按：此爲孤例，然"艮踆"爲同義連文結構，"艮"有停止、靜止的意思。《易·艮》："彖曰：艮，止也。"又《說卦》："艮，止也。"有"艮止""止艮"等詞常用，如黃綰

《明道編》卷一：“伏羲、堯、舜以艮止、執中之學相傳……《易》之微言，莫要於艮止；《書》之要旨，莫大於執中。”又唐李程《蒙泉賦》：“宜習坎以爲德，胡止艮而莫前！”此皆“停止”之意。“踆”有止、退伏之意。《玉篇·足部》：“踆，踆退也。”《篇海類編·身體類·足部》：“踆，退也，止也，伏也。亦作竣。”《爾雅·釋言》：“逡，退也。”由此可知，“艮踆”爲行動停止，退回的意思，這和例文中慧能對慧明（後稱道明）說過讖語之後，慧明下嶺，爲保護慧能謊稱其不在嶺上，大家就停止追趕退回去了的語境是相契合的。

【促延】快慢。

（1）真如法界，無他無自。要急相應，唯言不二。不二皆同，無不包容。十方智者，皆入此宗。宗非促延，一念萬年。無在不在，十方目前。（《會元》卷一《三祖僧璨大師》）

按：“促延”也作“延促”，指“快慢”。如唐窺基《大般若波羅蜜多經般若理趣分述贊》卷一：“由是總相但言一時其延促劫量，或唯識以促延，或所執以雙泯，或依他以妄法，或實性以平等，或聖力以加持，故有延促，無勞疑惑，義準應釋。”在佛教經義中常有打破快慢、時空分别的語句，此類即是。

【增熏】指通過坐禪、打坐、誦經、放生、持戒、持咒、布施等行修之法加深對佛法的理解。

（1）經云：“本有今有不假修道坐禪，不修不坐即是如來清淨禪。如今若見此理真正，不造諸業隨分過生。一衣一

鉢坐起相隨，戒行增熏積於淨業，但能如是何慮不通？久立諸人珍重。”（《傳燈録》卷二十八《江西道一禪師》）

按：此“增熏”指加深，“增”是行爲進行次數的增多，“熏”指“熏修”“熏習”。在此指通過誦經持戒等大量持久的修行來加深對佛法的理解。此爲並列構詞，文獻中不常見，如：

（2）本有之性，不假修成。禪不屬坐，坐即有著。若見此理，真正合道。隨緣度日，戒行增熏，積於淨業。但能如是，何慮不通，久立，珍重！（《廣燈録》卷八《江西馬祖大寂禪師》）

【宿累】宿世的業因。

（1）祖曰：“非吾知也，斯乃達磨傳般若多羅懸記云‘心中雖吉外頭凶’是也，吾校年代，正在於汝。汝當諦思前言，勿罹世難，然吾亦有宿累，今要酬之，善去善行，俟時傳付。”（《會元》卷一《二祖慧可大師》）

按：“宿累”指宿世的業因，即前世所積累的善惡果報等。

【禪雋】指禪林中非常優秀的人才。

（1）時魏氏奉釋，禪雋如林。光統律師、流支三藏者，廼僧中之鸑鳳也。（《會元》卷一《初祖菩提達磨大師者》）

按：《説文・隹部》：“雋，肥肉也。從弓所以射隹。長沙有下雋縣。”在此通“俊”，指才智出衆。如《正字通・隹部》：“雋，與俊通。”《北史・達奚武田弘等傳論》：“武協規文后，得雋小關。”清袁于令《西樓記・病晤》：“久慕雋才，兼得妙楷，今幸一晤，如渴遇漿。”此處“雋”皆爲“儁”之正字。“儁”爲“雋”之俗字，亦常作“才智出衆”義，如《國語·鄭語》：“秦仲、齊侯、姜、嬴之儁也。”“禪儁”一詞爲禪中比較優秀的人才，在釋典及世俗文獻中用例不多。

【壅塞人】在明心見性上有所阻礙的人。

(1) 但離一切聲色，亦不住於離，亦不住於知解，是修行。讀經看教[①]，若準世間是好事，若向明理人邊數，此是壅塞人。(《會元》卷三《洪州百丈山懷海禪師者》)

按：“壅塞人”一句始見於宋代禪籍記述此件事情的章節中，在前後期釋典及世俗文獻中皆不見應用，此與“明理人”互爲同位語，“明理人”指深諳禪宗義理宗旨的人，此“壅塞”應爲對明心見性有所障礙的人。

【衆館】客棧，供平民休息暫住。

(1) 女周氏季子也，歸輒孕，父母大惡，逐之。女無所歸，日傭紡里中，夕止於衆館之下。已而生一子，以爲不祥，因抛濁港中。(《會元》卷一《五祖弘忍大師者》)

按：“衆館”應爲“衆人所居之館”，即平民所暫時歇腳的客棧，東北有類客棧俗稱“大車店”，居住者多爲貧苦農民及小手工業者，車店既提供飯食以及住宿的場所，又可寄存車輛、飼喂牲口，其突出特色爲很多人睡在同一通鋪上。“衆館”蓋爲此類。“衆館”一詞在世俗文獻及釋典中少見應

① 蘇本《會元》斷句爲“是修行讀經看教”，誤。

用，《佛祖統紀》卷三十九對此"衆館"的記述爲："父母逐之，日庸紡里中。夕宿眾館，及生一子棄水中……祖語其母令出家，是爲弘忍禪師，嗣居東山大行其道，眾館後爲佛母寺。"

【濁港】指流動的髒水溝。

(1) 女周氏季子也，歸輒孕，父母大惡，逐之。女無所歸，日傭紡里中，夕止於眾館之下。已而生一子，以爲不祥，因拋濁港中。(《會元》卷一《五祖弘忍大師者》)

按："港"既指"與江河湖海相通的小水溝"，又指"港口、碼頭"。因"港口、碼頭"的水流動性較大，較爲清潔，因此"濁港"應爲有固定流向的與江海相通的髒水溝。如《林間録》卷上："人孰無父，祖獨有母。其母爲誰，周氏季女。濁港滔滔入大江，門前依舊長安路。"

【乘槎斫額】本指坐著船向外看，禪録中引申爲向外馳求，不能反觀自性。

(1) 問："如何是學人自己？"師云："乘槎斫額。"僧曰："莫秖遮便是？"師云："浪死虚生。"(《續燈録》卷三《明州雪竇山資聖寺明覺禪師》)

按："槎"同"楂"，指"竹、木筏"。"斫額"指"以手打遮向外望"，比喻不識自性，向外馳求。因學人未懂批評之語，故而明覺禪師說其虚度了人生——還是沒有認識到自性所在。

【床唇】床沿。

(1) 設長連床施椸架，掛搭道具，臥必斜枕床脣，右脅吉祥睡者，以其坐禪既久，略偃息而已。(《傳燈録》卷六《百丈懷海禪師》)

按：“床唇”一詞僅見於禪宗燈録對此段内容的記述，暫不見於釋典及世俗文獻。《六書故・人四》：“唇，口端也，别作脣。”“床唇”即床邊，床沿。

【鑒覺】鑒别、查明、覺悟。

(1) 夫讀經看教，語言皆須宛轉歸就自己。但是一切言教，只明如今鑒覺自性，但不被一切有無諸境轉，是汝導師。(《會元》卷三《洪州百丈山懷海禪師者》)

按：“鑒覺”一詞在《祖堂集》中可見，如卷十四《江西馬祖》：“但是一切言教，只明如今鑒覺性，自己但不被一切有無諸境轉，是故導師，能照破一切有無境，法是金剛，即有自由獨立分。”又子璿録《金剛經纂要刊定記》卷七：“生死迷中本智未顯。意識分别似有鑒覺，若智顯彰光明遍照，分别念慮泯然無餘。”“鑒”同“鑑”，本指古代盛水的大盆，又指鏡子，有“照”義；“覺”爲“明白、省悟”義。此處“鑒覺”指“鑒明、察覺”。

【返覆心】對本自具足清淨自性的觀照與保任。

(1) 故經云：“凡夫有返覆心，而聲聞無也。”對迷説悟，本既無迷，悟亦不立。一切衆生，從無量劫來，不出法性三昧，長在法性三昧中。著衣吃飯，言談祇對，六根運用，一切施爲，儘是法性。(《廣燈録》卷八《江西馬祖大寂禪師》)

按：“返覆心”在佛經中常作“反複心”，如：

(2) 比丘，女人有五穢行。云何爲五？比丘，女人臭穢，言語麤獷，無反複心。猶如蚖蛇，常懷毒垢。此女人，增益魔眾，難得解脱，亦如鉤鎖。（後漢·安世高譯《佛説阿難同學經》）

由例（2）可知，“反複心”並非貶義詞，此詞與修行類相關，在佛經中具體又指“觀照之心”，如：

(3) 愛往眾結隨，時流不停者，一時中間生處人中，處在中國平正之土得種善本。無有山河石壁饒出珍奇異物，得信堅固於佛法眾有反複心，慈潛一切殖眾德本，諸佛出生皆與此國，雖處中國亦是過去不得久住。（姚秦·竺佛念譯《出曜經》卷五）

(4) 吾今當成最正覺道，然於來世無央數劫，修菩薩行，自知見之，又睹異學，難化難療，無反複心，不識報恩。欲教此眾，故被德鎧。游在眾生，而得自在。（西晉·竺法護譯《度世品經》卷二）

(5) 時以佛眼普觀十方，進退隨時，導利群黎，是曰精進。一心七日觀樹思樹，欲使一切有反複心，是曰一心。以見勸助便轉法輪，八音暢達周遍十方，是曰智慧。（西晉·竺法護譯《賢劫經》卷五）

在釋典中常有“反觀”“返照”，皆指窮明自心本源，如：

(6) 圓照三世恒劫事，返照樂虛無盡原。（姚秦·鳩磨羅什譯《仁王般若波羅蜜護國經·菩薩教化品第三》）

(7) 若用智慧反觀心性，則能通行心。（隋·天臺智者大師説《釋禪波羅蜜次第法門》卷一）

【檀供】供養。

(1) 祖又曰：“昔可大師付吾法，後往鄴都行化，三十年方終。今吾得汝，何滯此乎?”即適羅浮山，優遊二載，卻還舊址，逾月士民奔趨，大設檀供。祖爲四衆廣宣心要訖，於法會大樹下合掌立終。(《會元》卷一《三祖僧璨大師》)

按：“檀供”爲同義連文，其中，“檀”爲梵文Dàna，也作檀那，陀那。譯曰布施，施與。“供”爲“供養”義，因此“檀供”即“供養”。在漢譯佛經中，“檀”與“供”爲兩個單獨的詞連用，如舊題吳康僧會譯《舊雜譬喻經》卷下：“佛自變身現作菩薩，或複現形如釋梵四天王者，廣爲大檀供養一切，萬味飯食其香廣聞十方一切，其聞食香皆發無上平等度意。”可見“檀”與“供”是先後的動作。

“檀供”在禪宗燈録中已穩定成詞，如《五燈全書》卷三十七《福州延慶洪準禪師》：“壽八十，日夕惟吟梵音，贊觀世音而已。臨終時，大衆皆遠赴檀供。”

【道高臘長】也作“年高臘長”，是西域對長老之尊稱。

(1) 凡具道眼有可尊之德者，號曰長老。如西域道高臘長，呼須菩提等之謂也，既爲化主即處於方丈。(《傳燈録》卷六《百丈懷海禪師》)

按：“高臘長”一詞在唐代記作“年高臘長”，如《敦煌變文集新書》卷二：“言‘長老’者，年高臘長，僧中上首之倍（輩）也。”又《祖堂集》卷十九《陳和尚》：“又云：‘近前，你識文殊磨?’云：‘不識。’師云：‘年高臘長，占得上座頭，並無氣息。'"又窺基撰《阿彌陀經通贊疏》卷上："具二義故名爲長老，一年高臘長故，二學廣解深故。"此"年"指世俗的年歲，"臘"指受戒後的年歲。在宋代禪宗燈録中記作"高臘長"，實際上是省略的世俗年歲之"年"，指出家年頭很長的人。如《禪苑清規》卷一〇《百丈規繩頌》："凡具道眼，有可遵之德者，號長老。如西域道高臘長，呼須菩提等之謂也。既爲化主，即處於方丈。"

【動著】此處指使用言語動作等方便法門教化學人。

（1）師謂衆云："馬祖接八十餘員善知識，動著屙轆轆地。唯有歸宗，較些子。牛頭横説豎説，未知有向上關捩子。有此眼腦，方辨得邪正宗黨，若不如是，但知念言念語，㧞向皮袋裏，稱我會禪會道，還替得生死麽？"（《會要》卷七《筠州黄檗希運禪師》）

按："動著"在此表示采取某種方式接引學人，"屙轆轆地"形容接引的方式拖泥帶水。"動著"表示行爲方式義蓋由其"觸及"義引申而來。在宋代禪宗燈録中，"動著"指具体的行为对具体的事物有所触碰，使之动，有所变化，如：

（2）問："靈草未生芽時如何？"師云："切忌動著。"云："生芽後如何？"師云："昨夜遭霜了。"（《古尊宿語録》卷十《並州承天智嵩禪師語録》）

例（2）中的"切忌動著"指不要碰到靈草芽。

（3）是時迎師權在近院駐泊，獲時選地，建造禪宫。師聞之，令人謂王曰："若動著一莖草，老僧卻歸趙州。"（《古尊宿語録》卷十三《趙州從諗真際禪師語録並行狀》）

(4) 凡有金瘡傷折出血，用藥封包，不可動著。十日瘥，不腫不膿。(《普濟方》卷三百三《金瘡門・金瘡血不止附論》)

例 (3)、例 (4) 意在禁止觸碰。

這種直觀具體的觸碰行爲經過抽象性引申，表示思维、话语等行爲触及某些境界，如：

(5) 八百年來者，一隻船打篙底打篙，搖櫓底搖櫓，終無一人動著古道。(《船子和尚撥棹歌・諸祖贊頌・至治壬戌仲春住徑山虛穀叟希陵》)

例 (5) 指“八百年來者”所修行多與“古道”不契，這些修行者並沒有參透禪宗的真諦，沒有觸及真理。

(6) 問：“萬里無雲即不問，一條霜刃事如何?”師云：“誰敢動著。”僧禮拜。師云：“小慈妨大慈。”便打。(《古尊宿語録》卷二十六《舒州法華山全舉和尚語要》)

例 (6) 中的“誰敢動著”指沒有人敢觸及“一條霜刃事”。

而“觸及”抽象的境界是需要借助某些途徑來實現的，由此引申出“施設方便”義，如例 (1)，采取各種方便法門以達到明心見性的目的。這種“施設方便”義在後世文獻中引申爲“使用”義，如：

(7) 五嶽十洲，洞天福地。方丈蓬萊，簫鼓笙簧。動著俺這仙人家的樂音，朝玉闕拜虛皇。(《全元散曲・鄧玉賓》)

(8) 也不索列兵卒，排軍將，動著些闊劍長槍；我今日報仇捨命誅奸黨，總是他命盡也合身喪。(《全元雜劇・紀君祥・冤報冤趙氏孤兒》)

(9) 下次孩兒每臥番羊者，動著細樂，大吹大擂，慢慢

的做個筵席。(《全元雜劇·賈仲明·鐵拐李度金童玉女》)

(10) 只見遠遠地早有二三十對紅紗燈籠，照著一簇人馬，動著鼓樂，前來迎接。(《水滸傳》第六十二回)

(11) 老李竟至文甫處笑道："此乃姻缘天定，不是小可。前生就栽種的了，不必哭泣。只是銀子三十兩，我等在此。等牌頭寫一收票，與大娘子帶去。後來生死，畢竟要動著這張紙的。"(《歡喜冤家》第三回)

此外，"動著"爲多義詞，在同一時期，還有其他不同的意義，如：

"著"作为詞綴表示的時範疇。

第一，表示現在時的詞綴。

(12) 繡鞋上嵌著珠玉一類的飾物，光閃閃的，並繡有不明顯的龍形花紋。行走時頭上的鳳形首飾顫動著，羅做的披肩勝過紅色的虹霓。(《鶯鶯傳》)

第二，"著"表示完成，行爲的運動完成。

(13) 五祖今日與雪峰，同乘槎泛四大海，穿八大龍王髑髏，經過百千個須彌山，卻回來法座上坐，又送雪峰歸雪峰山，只是不曾動著一步，諸人還信得及麼?(《古尊宿語録》卷二十二《黄梅東山法演和尚語録》)

"著"表示心起妄念附著於相，有所執著。

(14) 去卻一，拈得七，上下四維無等匹。徐行踏斷流水聲，縱觀寫出飛禽跡。草茸茸，煙羃羃，空生岩畔花狼藉。彈指堪悲舜若多，莫動著，動著三十棒!(《碧岩録》第六則)

(15) 師一日拈起拄杖舉教云："凡夫實謂之有，二乘析謂之無。緣覺謂之幻有，菩薩當體即空。"乃云："衲僧見拄

杖但唤作拄杖，行但行、坐但坐，總不得動著。”（《古尊宿語録》卷十六《雲門文偃匡真禪師廣録中》）

（16）上堂：“入州僅十日，出縣又兩朝。此心苟無爲，動静皆逍遙。”拈拄杖云：“拄杖子不可不逍遙。”良久云：“莫動著，動著則打折你驢腰！”（《古尊宿語録》卷四十二《住洞山語録》）

（13）舉僧問寶壽：“萬境來侵時如何？”寶壽云：“莫管他。”僧禮拜。壽云：“莫動著，動著即打折你驢腰。”（《古尊宿語録》卷四十六《滁州琅琊山慧覺和尚語録》）

（14）舉南泉見鄧隱峰來。指淨碎云：“淨碎是境，你不得動著境，與我將水來。”峰將淨碎，傾水於南泉面前，泉便休。歸宗云：“鄧隱峰也是亂瀉。”（《古尊宿語録》卷四十七《東林和尚雲門庵主頌古》）

（15）小隱居山何太錯，居廓大隱絕憂樂。山林朝市笑呵呵，爲報禪人莫動著。（《湛然居士文集》卷六）

【伎死禪和】未了心性在對機中無技可施的禪僧，此類禪僧於經論或機鋒上多有用心，并善於運用。

（1）有凌行婆來禮拜師，師與坐喫茶。行婆乃問云：“盡力道不得底句，還分付阿誰？”師云：“浮杯無剩語。”婆云：“某甲不恁麼道。”師遂舉前語問婆。婆斂手哭云：“蒼天中間更有冤苦。”師無語。婆云：“語不知偏正，理不識倒邪，爲人即禍生也。”後有僧舉似南泉。南泉云：“苦哉浮盃，被老婆摧折。”婆後聞南泉恁道，笑云：“王老師猶少機關在。”有幽州澄一禪客，逢見行婆乃問云：“怎生南泉恁道猶少機關在？”婆乃哭云：“可悲可痛！”禪客罔措。婆乃問

云："會麼?"禪客合掌而退。婆云："徛死禪和，如麻似粟。"(《傳燈録》卷八《浮盃和尚》)

按："徛"在明刊本中作"伎"，"徛死"在《會元》等異文中皆作"伎死"。本書以"伎死"爲是。"伎"通"技"，指才智、技藝。如清朱駿聲《說文通訓定聲·解部》："伎，假借爲技。"《篇海類編·人物類·人部》："伎，巧也，藝也。""伎死禪和"指禪和無技可施，如：

(2) 結夏上堂："天下禪和，今朝盡入野狐窟裏做伎倆。山僧雖則退水藏鱗，終不向鷺股割肉。"(《虛堂和尚語録》卷一《諸山勸請疏》)

由 (2) 可知，"禪和"常於"野狐窟"裏做"伎倆"，"伎倆"有手段之義，禪和指執著於施設手段的禪僧。"伎死"即似黔驢技窮，因未了悟，故不能"逢場作戲"，根據實際情況拿出相應的施設手段，如：

(3)"動則萬丈懸崖，不動則當處沈埋。千重萬重關鎖，一鎚當面擊開。伎死禪和無數，依前似鴨聞雷。"(《續刊古尊宿語要》第六《雪堂行和尚語》)

"鴨子聽雷"爲閩南俗語，指聽不懂。例 (3) 中指很多看似善弄機關的禪僧只是模仿前人的言語行爲，並沒有真正了悟，因而不能切中要害。

【偶諧】隨機開悟。

(1) 士呈一喝云："日用事無別，唯吾自偶諧。頭頭非取捨，處處勿張乖。"(《會要》卷六《襄州龐藴居士》)

按："諧"有"和諧、協調"義。《說文·言部》："諧，詥也。"《玉篇·言部》："諧，和也。""偶諧"指隨緣開悟，内外一如的境界。在禪籍中有對“偶諧”的具體解釋，如：

(2) 於是龐居士謂“惟吾自偶諧”，言“偶諧”二字，直是注解不破、穿鑿不入，苟非具金剛正眼，向聲色未彰已前一鑑鑑破，物我未形之際一拶拶開，自然頭頭上明，物物上顯，是謂“偶諧”者也。其或未到者個時節，和個“偶諧”俱成剩語。所以云，參須實參，悟須實悟。既到實參實悟之地，則繁興大用，舉必全真，擬眨眼來，劍去久矣。(《列祖提綱録》卷十三)

(3) 故老龐曰：“日用事無別，惟吾自偶諧。神通并妙用，運水及搬柴。”柴水即老龐文字三昧也，神通即老龐音聞之機也。“惟吾自偶諧”，即老龐了因契會正因佛性者也。(《紫柏尊者全集》卷一)

(4) 諸方既火葬，我此但活埋。當頭一坐斷，豈受人差排。神通光明藏，受用俱偶諧。滿禪如此窮教徹，此是休居真實說。(《古林和尚拾遺偈頌》卷上)

由例 (2) 可知，“偶諧”既指開悟，又強調把握開悟時機的重要性。例 (3) 明確説明了“偶諧”爲“了因契會正因佛性”。例 (4) 中的“偶諧”爲受用皆了悟通達。

**【娘生袴】**也作“娘生褲”。指身體，意指智慧與心性本自具足。

(1) 師令侍者送袴與住庵道者，者云：“自有娘生袴。”竟不受。師又令侍者去問：“娘未生時，著個甚麼？”者無對。(《會要》卷二十二《洪州雲居道膺禪師》)

按：“娘生×”的形式在禪宗燈録中常見，《禪宗大詞典》釋"娘生面"爲"指本來面目，亦指自心、本性、佛性"①。同時禪宗燈録中還有"娘生口""娘生臂"等，皆指自性、本性。同樣，"娘生袴"指娘胎里所帶來的，即本自具足不假外求，如：

(2) 一口氣不來，畢竟甚處去，直入無容生怕怖。若是吾家種草兒，英靈自有娘生袴。娘生袴子不尋常，貼肉連皮謾忖量。(《無異禪師廣録》卷十六《示夢雲禪人》)

由此可知，"娘生袴"指本自具足的自性與智慧。但在燈録中，"娘生袴"多指對"心性本自具足"執著的批判，"自性本自具足"僅僅是爲了方便學人了悟而采取的方便說法，若是僅僅執著於"本自具足"之理而不能行"與境圓融"之事，就很可能落入"空執"之中，所以在禪宗燈録中對"娘生袴"常常是持否定態度的，如：

(3) 著起破襴衫，脱下娘生袴。信步入荒草，忘却長安路。(《人天眼目》卷三《百丈端》)

(4) 如來妙色身，真實難藏覆。不挂本來衣，豈著娘生袴。無憂樹下降生時，南北東西行七步，行七步，度盡衆生無所度。(《列祖提綱録》卷四《龍門遠禪師》)

(5) 小參："虎之缺，馬之弆，燕趙管不得，齊魯把不住。踏遍四天下，忘却歸來路。急急掉轉頭來，難免笑倒露柱。且道笑個甚麼？"拍手曰："最苦是脱不下娘生袴。"(《五燈全書》卷八十三《常州普照檝庵衡禪師》)

(6) 僧問："如何是娘生褌？"師垂一足。進云："娘未生時如何？"師收起足。(《揞黑豆集》卷六《杭州南澗理安

① 袁賓、康健：《禪宗大詞典》，崇文書局，2010年版，第312頁。

箬庵問禪師》)

“脱下娘生袴”即指放下對本性具足的執著與分别，達到體用一如的境界。

【劍刃】【劍刃上事】“劍刃”本指劍的兩邊，較鋒利處。在禪宗燈録中指機鋒或明心見性的迅疾處。

(1) 禪德，譬如擲劍揮空，莫論及之不及，斯乃空輪無迹劍刃無虧，若能如是心心無知，全心即佛，全佛即人，人佛無異始爲道矣。(《傳燈録》卷七《幽州盤山寶積禪師》)

按：例 (1) 的中“劍刃”即是本義，指劍的邊刃。在禪宗燈録中常指機鋒的迅疾險峻，如：

(2) 僧問：“法身還會説法也無?”師云：“我説不得，别有一人説得。”云：“説得底人，在甚麼處?”師推出枕子。溈山聞，乃云：“寂子用劒刃上事。”(《會要》卷八《袁州仰山慧寂禪師》)

例 (2) 指機鋒迅疾險峻。

【死急】特别著急。

(1) 言我是凡夫，他是聖人。秃屢生，有甚死急。披他師子皮，却作野干鳴。大丈夫漢不作丈夫氣息，自家屋裏物不肯信，秖麽向外覔。(《廣燈録》卷十一《鎮州臨濟院義玄慧照禪師》)

按：“死急”指非常著急。無著道忠認爲：“死者，凡欲言極、甚，多用死字……今‘死急’、極，急切也。”[①] “死”在禪宗燈録中常作“著什麽死急”“有甚死急”，爲反問句，表示“著什麽急呢”“有什麽可著急的”，如例（1）。其後又常有表行動的句式，義爲：“干嘛著急做某事呢?”亦爲反問句式，義爲不必著急做某事，如：

（2）祇管說葛藤，取性過時，更嫌不稱意，千鄉萬里，抛却父母師長，作這去就。這般打野榸漢，有甚麽死急行脚去。[②]（《會元》卷十五《韶州雲門山光奉院文偃禪師》）

【儼圖】莊嚴圖像。

（1）上堂：“鏡像或謂有，攬之不盈手。鏡像或謂無，分明如儼圖。所以取不得，舍不得，不可得中祇麽得。還會麽？不作維磨詰，又似傅大士。”（《會元》卷十七《黄龍祖心禪師》）

按：《爾雅·釋詁下》：“儼，敬也。”《玉篇·人部》：“儼，矜莊貌。”《集韻·儼韻》：“儼，恭也。”故此，“儼圖”爲莊嚴圖像義。

【錐劄】指深入施設方便手段。

（1）師面熱汗下云：“願和尚不吝慈悲。”復與語，錐劄之，茫然，遂求入室。（《會要》卷十五《洪州兜率從悅禪師》）

---

① ［日］芳澤勝弘等：《葛藤語箋》，日本花園大學禪文化研究所，1992年版，第98頁。

② 此處蘇校本點爲“有甚麽死急。行脚去。”見927頁。如此“行脚去”則爲祈使句，與文意不符。

按：禪宗燈録中常有“針錐”一詞表示開一綫道，對學人進行教化。“錐劄”表示深入施設方便之義。

(2) 雲門尋常乾爆爆地，錐劄不入，到這裏，也解拖泥帶水。(《會元》卷十四《杭州淨慈自得慧暉禪師》)

【險崖之句】爲截斷學人的知解之心而説的看似無義實然而對明心見性大有幫助的句子。

(1) 師問黄檗：“甚處來?”檗云：“山下采菌子來。”師云：“山下有一虎子，汝還見麼?”檗便作虎聲。師於腰下取斧作斫勢，檗約住便掌師。師晚參上堂，云：“大衆，山下有一虎子，汝等諸人出入好看，老僧今朝親遭一口。”後溈山問仰山云：“黄檗虎話作麼生?”仰山云：“和尚如何?”溈山云：“百丈當時便合一斧斫殺，因什麼到如此!”仰山云：“不然。”溈山云：“子又作麼生?”仰山云：“不唯騎虎頭，亦解把虎尾。”溈山云：“寂子甚有險崖之句。”(《廣燈録》卷《洪州百丈山大智禪師》)

按：“寂子”是對仰山的稱呼，指“仰山慧寂”，“險崖之句”指“不唯騎虎頭，亦解把虎尾”一句，但此處不是對此句本身的評價，而是評論仰山看透了百丈的用意，將其表達的意思用一句“不唯騎虎頭，亦解把虎尾”清晰地表現出來，看似與整個公案毫無關聯，實際上一語道破天機。百丈不僅可以以“虎子”借指“自性”來問黄檗，並且作斫勢來斬斷黄檗對自性的認知，同時也能成功地駕馭對話的過程并進行總結分析。對自性的認知本無差錯，只需提醒無需執著，但若是真正截斷，絕對的無可觀照，便又落入空見，違背了禪宗出入不離兩邊的道理。從此足以見得百丈懷海禪師在接引學人時采用的手段之高妙，收放自如。因此“險崖之句”看似風馬牛不相及，實際上字字珠璣針針見骨，這種看似無義的句子實際上往往表現得十分突兀，起到截斷思維的作用，但若當下頓悟，則直指心性。這種句子在禪宗中常有，作爲一種接引學人的言說方式存在，如《圓悟語録》卷二：“師入院……復云：‘昔傳明有通天作略，跨海神機，使無舌人說無義語。收洛浦，接青峰。辨石霜，賞佛日。險崖句峻，陷虎機深。電激星飛，珠回玉轉。建茲寶刹，風範具存。而山僧庶事不才，何以繼其高躅?’”此處有語句峻烈之義。

【徼路】小路。禪宗燈録中指求法的途徑。

(1) 擊玄關，除徼路，多少平人受辛苦。無邊刹海競紛紛，三界聖凡無覓處。(《普燈録》卷二《隆興府法昌倚遇禪師》)

按：《廣韻·嘯韻》：“徼，小道也。”唐李賀《春歸昌谷》：“花蔓閡行輈，縠煙暝深徼。”王琦注：“徼，小路也。”佛教中稱“玄關”爲入道的法門，可見“徼路”由“小路”義引申爲求法的途徑。

【斥相指心】放棄對外相或有或無的執著，直指人心的證悟方式。

(1) 時魏氏奉釋，禪儁如林，光統律師、流支三藏者，乃僧中之鸞鳳也，睹師演道，斥相指心，每與師論義，是非蜂起。(《會元》卷一《初祖菩提達磨大師者》)

按：“斥相指心”是達磨之“祖師禪”的綱領之一，在“五燈”之“達磨”章節中皆有關於“心相論”的內容，如

《會元》同篇有云：“至有相宗所……若解實相，即見非相；若了非相，其色亦然。當於色中，不失色體；於非相中，不礙有故。若能是解，此名實相。”又“至無相宗所……祖曰：‘相既不知，誰云有無。尚無所得，何名三昧？’彼曰：‘我說不證，證無所證；非三昧故，我說三昧。’祖曰：‘非三昧者，何當名之？汝既不證，非證何證？’波羅提聞祖辯析，即悟本心”。由此可知達磨祖師對外相的辯證觀：首先不能執著於外相求法，要悟入，從理上悟到禪法的真諦，其次要借相修行（並非著相修行），從日常的生活中將體悟到的禪理落到舉手投足、念起念覺之間，修到“涅槃”的狀態，即是佛禪皆忘的境界。而支配思維來辯證對待“相”這個客觀環境的，就是行爲主體的“心性”，因此“斥相指心”是指放棄對外相二元對立的分别，從心性上下手，直指人心的證悟方式。

【陷虎之機】又作“陷虎”“陷虎機”，指設較爲隱蔽的機鋒（如沉默、看似平常的動作等），對斗機對象（多指大德）的悟道程度進行考驗，於悟者知此有陷阱，於不悟者便墮入此機鋒，現出種種破綻。

（1）南泉下來問：“定慧等學，明見佛性，此理如何？”師云：“十二時中不依倚一物。”泉云：“莫便是長老見處麼？”師云：“不敢。”泉云：“漿水錢且置，草鞋錢教什麼人還？”師便休。溈山後舉此因緣問仰山：“莫是黄檗構他南泉不得麼？”仰山云：“不然，須知黄檗有陷虎之機。”溈山云：“子見處得與麼長。”（《廣燈録》卷八《筠州黄檗鷲峰山斷際禪師》）

按："機"指"對機""機鋒"，"陷虎之機"是指針對"虎"（喻指高僧大德）暗設的機鋒，一不留心就會墮入圈套。在例句中南泉以"草鞋錢"問修行的意義，仰山認爲黄檗對此的"便休"不是不能回答南泉，而是沉默中含有機鋒。以"沉默""不語""下座""良久""休"等行爲作機鋒語的公案在燈録中比比皆是。事實上，黄檗認爲禪宗應"解行相應"，且悟後的修行如人飲水，冷暖自知，爲何教還草鞋錢呢？且教誰還草鞋錢？草鞋錢又還與誰呢？因此黄檗的沉默是對百丈問題從根本上的否定。黄檗經常用這種辦法和大德們逗機，又如同篇："一日，五人新到，同時相看，四人禮拜，一人不禮拜，以手畫一圓相而立。師云：'還知道好只獵犬麽？'云：'尋羚羊氣來。'師云：'羚羊無氣，汝向什麽處尋？'云：'尋羚羊蹤來。'師云：'羚羊無蹤，汝向什麽處尋？'云：'與麽則死羚羊也。'師便休。來日升座，問：'昨日尋羚羊僧出來！'其僧便出。師云：'老僧昨日後頭未有語在，作麽生？'其僧無語。師云：'將謂本色衲僧，元來秖是義學沙門。'"在此處可明顯看出黄檗有意將沉默作爲機鋒語，在《會要》卷七《筠州黄檗希運禪師》中有雪竇對這則公案的評議："雪竇云：'只如聲響蹤跡既無，獵狗向甚麽處尋逐？莫是絕音響蹤跡處，見黄檗麽？諸禪德，要明陷虎之機，也須是本分衲子。"此處"陷虎之機"就是指黄檗的"昨日後頭未有語在"。又如《會要》卷七《筠州黄檗希運禪師》："師在南泉，爲首座。一日捧鉢，向泉位上坐。泉入堂，見乃問：'長老甚年中行道？'師云：'威音王已前。'泉云：'猶是王老師兒孫在！下去！'師便過第二位坐。泉休去。溈山云：'欺敵者亡。'仰山云：'不然！須知黄檗有陷虎之機！’潙山云：‘子見處，得恁麼長！’雪竇云：‘王老師只見錐頭利。我當時若作南泉，待他道威音王已前，即便於第二位坐，令黃檗一生起不得。雖然如是，也須救取南泉。’雲峰悅云：‘叢林中，多有商量：或云黃檗有陷虎之機，南泉有殺虎之威，若作與麼說話，誠實苦哉。殊不知，這老賊，有年無德，吃飯坐處，也不依本分。若是雲峰門下，說甚麼威音王已前，王老師更大，直須吃棒了趁出。”此處潙山、仰山、雪竇、雲峰等人對“向泉位上坐”這則公案的評議更能理解“陷虎之機”的意思。黃檗坐在南泉的位子上，是在考驗南泉的“我見”“人見”“眾生見”“壽者見”……南泉一句“甚年中行道”便落入了“早晚、先後、來去”的知見中，“王老師”是南泉自稱，“猶是‘我’兒孫在”便有了“人我”“高下”等分別，因此看似黃檗爲“欺敵者亡”，而實際上，僅僅是“向泉位上坐”一個看似普通平常的動作，就把南泉帶進了圈套，使其顯現出種種破綻。《會要》卷七《筠州黃檗希運禪師》對此評價爲：“保福展云：‘若無潙仰，埋沒他黃檗。’五祖戒云：‘仰山大似爲蛇畫足。’”五祖戒蓋是明了此“陷虎之機”的，但正如保福展所云，若如潙山和仰山二禪師的評議，多數人怕是未能注意黃檗這一看似平常的動作所蘊含的玄機吧！

“陷虎之機”又作“陷虎機”“陷虎”，如《續指月録》卷五《象山瑞龍夢堂曇噩禪師》：“在曹洞則家風綿密，金針玉綫，明投暗合；在潙仰則父慈子孝，用劍刃事，施陷虎機；在法眼則箭鋒相拄，心空法了，情盡見除。”又如《先覺宗乘》卷一《唐龐蘊居士》：“頌云：‘淨明呵善現，芙蓉勘龐老，彼此不相饒，峻機無處討。雲行雨施，雷奔電掃，殺虎陷虎，出草入草。毗婆屍佛早留心，直至如今不得妙。"

【錐頭利】是"只見錐頭利，未見鑿頭方"的省略形式，指執著於一點（通常是外相上的是非得失等）糾纏，卻忽略了更寬廣更通達無礙的境界。

(1) 師在南泉，爲首座。一日捧缽，向泉位上坐。泉入堂，見乃問："長老甚年中行道?"師云："威音王已前。"泉云："猶是王老師兒孫在！下去!"師便過第二位坐。泉休去。(……雪竇云："王老師只見錐頭利，我當時若作南泉，待他道威音王已前，即便於第二位坐，令黄檗一生起不得。雖然如是，也須救取南泉。")（《會要》卷七《筠州黄檗希運禪師》）

按：此處雪竇重顯在說南泉普愿強調的是學法的先世、現世之間的先後關係以及尊師敬道的規則，但是忽略了佛法於時空中無前無後，一切外相都是虛妄的，哪有第一位和第二位的分别呢？本自湛然圓成的自性之中是含容萬物的，第一位和第二位都在自性之中，哪有針鋒相對的取捨之說？雪竇重顯認爲南泉普愿應該對第一位和第二位不加區别，自己坐第二位就好，這樣便不落黄檗的"陷虎之機"了。又如：

(2) 乃顧視左右曰："古人道：'在眼曰見、在耳曰聞、在鼻嗅香、在舌談論、在身覺觸、在意攀緣。'雖然如是，秖見錐頭利、不見鑿頭方。若是萬壽即不然：有眼覷不見有耳聽不聞、有鼻不知香、有舌無談論、有身不覺觸、有意不攀緣，一念相應六根解脱。敢問諸禪德，且道與前來是同是别？莫有具眼衲僧出來通個消息？若無復爲諸人重重注破，放開則私通車馬，挽聚則高下不存。若是慣戰作家，一任是

非貶剥。”（《續傳燈録》卷十四《潤州金山法印善甯禪師》）

由例（2）可知，“眼耳鼻舌身意”“色生香味觸法”爲“錐頭利”之指代，而“有眼覷不見、有耳聽不聞、有鼻不知香、有舌無談論、有身不覺觸、有意不攀緣，一念相應六根解脱”爲“鑿頭方”之指代。《心經》有云：“是諸法空相，不生不滅，不垢不淨，不增不減，是故空中無色，無受想行識，無眼耳鼻舌身意，無色聲香味觸法……”因此，“錐頭利”所關注的“受想行識”“眼耳鼻舌身意”是“五蘊皆空”的圓成自性所摒棄的，而“方鑿頭”所隱喻的“無眼耳鼻舌身意”“無受想行識”“一念相應六塵解脱”的“心無掛礙”之狀態正是禪宗所提倡的圓成涅槃境界，因此“錐頭利”指於相有所執著，“鑿頭方”指空無掛礙的圓成自性之境界。如：

（3）有老宿屈師齋，師來不排座位。老宿在一邊坐，師便展座具，禮拜老宿。老宿便起，師便坐，老宿都不作聲，展席地上而坐。到夜間，告衆曰：“他家若在佛法中，用心三日，便合見，若不見則不知。”師到三日後來，云：“前日著賊。”僧問鏡清：“米和尚回，意如何？”云：“只見錐頭利，不見鑿頭平。”（《祖堂集》卷二十《米和尚》）

例（3）中的“錐頭利”是説米和尚認識到自己三日前過分地執著於有無座位，而没有見到“凡所有相，皆是虚妄”的道理，而老宿（金州操禪師）不作聲於地上坐的行爲正是對外境有無生滅表示淡定、隨緣態度的顯現，這種對於得失境遇毫無計較的胸懷是“鑿頭平”這一寬闊圓成自性的隱喻之源。

（4）拈拄杖卓一下曰：“雲門大師來也，説道觀音菩薩，將錢買胡餅，放下手，元來卻是饅頭。大衆，雲門只見錐頭利，不見鑿頭方，寶峰即不然。"（《五燈全書》卷三十八《隆興府泐潭湛堂文準禪師》）

例（4）是說雲門執著於外相的是非，沒有明白諸相非相的道理。

【太麄生】言語或行爲十分麤魯。

（1）時溈山在會下作典座。司馬頭陀舉野狐話問典座："作麼生？"座撼門扇三下。司馬曰："太麄生。"座曰："佛法不是這個道理。"（《會元》卷三《洪州百丈山懷海禪師者》）

按："太麄生"之"生"爲形容詞後綴，表示行爲或言語十分麤魯。如：

（2）師一日同普化赴施主家齋次，師問普化："'毛呑巨海，芥納須彌'爲是神通妙用？本體如然？"普化踏倒飯床。師云："太麤生！"普化云："者裡是什麼所在，說麤說細！"師來日又同普化赴齋，師云："今日供養何似昨日？"普化依前踏倒飯床，師云："得即得，太麤生！"普化云："瞎漢，佛法說什麼麤細！"師乃吐舌。（《廣燈録》卷十《鎮州臨濟院義玄惠照禪師》）

（3）問云："不著佛求，不著法求，不著僧求，長老禮拜當何所爲？"師曰："不著佛求，不著法求，不著僧求，常禮如是事。"彌曰："用禮奚爲？"師掌彌。彌曰："太麤生。"師曰："者裏是什麼所在，說麤說細，隨後又掌。"（《五家正宗贊·黃檗斷際禪師》）

（4）至晚上方丈云："請水牯牛浴。"泉云："還將得繩索來麼？"頭無對。泉舉似師，師云："某甲有語。"泉躡前

問，師近前，驀鼻便拽。泉云：“是則是，太麤生。”（《會要》卷六《趙州觀音從諗禪師》）

“是則是，太麤生”義爲“道理雖然是那麼個道理，但是行爲十分麤魯”。

例（2）、例（3）、例（4）均指行爲比較麤魯。又：

（5）師與道士論義，士立義曰：“麤言及細語，皆歸第一義。”師曰：“道士是佛家奴。”士曰：“太麤生。”師曰：“第一義何在？”士無語。（《會元》卷十三《澧州欽山文邃禪師》）

“太麤生”是指“道士是佛家奴”一句較麤魯，即“麤言”。

【下注腳】多費言辭作解釋。

（1）師升堂，有僧出，師便喝，僧亦喝，便禮拜，師便打。趙州游方到院，在後架洗腳次，師便問：“如何是祖師西來意？”州曰：“恰遇山僧洗腳。”師近前作聽勢，州曰：“會即便會，啗啄作什麼？”師便歸方丈。州曰：“三十年行腳，今日錯爲人下注腳。”（《會元》卷十一《鎮州臨濟義玄禪師》）

按：“西來意”只爲傳法而已，但所傳之法亦非法，哪裏有法可傳？趙州遊方，四處走個什麼？“恰遇山僧洗腳”是說要洗去四處馳求攀援的心，此爲趙州本意。然而，山僧洗腳是平常心，祖師來不是平常心，是爲傳法。然法亦非法，開口即乖，所以就解釋錯了。“下注腳”是對“如何是祖師西來意”的解釋——“恰遇山僧洗腳”。因此說“錯爲人下注腳”。“下注腳”常見於禪宗燈録，如：

(2) 佛有成否，亦非佛矣。心有古今，亦非心矣。是故釋迦老子，一生活計，不厭之談，示於衆生。不可於説字上，更下注脚，爲心佛可也。(《千松筆記·序》)

【一般事】指暗含或反映了禪宗宗旨的事情，"一般"是隱語，因爲禪宗義理不好概括，説空即落空，借相又會執相，因此用"一般"來指和禪宗宗旨相應的事。有時也作"那邊"。

(1) 師爲黄檗馳書去溈山，仰山作知客，接得書便問："者個是黄檗底，那個是上坐底?"師便掌。仰山約住云："老兄知是一般事便休。"(《廣燈録》卷十《鎮州臨濟院義玄惠照禪師》)

按：此處"一般事"是指"那回事""那一方面的事"，"這個……那個……"一看便知是分别知見，因此會照禪師"便掌"。仰山其實是故意設的機關，因此有備而來，"約住云：'老兄知道是那麼回事就得了吧。'""一般事""那回事"都是指禪法不一不二，無我無他無分别的禪宗宗旨。又：

(2) 小参，僧問："記得南泉問一庵主：'如何是庵中主?'主云：'蒼天！蒼天！'此意如何?"師云："今日更添怨苦。"僧云："南泉云：'蒼天即且止，如何是庵中主?'主云：'會即便會，不用忉忉。'南泉拂袖便行。此意又如何?"師云："上座今日太殺忉忉。"僧云："庵主瀝乾肺膽，南泉真個丈夫。"師云："是恁麼也無。"師乃云："若論個一般事，直須是子細，直須是分曉，稍有一毫頭隔越，過犯彌天。"(《宏智禪師廣録》卷五《明州天童山覺和尚小参》)

例 (2) 中的"一般事"就是頓悟之事，法是否外求?

是否執著於心法？即心即佛還是非心非佛？失之毫釐，差之千里。因此，如果論頓悟、見性這種事情，就要小心，一絲一毫也不得放過。清淨自性不是精神、思維，但又離不開思維。思維上有一點分别、意識心作祟，就会產生分别知見。因此，頓悟清淨自性這種事情，"直須是子細"。又：

(3) 上堂："日日說時時舉，似地擎山爭幾許。隴西鸚鵡得人憐，大都只爲能言語。休思惟帶伴侶，智者聊聞猛提取。更有一般事大奇，貓兒偏解捉老鼠。"(《續燈正統》卷三《韶州府南華知昺禪師》)

例(3)是說不要用虛妄的思維心去修行，要把握關鍵，頓悟之事就在電光石火間。

【樺來脣】禪宗指言辭過多，過於追求語言上的表達。

(1) 僧問："無邊身菩薩爲什麼不見如來頂相?"師云："愛陀三島靜，不覺樺來脣。"(《廣燈録》卷二十五《益州覺城院信禪師》)

按："樺"指"樺樹"，在佛經中多有用樺樹皮作爲書寫材料的記録，如西晉竺法護等譯《佛說大乘菩薩藏正法經卷第三十六》："復次求智菩薩，於法師所行四種施。何等爲四？謂樺皮紙筆墨等及妙法座，一切利養法集偈贊，是爲四種。"又唐般剌蜜諦《楞嚴經》卷七："阿難若諸世界隨所國土，所有眾生隨國所生，樺皮貝葉紙素白疊，書寫此呪貯於香囊，是人心惛未能誦憶。"由此樺皮紙用於書寫之功用引申爲言說或文辭表達之義，在禪宗語境中指善於說法，在言辭上下功夫。如：

(2) 金輪峰頂，錦鏡亭邊，有一句子，殃害天下衲僧，

未有一人點校得出。育王久日樺來唇，豈容緘默。（《虚堂和尚語録》卷三）

（3）三世諸佛，口挂壁上，天下老和尚作麼生措手？你諸人到諸方作麼生舉？山僧恁麼道，也是久日樺來唇。（《會元》卷十二《舒州法華院全舉禪師》）

【龜哥】烏龜。

（1）作偈遺之曰：“今年七十七，出行須擇日。昨夜問龜哥，報道明朝吉。”（《普燈録》卷二《隆興府法昌倚遇禪師》）

按：“×哥”在禪宗構詞形式中已經出現，如：

（2）自家先已癡，逢迷實不迷。能令石人舞，解使木哥吹。寂寂孤雲裏，逍遙勿我知。（《普庵印肅禪師語録》卷二）

（3）然無船主爲把柁，普門尋得觀音哥。觀音老哥我不異，今寄觀音到廣城。（《紫柏尊者全集》卷二十九《寄憨師觀音歌》）

“木哥”“觀音哥”中的“哥”均爲類後綴，“木哥”指木頭，沒有孔竅，吹不響；“觀音哥”指“觀音”；同理，“龜哥”指龜，因其龜甲可以占卜，故由其功能引申出占卜義。

【不動】指遠離一切妄念散亂，證得心性上的真如境界。

（1）若於一切處，行住坐臥，純一直心，不動道場，真成淨土，名一行三昧。（《會元》卷一《六祖慧能大師》）

按：此“不動”原指沒有行動和動作，在上古時期就以短語的形式存在，如《春秋左氏傳·哀公》：“辭，承之以劍，不動。”但在禪宗里其作爲名詞存在，常表示心念清淨無染，此並非心如死灰般的“枯木禪”，而是指寂默、平等不二、不起顛倒分别、無妄念的真如境界。在禪宗里常表示心念，如《五燈嚴統》卷十九《舒州太平慧懃佛鑒禪師》：“如何是不取於相，見於如如不動。”眼曰：“日出東方夜落西。”

【定花板】又名“花板臺”，應爲蘇州（長州）五龍堂龍池中石板名。

（1）問：“生死到來，如何回避？”師云：“定花板上。”（《續燈録》卷三《明州雪竇山資聖寺明覺禪師》）

按：“定花板”一詞見於《吳地記》：“又《吳地記》云：‘石龍在龍壇里，其壇并潭猶存。今水南之地皆爲蔬圃，又有石名定花板，爲龍宫所有者。昔人嘗於居民金氏船坊水底見之，其方不踰丈。中作錢文，四角有雲氣，但以塗泥不得詳辯耳。’”[①]《蘇州府志》卷十五：“五龍堂在今長洲縣東南……又《吳地記》云：‘石龍在龍壇里……’”[②]由此可知，“定花板”爲“五龍堂”中的石板名，又作“花板臺”，如：

（2）恁麼則五龍池畔全彰古佛家風，不恁麼則花板臺中突出衲僧巴鼻。（《增集續傳燈録》卷五《蘇州穹窿獨木林禪師》）

---

① 見［明］王鏊：《（正德）姑蘇志》卷二十七，文淵閣四庫全書本。
② 明洪武十二年（1379）刊本。

又例（2）可證，"花板臺"爲"五龍池"中之物大有可能。

【臥單】指鋪蓋一類。

（1）僧問："如何是和尚轉身處?"師曰："臥單子下。"（《會元》卷十四《襄州谷隱智静悟空禪師》）

按："臥單"見於《祖堂集》，如：

（2）鏡清行脚時到，師問："時寒道者?"對曰："不敢。"師云："還有臥單蓋得也無?"對云："設有，亦無展底功夫。"（《祖堂集》卷八《本仁和尚》）

可見，"臥單"爲覆蓋禦寒之物。

（3）衲僧家更更做夢，一日趲得一日是好手。誰管爾布裩懶洗，不展臥單。（《虚堂和尚語録》卷二）

可見"臥單"是要展開來的。綜合以上各例，且"臥"和床鋪相關，"單""臥單"應是鋪蓋一類。

【謾騰騰】繁雜。

（1）多年塵事謾騰騰，雖著方袍未是僧。今日修行依善慧，滿頭留髮候然燈。（《傳燈録》卷二十三《泉州龜洋慧忠禪師》）

按："騰騰"爲後綴，"謾"有"冗長、繁多"義。如《莊子·天道》："（孔子）於是繙十二經以說，老聃中其說，曰：'大謾，願聞其要。'"成玄英疏："嫌其繁謾太多。"例（1）中的"謾"雖不爲冗長義，但有煩雜義，塵事相對於清淨的出家生活來說，自然是煩瑣雜亂的。這種意義亦見於禪録，如：

(2) 河沙三昧同時證，刹海真乘一道登。末法師僧不知有，假衣求食謾騰騰。(《了庵清欲禪師語録》卷七)

例 (2) 意在説明“假衣求食”這種馳求的行爲是煩雜紛擾不究竟的。

## 第二節　新義例釋

對於新義，雷漢卿指出：“‘新義’包含兩方面的内容，其一是指‘舊詞新義’，此新義與舊義之間有源流關係；其二是指‘新詞’的新義項。”①

本節所謂的新義是反映了新的事物或概念，可以是舊有詞形在原來意義基礎上的引申，也可以是舊有詞形在詞彙變化發展過程中因爲某種客觀原因發生的詞義的擴大或轉移，也可以是新詞表達新的意義。

人們對事物的認識通過認知來完成，繼而通過語言來表達這種認知，而詞是用於交際的最小語言單位，因此，詞的意義更清晰地表達了事物的屬性、性狀、本質、特徵，很多詞語的新義就是通過借助事物的屬性、性狀、本質特徵等，從一個意義引申出另一個意義的，引申是禪録詞彙新義產生的主要方式。在此界定分析的基礎上，本節對以下詞語進行釋義：

① 雷漢卿：《禪籍方俗詞研究》，巴蜀書社，2010 年版，第 597 頁。

【裨販】誹謗。

(1)聞汾陽道望，往謁焉。陽顧而器之。經二年，未容入室，見必罵詬，及所聞皆流俗鄙事。一夕，訴曰：“自至法席，不蒙指示，歲月飄忽，己事未明，有失出家之利。”語未卒，陽叱曰：“是惡知識，敢裨販我。”舉杖逐之，師擬伸救。陽忽掩其口，乃大悟。(《普燈録》卷二《袁州南源慈明楚圓禪師》)

按：《禪宗大詞典》釋“裨販”一詞爲“小販”及“販賣”，但例(1)中應指“誹謗”，指所說與事實不符。在佛教中，不理解正法的真正意義，而向别人複述解說并以此爲實，稱爲“謗法”，“裨販”即此意，如：

(2)云何賊人假我衣服，裨販如來，造種種業，皆言佛法，却非出家具戒比丘。(子璿集《首楞嚴義疏注經》卷六)

(3)雲門説法，如雲如雨，絶不許人記録其語。見則詬曰：“汝口不用，返記吾語。他日異時，裨販我去在。”(《會要》卷二十八《洪州雲居佛印元禪師》)

很明顯例(2)、例(3)雖是複述佛祖或禪師的話，但在禪宗語境中，皆應作“誹謗正法”理解，而不應直接譯作“販賣”。

【靈智】也作“靈臺”，指心性上的至極，清淨自性。

一念不起，即十八界空，即身便是菩提華果，即心便是靈智，亦云靈臺。若有所住著，即身爲死屍，亦云守死屍鬼。(《廣燈録》卷八《筠州黄檗鷲峰山斷際禪師》)

按：“靈智”一詞在魏晉時期可見，如《晉書》卷九二《李充列傳》：“夫極靈智之妙、總會通之和者，莫尚乎聖人。”《全晉文》卷三十九《論天》：“凡含天地之氣而生者，人其最貴而有靈智者也。是以動作雲爲，皆應天地之象。”此“靈智”指心靈和智慧。而在佛經中，“靈智”則指空性，如姚秦竺佛念譯《菩薩瓔珞本業經》卷下：“無罪三業佛寶法僧，滅諦解脱，靈智一乘。”佛經中的這種用法在後代也有所應用，如《全後周文》卷二十三《仙導涅槃五》：“涅槃者謂之遁天之形常恒清凉，無復生死，心不可以智知，形不可以像測，莫知所以名，強謂之寂，其爲至也，亦以極哉。縱其雙林息照，而靈智常存；體示闍維，而舍利恒在。”在禪宗語録中“靈智”一詞常用，“即心便是靈智，亦云靈台”。承前文是說空性即是“靈智”“靈臺”。

【羖羊角】傳法所依賴的外相。

(1) 師云：“王庫藏者，即虚空性也，能攝十方虚空世界，皆總不出汝心，亦謂之虚空菩薩。汝若道是有是無、非有非無，總成羖羊角。羖羊角者，即汝求覓者也。”(《廣燈録》卷八《筠州黄檗鷲峰山斷際禪師》)

按：在禪宗行業語中有“羚羊掛角”一詞，雷漢卿所釋爲：“據説羚羊夜宿時角掛樹上，獵狗無跡可尋。形容啟悟學人不憑借文字語言、知見解會等。”[①] 這則行業語的意義主要體現在“掛”上，而“羖羊角”的意義恰恰與之相反，指由於見聞直覺而生的外相認知，并非清淨自性，兼指在參究的過程中有所掛礙，有牽絆、纏繞。《説文·羊部》：“羖，夏羊牡曰羖。”義即黑色的公羊，其羊角成彎曲狀。相對於

① 雷漢卿：《禪籍方俗詞研究》，巴蜀書社，2010年版，第300頁。

其他燈録來説，《廣燈録》中多用，寫作“羖羊角”，僅在對黄檗希運禪師的記述中就出現了幾次，如：

(2) 問：“王庫藏中有真刀否？”師云：“此亦是羖羊角。”云：“若王庫藏中本無真刀，何故云：‘王子持王庫中真刀出至異國。’何得言無？”師云：“持刀出者，此喻如來使者，汝若言王子持王庫中真刀出去者，庫中應空去也。‘本源虚空性，不可被異人將去。’是什麼語？設汝有者，皆名羖羊角。”問：“迦葉受佛心印，得爲傳語入否？”師云：“是。”云：“若是傳語人，應不離得羖羊角。”師云：“迦葉自領得本心，所以不是羖羊角。若以領得如來心，見如來意，見如來色相者，即屬如來使，爲傳語人。所以阿難爲侍者二十年，但見如來色相，所以被佛呵云：‘唯觀救世者，不能離得羖羊角。’”（《廣燈録》卷八《筠州黄檗鷲峰山斷際禪師》）

“羖羊角”見於北凉曇无谶译《大般涅盘经》卷八，大意爲王子帶好刀出逃，舊友向别人描述此寶刀的形狀像“羖羊角”，但這種描述顯然是不符合真實情況的，後人以訛傳訛，竟説此刀像优钵罗花、像火炬、像黑蛇等各種形狀，顯然這些都不是寶刀的真實形狀。其中，王子帶刀出逃喻菩薩在世間以刀喻説完自性的真實相之後，就捨弃了這一喻體。但是未了之人還在執著於代表相的“刀”，並在見聞覺知上以訛傳訛，未了我相的虚空義。因此，“刀”喻指佛性的真實相，而“羖羊角”喻指對佛法真實相的認識與領悟有所偏差、扭曲，執著并以訛傳訛。對於沒有悟道的人來説，師父借相傳法是必要的。但過分地依賴於外相，就屬於掛礙與纏繞了。

【鄰房】本指毗鄰而居，引申爲比肩，平齊義。

(1) 汝若無聲，亦無其響。涅槃者，無聞、無知、無聲、絶跡、絶蹤，若得如是，稍與祖師鄰房也。(《廣燈録》卷八《筠州黄檗鷲峰山斷際禪師》)

按："鄰房"一詞在漢代就已經產生，意指"鄰居"，如《後漢書》卷七九上《周防列傳》："騆曰：'書傳若此多矣！'鄰房生梁鬱譏和之曰：'如此，武帝亦是狗邪？'騆默然不對，鬱怒恨之。"在譯經及敦煌變文中暫不見"鄰房"一詞。在唐代多見於唐詩中，且內容多與禪林生活有關，如：

(2) 脩脩復霏霏，黄葉此時飛。隱幾客吟斷，鄰房僧話稀。(喻凫《寺居秋日對雨有懷》)

此"鄰房"指比鄰而居。

(3) 不遇修寺日，無錢入影堂。故來空禮拜，臨去重添香。僧得名難近，燈傳火已長。發心依止後，借住有鄰房。(項斯《題永忻寺影堂》)

此表示"鄰居"。此義在世俗文獻中也有應用，如：

(4) 明經因訪鄰房鄉曲五六人，或言得者，明經遂邀入長興裏畢羅店常所過處。店外有犬競，驚曰："差矣！"遽呼鄰房數人語其夢。(《酉陽雜俎·續集》卷一《支諾皋上》)

"鄉曲"即是"居里"的意思，表示鄉人。由此"鄰房"也表示鄉人，鄰里。

而在"稍與祖師鄰房也"一句中並不是指住所與祖師毗鄰，此處由"鄰居"的"並列"的特徵引申爲"比肩"義，兼及句中"與祖師'比肩'"的語境，"祖師"具有"了悟"的特徵，因此"與祖師鄰房"即表示"體悟達到了相當高的程度"，即體悟的程度與祖師毗鄰——比肩、並列，選取並列特徵的相似性進行引申。

【閉門作活】足不出戶，以閉門修禪求了悟。

（1）上堂云："若論此事，如兩家著棊相似。何謂？敵手知音，當機不讓。若是綴五饒三，又通一路始得。有一般底，秖解閉門作活，不會奪角衝關。硬節與虎口齊彰，局破後，徒勞綽斡。所以道，肥邊易得，瘦肚難求。私行而往往失黏，心麤而時時投撞。休誇國手，謾說神仙，贏局輸籌即不問，且道黑白未分時，一著落在甚處？"良久，拈拄杖云："從前十九路，迷悟幾多人。"

按："閉門作活"字面上的意思爲"關起門來干活，足不出戶"，用在圍棋中，還有一種可能，指自顧自作"真眼"①，即使被圍住也是活棋。總之，"閉門作活"在禪宗燈録中指采取閉門修禪以求了悟的形式，這是不被提倡的。如：

（2）更有一種，長年不出户庭，祇解閉門作活，脫遇盤根錯節，即到鋒挫鋩摧，安能隨事游刃恢恢有餘？此亦是病。（《五燈全書》卷八十四《三峰清凉僧鑒青禪師》）

（3）有一等人，閉門作活，暗裏休心。將自己身心，煉得如枯木寒灰，蟲嗳衣而不知，蛛結網而不顧。（《高僧摘要》卷四《釋無異元來》）

【奪角衝關】本爲圍棋術語，指占據角上的氣，并通過

① 邱百瑞：《圍棋入門一月通》，上海文化出版社，1997年版，第13頁。

對方所置之“關”中以一子或兩子將氣延伸到中腹區，在禪宗語境中指采取方便，開一綫道打破束縛，直指內心。

(1) 見“閉門作活”例 (1)。

按：“角”指圍棋棋盤上的星位所確定的四角，即“左上”“左下”“右上”“右下”。《玉篇·奞部》：“奪，取也。”《篇海類編·通用類·大部》：“奪，強取也。”可見，“奪角”指占據角上的局勢。因爲棋盤的邊綫本身就是一道屏障，在角處圍“地盤”是非常便捷的方法。如：

(2) 無爲堂上敵手相逢，移來一座水晶盤，傾下兩行碧玉子，聚三挈五，奪角爭先。(《濟顛道濟禪師語録》卷一)

“衝”也是圍棋術語，指向敵子呈“關”形的中央空隙處突入。[①]“關”亦爲圍棋術語，也稱“單關”，指“在原有棋子的同一條直綫或横綫上間隔一路下子……習慣上‘關’多指向中腹空曠處進展的著法”[②]。當然，多是連子衝過，否則容易被殺。由此可知，“衝關”指使“氣”穿過對方兩棋子的空位[③]，使棋子向中腹空曠處進展的方法。在禪宗燈録中引申爲師父“開一綫道”，打破學人妄知妄見、起心動念等束縛，接引使其悟得真如實體是“無漏清淨”“如實空”的，自性本自具足、圓澄自在。

(3) 賈勇揚旌無大敵，看看身已陷重圍。要令奪角衝關去，駕與青龍不解騎。(《物初大觀禪師語録》卷一)

例 (3) 即指自作煩惱，需借助一定的方便打破束縛，

---

① 趙之雲：《圍棋詞典》，上海辭書出版社，1989 年版，第 36 頁。

② 趙之雲：《圍棋詞典》，上海辭書出版社，1989 年版，第 37 頁。

③ “關”有“單關”和“隔二關”，因此兩子之間可能有一個空點，也可能有兩個。

達到見性無礙的目的。

由以上可知，“奪角衝關”指方便施設，以達到了悟心性的目的。

【硬節】疑爲“硬櫛”，圍棋術語。在禪宗中引申爲有所破綻、敗闕，與“虎口”的引申義同義。

(1) 見“閉門作活”例 (1)。

按：圍棋辭書及棋譜中未收“節”這一術語，“櫛”與“節”形近，故疑爲“硬櫛”。“櫛”爲基本活棋之一。一塊棋的形狀與“梳子”相似，故名。如圖 1—1 所示[1]：

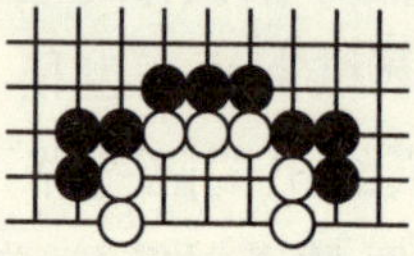

图 1—1　櫛形

這種形狀雖多爲活棋，但多在邊路上，所占的“目”並不是靠己子完全封閉的，只是半包圍的結構，因此禪宗語境中以此形狀引申爲“有所破綻”。例 (1) 用在圍棋語境中指提醒學人不要在櫛形中下子，否則就會被包圍，終因無“氣”而被提掉；用在禪宗燈録中指提醒學人不要落入窠臼虛空之中。

【虎口】圍棋術語。在禪宗語境中指有所破綻、不圓滿究竟。

① 趙之雲：《圍棋詞典》，上海辭書出版社，1989 年版，第 131 頁。

(1) 見“閉門作活”例 (1)。

按:“虎口”爲圍棋術語。“虎”指在原有呈尖形二子的基礎上，再下一著，使三子構成“品”字形狀。在使己方棋子連絡或防止對方切斷時經常采用。由“虎”形三子三面圍攏中的空交點稱爲“虎口”。一般虎口方向朝中央稱“上虎”，虎口方向朝邊角稱“下虎”。[①] 這種“虎口”類似一個窠臼或者陷阱，如果在對方所設的“虎口”中下子，就會立刻被提掉。如圖 1—2 所示[②]:

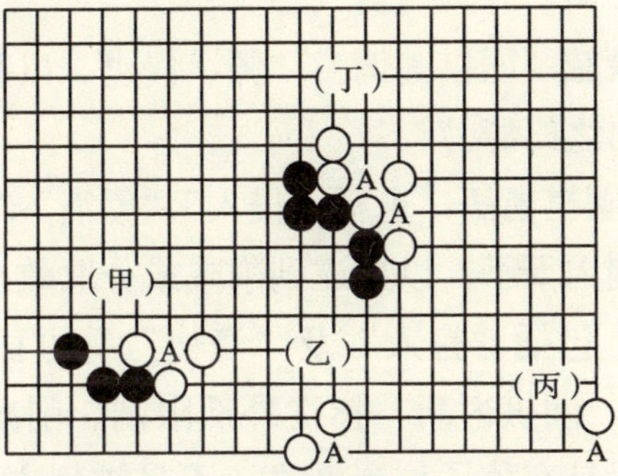


**图 1—2　虎口**

邱百瑞釋爲:“如（甲）圖，白三個子從三面圍著 A 位交叉點，如果黑在 A 位下子，就會被白棋提掉。這好像老虎張著嘴似的，圍棋術語便叫‘虎口’。（乙）圖這是在邊上，A 位是‘虎口’，黑不能在 A 位下子，否則將被白棋提掉。(丙) 圖這是在角上，A 位也是‘虎口’。(丁) 圖這是在中腹，白棋有兩個 A 位‘虎口’。”

① 趙之雲:《圍棋詞典》，上海辭書出版社，1989 年版，第 45 頁。

② 邱百瑞:《圍棋入門一月通》，上海文化出版社，2003 年版，第 19 頁。

由圖示可知，"虎口"像以缺口作陷阱之意，禪宗語境中以此形狀及功能的相似性，引申爲陷入"窠臼"類的知見、執著、迷惘之中。

【綽幹】圍棋術語。"綽"即"斜侵""淺侵"，指從外部限制、削減對方的形勢或地域；"幹"指在對方"關"處下子。禪宗燈録中根據這種或遠或近布子削弱對方的行爲特點引申爲采取這樣那樣的辦法尋找出身之路。

(1) 見"閉門作活"例 (1)。

按：宋徐鉉《圍棋義例》："綽，侵也。以我子斜侵彼子之路，而欲出之曰綽。"

"侵"爲圍棋術語，也稱"侵入""侵消""侵分"。在對方的形勢範圍内下子，以期達到削減或分取敵地的目的。所指範圍甚廣，包括"打入"及"淺侵"等方面。① "淺侵"也稱"淺消"，圍棋術語，指從外部限制、削減對方的形勢或地域，一般具有落子位置較高，不易被對方攻擊等特點。圖 1－3 中白方在甲位或乙位下子，均爲"淺侵"②。

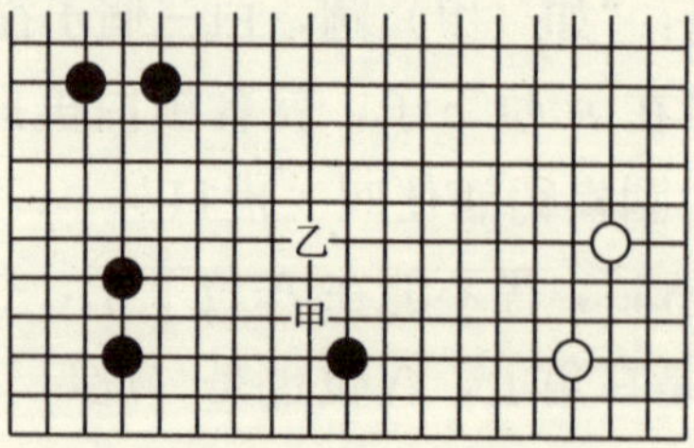


图 1－3　淺侵

① 趙之雲：《圍棋詞典》，上海辭書出版社，1989 年版，第 121 頁。
② 趙之雲：《圍棋詞典》，上海辭書出版社，1989 年版，第 122～123 頁。

由圖示知，“淺侵”主要突出的是遠距離的限制。

《説文・斗部》：“斜，杼也。”《説文・木部》：“杼，機之持緯者。”即“織布梭子”，其掛著緯綫，在織布機上來回穿梭，涉及的範圍較大。因此“斜侵”也有牽制且涉及範圍較大之意。故“斜侵”應爲“淺侵”，“淺”古音爲清紐元韻，“斜”爲邪紐魚韻，清邪旁紐，元魚可通轉，古音近，因此“斜侵”蓋爲“淺侵”。由此可證“綽”即是遠距離地控制對方的局面，使得自己取勝。禪宗燈録中引申爲距證悟較遠的法門。

“斡”爲古代圍棋術語。讀 wā，音義與“挖”同。明林應龍《適情録》：“投子入關曰斡。”[1]“挖”指在對方相隔一路的棋子中間下一著。[2] 由此可知，“斡”是使己方的棋子與對方的兩枚棋子緊鄰且處於同一直綫上，和對方的棋子較近。禪宗燈録中引申爲距證悟較近（便捷）的法門。

“綽斡”兩個反義的單音節詞並列複合，在禪宗燈録中泛指尋找這樣那樣的證悟途徑。

【肥邊】指在圍棋棋盤的邊路圍的“地盤”較多。禪宗燈録中引申爲單見一邊，沒有辯證統一。義如“擔板漢”。

（1）例見“閉門作活”。

按：“邊”指除角部以外的接近棋盤邊綫（一般指五路以下）的地帶。根據所在方位不同，可分爲“上邊”“下邊”“左邊”“右邊”。[3]“肥邊”指在邊路上占據的地盤較多。在

① 文淵閣四庫全書本。
② 趙之雲：《圍棋詞典》，上海辭書出版社，1989 年版，第 41 頁。
③ 趙之雲：《圍棋詞典》，上海辭書出版社，1989 年版，第 94 頁。

禪宗中引申爲只見一邊之義，不能利用辯證統一的觀點看問題，如：

(2) 生機易作爭先手，活眼難防末後籌。瘦肚肥邊看廝詠，横飛直赶莫輕休。方信道二人雖對面，終日不知心。(《林泉老人評唱丹霞淳禪師頌古虚堂集》卷二)

【瘦肚】圍棋中指在中腹（棋盤中間）圍點較難。禪宗燈録中指證得自性圓滿、内心清淨圓澄並非易事。

(1) 見"肥邊"例 (2)。

按：在圍棋界有"金角銀邊草肚皮"之諺語，喻在棋盤各個部位圍取地域的不同價值：起手以占角價值最大，既容易圍空，也容易成活；邊則次之；中腹則在其次。故通常對局總是先占角部，然後拆邊，最後才向中腹進展。可見中腹圍點之難，故例 (1) 曰："瘦肚難求。"因其在中腹，且又圍點成虚空的形狀，故禪宗燈録依此形狀引申爲自性圓滿、内心清淨圓澄之意。

【私行】也有作"思行"。指急於下子，子與子之間沒有聯繫。禪宗指證道的行爲無所依止，無所接續，四處亂撞。

(1) 例見"閉門作活"。

按：也有作"思行"，指一味地尋找出路，如：

(2) 所以道："肥邊易得，瘦肚難求。思行則往往失黏，心麤而時時投撞。"(《指月録》卷二十四《舒州浮山法遠圓鑒禪師》)

【失黏】指圍棋下子沒有將己方的兩個子或兩部分子連

接在一起。禪宗指行爲與心性不能貫通。

(1) 見“私行”例 (2)。

按：“黏”爲圍棋術語，是指下一個子之後把自己的兩個子或兩部分子連接在一起，下的這個子就叫“連”，也叫“黏”。如圖 1—4 中，黑 1 都叫“連”①。

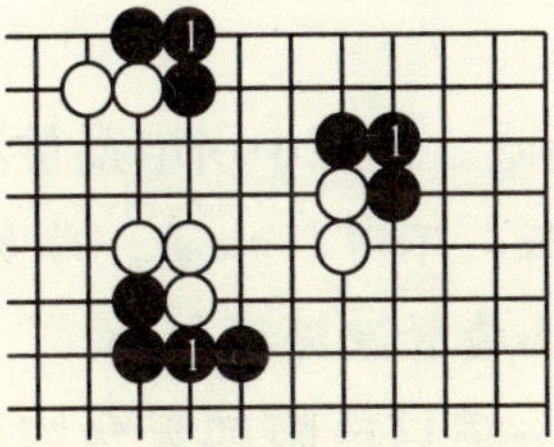

图 1—4

“失黏”在禪宗燈録中引申指行爲不受主觀意識（心性）的指導，行動散亂，沒有貫通性，不利於悟得自性的圓澄。

【投撞】圍棋中下子撞氣，自己削減自己的圍點。在禪宗燈録中引申爲自己的行爲有礙自性清淨的證得。

(1) 見“私行”例 (2)。

按：“投”指下子。“撞”即圍棋術語，指下子過程中將棋子的氣數輕易減少或撞緊，以致產生不利後果的著法。②在禪宗燈録中引申爲如果不仔細觀心自照，那麼隨性而行的行爲常常會有損證得清淨圓明。

① 翟燕生、徐瑩：《圍棋入門》，金盾出版社，2007 年版，第 3 頁。

② 趙之雲：《圍棋詞典》，上海辭書出版社，1989 年版，第 127 頁。

【私門】相對於集體而言，指個人。

(1) 師上堂良久，有僧出曰："爲眾竭，禍出私門。未審放過不放過？"師默然。(《傳燈録》卷二十《撫州荷玉山玄悟大師光慧》)

按：此處"私門"並非"私人住宅"義，而應是相對於集體而言的，此爲個人。

【唼嗽】本義指吃。禪録中引申爲嘗試。

(1) 幸好一盤飯，不可糝椒薑。雖然如此，試唼嗽看。(《會元》卷十《廬山棲賢澄湜禪師》)

按："唼嗽"一詞見於隋朝天台智者大師所說《四念處》，如：

(2) 真實性常其始終，麁細過患若此，而言淨者是大顛倒，如狂如醉，如癡小兒捉糞唼嗽，是何可恥。(《四念處》卷一)

"唼"指水鳥、魚類爭食貌。唐玄應《一切經音義》卷八引《埤蒼》曰："唼，鴨食也。""嗽"同"啖"，指"吃""嚼食"。《說文·口部》："啖，噍啖也。一曰嗽。""唼嗽"本義指"吃"，例(2)中用本義。在禪録中引申爲嘗試。在例(1)中用語境隱含義，指真如本覺是無漏清淨約體絕相的，不用頭上按頭地添加"作料"，徹見本來面目纔是禪法的宗旨，雖然如此，但如果嘗試著采取一定的方便施設通過熏習打破無明不覺進而徹見本覺的圓明深廣，也不失爲頓悟的一種方便。因此，在禪録中，"唼嗽"由"吃"引申爲"嘗試"義。

【向道】向某人訴說。

（1）僧辭問云：“學人到諸方，有人問和尚近日作麼生，未審如何祗對？”師云：“但向道，近日解相撲。”（《傳燈録》卷八《池州南泉普願禪師者》）

按：“向道”一詞不見於諸辭書，本指“深信並遵守正法、玄理或皈依某宗教”，如：

（2）萇不殺無辜，以譴呵爲非，無赫赫大惡，可裁削奪損其租賦，令得改過自新，革心向道。（《全後漢文》卷四十二《樂承王萇罪議》）

（3）汝等當知，彼園生樹有如是事，妙華異香人所愛樂，諸聲聞人亦復如是，彼樹初生半努鉢羅舍時，即如聲聞人初發信心出家向道。（宋·施舍《佛說園生樹經》）

“向道”在例（1）中爲“向他道”的省略，在運用中逐漸詞彙化。此種用法在宋代禪宗燈録中常有應用，且見於元代世俗文獻：

（4）鄉人問我幾時還？向道如今又入山。一個蒲團半間屋，吴松江上九峰間。（馬煉師臻《元詩選初集》壬集《送鄉僧昱曉林二首》）

【無上珍寶】禪理的真諦。

（1）但盡三界心量，一念妄想，即是三界生死根本。但無一念，即除生死根本，即得法王無上珍寶。（《廣燈録》卷八《江西馬祖大寂禪師》）

按：“無上珍寶”一詞暫不見於各辭書，在漢譯佛經中有所應用，本指許多無價的寶物，如北凉曇無讖譯《悲華經》卷四：“願我一一身以種種無上珍寶華香塗香末香妙勝伎樂種種莊嚴，供養一一諸佛。”但在例（1）中，“得法王無上珍寶”指“法王的無價之寶”，即“禪宗的真諦”，而一切法都是爲方便而說，真諦在於當體即空的清淨自性，因此“法王無上珍寶”指“禪理的真諦”。“無上珍寶”與“禪理真諦”的相似之處在“貴重無價”上。

【根栽】本義只是栽種的植物，後指有所根蔓，引申爲所追溯、有所依著。

（1）法身無窮體無增減，能大能小能方能圓，應物現形如水中月，滔滔運用不立根栽。不盡有爲不住無爲，有爲是無爲家用，無爲是有爲家依。不住於依故云如空無所依，心生滅義，心真如義。心真如者，譬如明鏡照像，鏡喻於心像喻諸法。（《傳燈録》卷二十八《江西道一禪師》）

按：例（1）中主要在講“阿黎耶識”本覺體相的特點，其是博大深廣、虛空相等、清淨如鏡的，圓明離垢能顯萬有但是不留一點“有”的痕跡，“根栽”即指所執著、依附的“有”。

“根栽”一詞在《大正藏》所收經典中常用，本指栽種的某植物，根部具有吸收、儲藏養料、固定植株的作用，重點強調的是“根”。如東晉罽賓三藏瞿曇僧伽提婆譯《增壹阿含經》卷二十六：“世尊告曰：‘梵志，欲知由此人民所行非法故，使本有城廓，今日磨滅；本有人民，今日丘荒。皆由生民慳貪，結縛習行，愛欲之所致故，使風雨不時，雨以不時，所種根栽，不得長大，其中人民死者盈路。梵志當知，由此因緣，使國毀壞，民不熾盛。’復次：‘梵志，人民之類所行非法，便有雷電霹靂自然之應，天降雹雨，壞敗生苗，爾時人民死者難計。’”此處“根栽”是用其本義。又引申指佛教有明確規定的供大眾所遵循、依止的宗旨、法規、戒律等。如後秦龟兹国三藏鸠磨罗什译《佛說放牛經》：“如是比丘，不知敬長老；其有比丘，不知行十一法，於吾法中不應爲沙門。不種法律根栽，無枝葉覆蔭皆自朽壞，不如還爲白衣。若強爲沙門者必入三惡道。比丘，知放牛兒十一行養護，其能使滋息。”此處是說沒有規制、戒律這種明文規定的約束，悟道的心性就會慢慢退轉回去，不具備比丘的德行了。所舉例句中是說自性之身的智慧是無窮盡的，無增加也沒有減少，能夠變大也能變小，能夠成爲方的也可以變成圓的。針對事情和事物來表現禪宗的宗旨就像是水中的月亮一樣（千江有水千江月），能夠普遍地運用不執著於某一確定的念想、義理。方言中有“根代”一詞，爲“後裔”義，如楊朔《三千里江山》：“你這孩子怎么和你爺爺一樣，真是根代！”① 而“根栽”是向前追溯之義。

【牛跡】本指牛的蹄印。禪宗燈録中常指離心向外求法的行爲，或指陷入有分別心等與禪宗思想宗旨有所背離的行爲窠窟中。

（1）祖喟然歎曰：“彼之一師已陷牛跡，況復支離繁盛而分六宗。我若不除，永纏邪見。”（《會元》卷一《初祖菩提達磨大師者》）

按：“牛跡”本義指牛的蹄印，在禪宗燈録中多用引申義，如《禪林僧寶傳》卷十一《古鼎銘禪師》：“銘言行平

① 許寶華、宮田一郎：《漢語方言大詞典》，中華書局，1999年版，第4601頁。

易，不以繩墨制學者。嘗曰：‘滄海有擇流之心，則成牛跡；春日有偏照之意，仍似螢光。所以大冶烹金，不須九轉；眾生成佛，只在刹那。分之別之，遠之棄之，豈大慈長者之心哉？”“海納百川”本應對眾流“一視同仁”，沒有大小清濁的取捨之分，“擇流”便是有了“分別意識”[1]，此處的“牛跡”用的是引申義，指陷入了“分別意識”的窠窟之中。另有《五燈全書》卷九十二補遺《衢州開化雲門幻松蔭禪師》：“示眾：‘祖師好一顆磨尼珠，可惜陷在牛跡裏。累他南泉，費盡婆心，親爲拈出。諸人且道，即今珠在甚麼處？’良久曰：‘忽地喚回秋夜夢，舉頭惟見月當空。’”此處是說本自圓明、無處不在的佛性（“磨尼珠”喻佛性），墮入了心外求法、著相求佛、執著外物等窠窟之中（“牛跡”喻指“窠窟”），而馬祖道一門下的南泉普愿禪師，深入發揚馬大師的“平常心是道”思想，提出“擬向即乖”等觀點，通過一系列的教導方式來開示、接引學人（此爲費勁婆心，親爲拈出）。由此可知，“牛跡”是指忽略了本自具足的佛性向外馳求、心外求法、著相求佛、執著外物等與禪宗思想相背離的行爲。依據“牛跡”的“坑印”形狀與“窠窟”相似的理據[2]，以此代指“窠窟”，故此“牛跡”又有行爲墮入背離禪宗宗旨之窠窟的引申義。

此處因“牛跡”本身有行走的痕跡及“牛蹄坑”兩種意義而導致引申義的多重性。

---

① 《佛學大辭典》釋“分別”條爲：“（雜語）思量識別諸事理曰分別，是爲心心所之自性作用，故以爲心心所之異名也。”見丁福保：《佛學大辭典》，中國書店，2011年版，第724頁。

② 至今東北方言中仍稱“牛蹄印”爲“牛蹄窩兒”“牛蹄坑兒”。

【尿床鬼子】又作尿床子、尿床鬼、尿床。由不能控制自己的行爲引申爲不識自性。

(1) 師到大愚，愚曰：“甚處來？”師曰：“黄檗來。”愚曰：“黄檗有何言句？”師曰：“某甲三度問佛法的大意，三度被打。不知某甲有過無過？”愚曰：“黄檗與麼老婆心切，爲汝得徹困，更來這裏問有過無過？”師於言下大悟。乃曰：“元來黄檗佛法無多子。”愚搊住曰：“這尿床鬼子，適來道有過無過，如今卻道黄檗佛法無多子。你見個甚麼道理？速道！速道！”(《會元》卷十一《鎮州臨濟義玄禪師》)

(2) 師於言下大悟，云：“元來黄檗佛法無多子。”大愚掫住云：“者尿床子，適來言道有過無過，如今卻道黄檗佛法無多子，你見什麼道理？速道，速道！”(《廣燈録》卷十《鎮州臨濟院義玄惠照禪師》)

按：袁賓釋“尿床鬼子”爲“對於言行荒唐可笑的行爲的斥責語”[①]。雷漢卿釋爲“罵詈語”[②]。在禪宗語録中，常以“尿床”這一“行爲不能自控”的特徵來喻僧眾“不能作主”，即“不能作自性的主人”。也作“尿床”“尿床子”“尿床鬼子”“開眼尿床”“開眼尿床漢”。“不能作主”的特徵常表現在以下幾個方面：

其一，指有分别心，不能明了自性無差的宗旨。如臨濟義玄的“有過無過”，“無多子”前後的思想都落入了分别之中，因此大愚禪師説他是“尿床鬼子”。又如：

---

① 袁賓、康健：《禪宗大詞典》，崇文書局，2010 年版，第 237 頁。

② 雷漢卿：《禪籍方俗詞研究》，巴蜀書社，2010 年版，第 421 頁。

(3) 時有僧出問："如何是無位真人？"臨濟下繩床，擱胸搊住云："道道。"其僧擬議，濟托開云："無位真人，是甚麼干屎橛？"岩頭聞舉，不覺吐舌。欽山云："何不道非無位真人？"被師劈胸搊住云："無位真人與非無位真人相去多少？速道！速道！"欽山直得面青面黄，語不得。岩頭雪峰勸云："這新戒，不合觸忤上座，且望慈悲。"師云："若不看這兩個老漢面，㧞殺這尿床鬼子。"(《會要》卷十《雲山和尚》)

在此"欽山"即落入了"無位真人"與"非無位真人"的分别知見中。又如：

(4) 臥龍舉："僧問曹山：'維磨默然、文殊賛善，未審還稱得維磨意也無？'曹云：'汝還縛得虚空麼？'云：'恁麼則不稱維磨意也。'曹云：'他又爭肯？'云：'畢竟有何所歸？'曹云：'若有所歸，即同彼二公也。'云：'和尚作麼生？'曹云：'待汝患維磨病始得。'臥龍舉了。師云："我雖不見曹山，敢與曹山作個話主。"龍愕然云："這老和尚近日顛倒作麼？山頭老漢以維磨默然話休歇了多少人，他卻道'與曹山作個話主'。"師咄云："這尿床鬼子，不會便休，亂統作麼？"(《會要》卷二十四《福州長慶慧棱禪師》)

此處臥龍禪師因爲"山頭老漢"以"維磨默然話"截斷了很多人的思維，因此斷定長慶慧棱禪師是没有辦法辯倒曹山的，這便是一種高下的分别，當然，也有因循舊習的可能，"尿床鬼子"在反對因循套路的義項上在下例中更爲明顯。

其二，因循套路，不能合於當下的環境與客觀的現实，不解"平常心是道"隨緣顯現的覺相之用。如：

(5) 參普光峻，峻問："何處來？"師曰："請師鑒。"峻曰：“者尿床鬼子。”拈棒便打。師曰：“早知和尚有此機要。”峻又打。師曰：“某甲過在甚處。”峻曰：“墮也。”師豁然便禮拜曰：“若不親見和尚，幾被諸方賺悟一生。”（《五燈全書》卷一百八補遺《荊州天龍可藏用禪師》）

——“從哪來?”

——“你猜呢。”

明顯已經形成了參禪的思維模式，貌似行走坐臥著衣吃飯盡是參禪，但實則相差甚遠，恰恰脱離了禪的“不來不去”“活潑潑”的本意。因此普光峻禪師兩次施棒，但天龍可藏用禪師仍未明白自己錯在何處，直需普光峻禪師點破其誤在“墮”，即“思維生活等墮入機鋒問答的窠窟中”。此“尿床鬼子”是針對其因循問答套路，不思當下生活與了悟自性之間的關係。

其三，指不作自性之主，道聽塗説，以行腳、言語見聞的形式參究佛法的行爲。又如：

（6）遇一日又來，問：“庵主在麼?”師云：“誰?”遇云：“行腳僧。”揭簾便入。師攔胸搊住云：“我這裏狼虎縱横，尿床鬼子，三回兩度，來討甚麼?”（《會要》卷十三《南嶽芭蕉穀泉庵主》）

此處是批評遇禪師老是向外行腳、向外馳求的行爲。

（7）上堂：“諸德提將缽囊拄杖，千鄉萬里行腳，蓋爲生死不明。要得達法悟道，到處豈無親覲尊宿善知識？若爲你解粘去縛、道眼分明、甄别是非，堪爲師匠。即便拗折拄杖、高掛缽囊、取個徹頭，莫愁不成辦。或若開口動舌、説向上向下、這邊那邊、玄會妙會、道出道入、君臣父子、明體明用，儘是謗般若，埋沒宗風，不識好惡尿床鬼子，帶累

後人，無有了日。(《五燈全書》卷三十一《襄州洞山守初宗慧禪師》)

此“尿床鬼子”是指以言說分別、神通、名相等來求解禪理的行爲是無關自性智慧的，永遠不能開悟。

(8) 上堂：“世尊設教，露布葛藤；達磨安心，眉間掛劍。引得後代兒孫分門列户，至我先師老人，横拈七事、法戰當場，饒他鈍鋼打就底，也著槍頭亂點。山僧既是他種草，敢不依樣畫貓？開爐已來，逼得幾個尿床鬼子破家散宅，餘者趁入水牯牛隊裏，朝打三千、暮打八百。”(《五燈全書》卷一百四《鄂渚大洪山報國潤堂證禪師》)

此指向外馳求的僧眾。在此段内容中并沒有描述僧衆的任何行爲，但在語境中已經暗含了僧眾“分門列戶”“亂點槍頭”，知見分别，向外馳求的特徵。

(9) 問：“如何是正法眼？”師曰：“不可青天白日尿床也。”(《傳燈録》卷十二《越州清化全付禪師》)

此處是說自性本明，爲何一定要在言語知解中求得佛法呢？

(10) 一僧問師云：“某参禪不得，未審病在甚麼處？”師云：“病在這裏。”僧云：“某甲因什麼卻参不得？”師云：“開眼尿床漢，我打爾去。”(《大慧普覺禪師宗門武庫》)

此處意爲禪無須參，當下見性即是禪宗的宗旨，哪里是需參得的呢？卻還要問因什麼参不得，更是騎驢覓驢，因此被駡作“開眼尿床漢”。

(11) 上堂：“祖師心印，不涉言詮。問訊燒香，早成多事。行棒行喝，開眼尿床。舉古舉今，泥中洗土。别有向上一路，千聖不傳，總是熟睡饒譫語。衲僧家，心憤憤口悱

悱，到者裏，如何即是?”以拂子擊禪床云：“衲帔蒙頭萬事休，此時山僧都不會。”(《密庵和尚語録》)

此處意爲“問訊燒香”“行棒行喝”等行爲就是“開眼尿床”的行爲，無關乎自性，一味外求。

其四，指没有發出任何動作行爲，但不識自性，不能做自己心性的主人。

(12) 一日入僧堂，竪起拄杖曰：“者個不得唤做拄杖，唤作甚麼?”衆無語。師以拄杖打散曰：“尿床鬼子，者個也不識。”(《五燈全書》卷九十九《樂清雁山羅漢寺冶翁伯禪師》)

(13) 因有人請灌頂三藏供養，敷坐訖，師乃就彼位坐。時有雲涉座主問曰：“和尚甚麼年行道?”師曰：“座主近前來。”涉近前，師曰：“只如憍陳如是甚麼年行道?”涉茫然，師喝曰：“這尿床鬼。”(《會元》卷六《太原海湖禪師》)

以上兩例中被罵皆因“無語”或“茫然”，没做出任何動作，但卻表現出了自性未明的特徵。這種表現在“開眼尿床”句中更爲明顯，如：

(14) 問：“向上一路請師直指。”師云：“一棒打破虚空。”進云：“過在什麽處?”師云：“不識痛癢漢。”進云：“此猶是德山底。”師云：“山僧從來借路經過。”乃云：“眨上眉毛蹉過，大似開眼尿床。”(《圓悟佛果禪師語録》卷一)

此處指没有當機立斷了悟禪法宗旨，睜著眼睛見不到自己的本來面目，不能了達自性。

【節節支解】本指一段一段地分開，禪録引申指在自性方面處處出問題，處處破壞心性。

（1）問："如我昔爲歌利王割截身體，如何?"師云："仙人者，即是汝心；歌利王者，好求也。不守王位，謂之貪利。如今學人積功累德，見者便擬學，與歌利王何别？如見色時，壞卻仙人眼；聞聲時，壞卻仙人耳；乃至覺知時，亦復如是，唤作節節支解。"云："秖如仙人忍時，不合更有節節支解，不可一心忍、一心不忍也。"師云："汝作無生見、忍辱解、無求解，總是傷損。"云："仙人被割時，還知痛否?"師云："痛。"云："此中無受者，是誰受痛?"師云："汝既不痛，出頭來覓個什麼?"（《廣燈録》卷八《筠州黄檗鷲峰山斷際禪師》）

按："節節支解"來源於漢譯佛經，本指身體一段一段地被分割開來，如姚秦鳩磨羅什譯《金剛般若波羅蜜經》："須菩提，如我昔爲歌利王割截身體。我於爾時無我相無人相無眾生相無壽者相。何以故。我於往昔節節支解時，若有我相人相眾生相壽者相，應生嗔恨。"在禪宗語録中多指對圓澄自性的破壞，如例（1）"乃至覺知時，亦復如是，唤作節節支解"一句中，"覺知"就是對圓澄自性的破壞，"忍"即是有知覺，又強壓下知覺，更是一種破壞。此爲譯經中産生的，指肉體的損傷義，在禪宗中引申成了對自性的消損。

【法藥】佛法。

（1）設大法藥，直接上根。（《會元》卷一《初祖菩提達磨大師者》）

按："法藥"本指道教丹丸之類，如《全後漢文》卷四十七《崔寔》："上辛日埽除韭畦中枯葉，上除若十五日，合諸膏小草續命丸散法藥。"後喻爲佛法，指佛法如藥，能醫治一切眾生的痛苦。如《全齊文》卷二十六《釋氏·那伽仙》：“萬善智圓備，惠日照塵俗。眾生感緣應，隨機授法藥。”又《祖堂集》卷二《第二十八祖菩提達磨和尚》：“般若多羅乃告曰：‘汝今得法，亦莫遠化，待吾滅後六十七年，當往震旦大施法藥。’”皆指佛法。此處由道教的法藥借代佛法，丹丸是具體形象的，佛法是抽象的，兩者並沒有相似之處，但是，在功能上卻有著相似之處，因此，用道家的“法藥”轉喻佛家的義理——佛法。

【巍巍堂堂】本指廣大，此處指心性湛然。

（1）丈問：“巍巍堂堂，從何方來？”師曰：“巍巍堂堂，從嶺南來。”丈曰：“巍巍堂堂，當爲何事？”師曰：“巍巍堂堂，不爲別事。”便禮拜。問曰：“從上宗乘如何指示？”丈良久。師曰：“不可教後人斷絕去也。”丈曰：“將謂汝是個人。”乃起，入方丈。師隨後入，曰：“某甲特來。”丈曰：“若爾，則他後不得孤負吾。”（《會元》卷四《黃檗希運禪師》）

按：“巍巍”在世俗文獻中有“崇高偉大”義，如《论语·泰伯》：“巍巍乎！舜禹之有天下也而不與焉。”何晏集解：“巍巍，高大之稱。”又“堂堂”一詞有“光耀、明亮”義，如唐方干《送婺州許録事》詩：“之官便是還鄉路，白日堂堂著錦衣。”宋叶適《祭赵幾道文》：“萬古茫茫，去來堂堂。盈庭之哀，痛捨我觴。”“巍巍堂堂”在南北朝時期的文獻中已有出現，如《全梁文》卷十三《大法頌》：“澤普三界，恩均八方；巍巍堂堂，爲舟爲航。伊臣稽首，萬壽無疆。”此文是歌功頌德之作，“巍巍堂堂”在此指功德的廣大。後“巍巍堂堂”在此燈録中形容清淨自性的廣大湛然。如《廣燈録》卷十九《廬山慶雲禪師》：“僧問：‘十二時中如何用心，不被諸境惑?’師云：‘巍巍堂堂。’進云：‘爭奈目前何?’師云：‘苦心更有苦。’”① 此處“巍巍堂堂”是指悟到本自圓成的湛然心性是永遠不被外境所迷惑的。又同書卷二十一《興元府中梁山崇禪師》：“上堂云：‘巍巍堂堂，沖天塞地，汝作麽生折伏?’良久。云：‘王法無親，理能縛豹。’”此處是指天地間無處不在的心性是廣大湛然的，不能用確定不變的道理或法則來約束本自圓成的自性。在例句中，百丈懷海和黄檗希運針對自性的“體”和現實的“用”進行了對機，既肯定了圓成自性的廣大湛然，又沒有否定現實傳法的意義。

由此可知“巍巍堂堂”之果是相貌上的莊嚴，其具體原因是因爲心性上的功夫。此爲因果引申。

【出度】超出平常的限度，多指超凡脱俗，悟道見性。

(1) 亦不睹惡而生嫌，亦不觀善而勤措，亦不舍智而近愚，亦不抛迷而就悟。達大道兮過量，通佛心兮出度，不與凡聖同躔，超然名之曰祖。(《會元》卷一《初祖菩提达磨大師者》)

按：“出度”在世俗文獻中意爲“制定生成衡量的標準、法度”，如《國語》卷三《景王問鐘律於伶州鳩》：“王將鑄無射，問律於伶州鳩。對曰：‘律所以立均出度也……’”此處意爲“音律是用來確定音調和量度的標準”，又如《晉書》

---

① 《卍續藏》第78冊第790頁。

卷一一《志》第一：“鉤陳口中一星曰天皇大帝，其神曰耀魄寶，主禦群靈，執萬神圖。抱北極四星曰四輔，所以輔佐北極，而出度授政也。”此處是說“四輔星是輔佐北極來制定發布法令參與授予帝位的”。但在釋典中則多指超越塵世的種種局限（沒有妄想、分別等知見），如後漢安世高譯《佛說太子慕魄經》：“我所以不語者，追憶過世所更吉凶安危成敗恐復與會故，結舌不語至十三歲，冀以靜默免瑕脱穢出度塵勞永辭於俗，不與厄會。”此“出度”即指離俗。西晉竺法護譯《佛說普門品經》：“如住於虛空不知方面處，亦無具足人，無能出度者，百千億劫垓習樂闇蔽者，彼亦無厭足，常饑無飽滿。”“無能出度”在此指沒有脱離世俗的索求之心。在例句“達大道兮過量，通佛心兮出度”中，“過量”指“超過適當的限度”，“出度”與“過量”互文見義，都指超越了塵世的局限。

由此可知，“出度”一詞由世俗文獻中的“制定法度”義引申爲“超出局限”義，爲反正引申。

【知解】本指“穎悟、領會”義，禪録引申爲只是從知識見解的角度去追求禪宗的義理，以博文強識爲目的，不能體悟禪法真正的義理。

(1) 示衆云：“吾有一物，無頭無尾，無名無字，無背無面，諸人還識麼?”時荷澤神會出云：“是諸法之本源，乃神會之佛性。”師打一棒云：“這饒舌沙彌，我唤作一物尚不中，豈况本源佛性！此子向後，設有把茆蓋頭，也只成得個知解宗徒。”法眼云：“古人受記人，終是不錯。如今立知解爲宗，即荷澤也。”（《會要》卷二《六祖惠能大師》）

按："知解"在漢代已有應用，如《漢書》卷九二《郭解列傳》："臨晉籍少翁素不知解，因出關。"此"知解"爲"穎悟；領會"義，在後世多有應用。但在禪宗詞彙中，此屬貶義詞，指不從真性的體悟上去下功夫，而一味地追尋多知多解的人。禪宗是不贊成這種體證方式的，如《廣燈録》卷九《洪州大雄山百丈懷海禪師》："但是三乘教，皆治貪嗔等病。秖如今念念若有貪嗔等病，先須治之，不用覓義句知解。知解屬貪，今卻變成病，秖如今但離一切有無諸法，亦離於離，透過三句外，自然與佛無差。"

由此可知"知解"一詞本來是褒義詞，但是到了禪宗這一語義範疇中就成了貶義詞，屬反正引申。

【官驛路】本指大路，在此指體證佛法的大道。

(1) 巴陵鑒云："祖師道：'不是風動，不是幡動。'既不是，風幡向甚麼處著？有人與祖師作主，出來與巴陵相見。"雪竇云："風動幡動，既是風幡，向甚麼處著？有人與巴陵作主，出來與雪竇相見。"保寧勇頌云："蕩蕩一條官驛路，晨昏曾不禁人行。渾家不是不進步，無奈當門荊棘生。"(《會要》卷二《六祖惠能大師》)

按："官驛路"在世俗文獻中不常用，"官驛"偶有見之，如陸游《蓦山溪·游三榮龍洞》："城門漸近，幾點妓衣紅，官驛外，酒壚前，也有閑燈火。"此指官家驛站。"官驛路"在禪宗燈録中有所應用，如《五燈全書》卷四十九《福州雪峰絕岸可湘禪師》："言中彼此帶幽元，盡向言中辨正遍。孤負一條官驛路，茫茫況在月明前。"此處利用官路筆直寬廣的特徵來喻指明心見性、事理圓融下四通八達、無有阻礙的狀態。又如《五燈全書》卷六十三：“汝等諸人，眼似擂槌，口似鐵丘，彌陀寺前，一條官驛路，也好跑馬，也好行舟。爭奈今日雲悠悠，雨颼颼，說與愁人愁更愁。”此爲直指人心之路是非常通達的，無論采取什麽樣的途徑只要是真心體悟都能見性，但以言語的知見求證反而阻礙了心性的領悟。

【救頭然】即“救頭燃”，“救頭”。禪録引申爲“修行精進”“在外相的覺悟或通過修行成覺悟”及“善報因果、無分别心”。

（1）如今得即解，或對五欲八風，情無取舍，慳嫉貪愛，我所情盡，垢淨俱亡。如日月在空，不緣而照。心心如木石，念念如救頭然。亦如香象渡河，截流而過，更無疑滯，此人天堂地獄所不能攝也。（《會元》卷三《洪州百丈山懷海禪師者》）

按：“救頭”暫不見於宋以前的世俗文獻，在遼金的石刻文獻中內容也與佛教相關，如《遼代石刻文編·興宗編·羅漢院八大靈塔記》：“恒包報國之衷，若兢履薄；深悟忘筌之旨，如救頭燃。歎戲沙成佛之因，化慳火生蓮之果。”“救頭”即此“救頭燃”，在佛經中多作“救頭然”，對“救頭然”之“然”字，佛經中有兩種解釋，如宋釋智圓述《請觀音經疏闡義鈔》卷四：“經如救頭然者，《金光明》云：‘譬如男女如火燒頭如火燒衣，救令速滅。火若未滅不得暫安，懺悔亦爾，此則‘然’字是‘燒然’也；又大論明野干救頭之喻，名救頭，然則‘然’字是語辭也。”“野干救頭”之喻中的“頭”蓋指“獅子”，獅子爲百獸之王。此典故出自後秦弗若多羅譯《十誦律》卷三十六：“有過去世近雪山下，有師子獸王住，作五百師子主。是師子王後時老病瘦眼闇，在諸師子前行，墮空井中，五百師子皆舍離去。爾時去空井不遠，有一野干，見師子王作是念：‘我所以得此林住安樂飽滿肉者，由師子王故。師子王今墮急處云何當報?’時此井邊有渠流水，野干即以口腳通水入井，隨水滿井，師子浮出。時此林神而說偈言：‘身雖自雄健，應以弱爲友。小野干能救，師子王井難。’”爲進行區別，本書將“燃燒”義的“然”記爲“燃”，將表示語辭的“然”記作“然”。

其一，“救頭燃”，指頭上著火，進行撲救。喻指速度快，要求迅速行動。常在“精進”語境中使用。如：

(2) 佛時頌曰：“如人救頭燃，速疾求滅處。彼人亦如是，速詣於如來。”(後秦·佛陀耶舍、竺佛念譯《佛說長阿含經》卷一)

(3) 然彼行人晝夜精勤如救頭然，持心勇捍不慮險難，志崇斷結滅漏爲先。(姚秦·竺佛念譯《出曜經》卷九)

(4) 觀世萬變難可同處，上求無爲如救頭然，所以者何? 彼處虛寂閒静安樂，永合虛表澄神不動。(姚秦·竺佛念譯《出曜經》卷二十三)

(5) 汝等精勤無得放逸，無得懈怠，斷除六情如救頭燃，心無所著，當如飛鳥遊於虛空。佛說如是，莫不歡喜。”(西晉·竺法護譯《生經》卷四)

(6) 爾時，世尊作是念，此是惡魔來作惱亂。即說偈言：“常逼迫眾生，受生極短壽。當勤修精進，猶如救頭然。勿得須臾懈，令死魔忽至。知汝是惡魔，速於此滅去。”(宋·求那跋陀羅譯《雜阿含經》卷三十九)

(7) 勤求至道，如救頭然，更有什麼餘暇？如火逼身，便須去離。(《祖堂集》卷八《雲居和尚》)

這種由“火燒頭髮”引申出的“快速行動”義也寫作“救頭”“救頭火”“救頭燃”，如：

(8) 彼比丘欲滅此惡不善法故，便以速求方便，學極精勤，正念正智，忍不令退。猶人爲火燒頭、燒衣，急求方便救頭、救衣。(東晉·僧伽提婆譯《中阿含經》卷五十二)

(9) 已見如此大恐懼，計求人身甚難得，當行精進救頭火。除諸勤苦立大安，往古佛時值不閑。莫計吾我及放逸，得無遇此無量苦。(西晉·竺法護譯《生經》卷二)

(10) 是故踴躍發精進，猶如有人救頭燃。常應親近善知識，勤修般若波羅蜜。(北齊·那連提耶舍譯《大寶積經》卷六十九)

此屬於相似性引申。

其二，在大乘經典中常指了却了外相上的生滅卻與自心的不生不滅無關，如：

(11) 解脱如是無垢真妙，其解脱者即是如來，真妙恬静，如救頭然則不恬静。(東晉·法顯譯《大般泥洹經》卷三)

由此可見《大般泥洹經》中反映出了“救頭然”這種精進修行有礙自性恬静的觀點。又如：

(12) 爾時，世尊告諸比丘：“猶如有人火燒頭衣，當云何救？”比丘白佛言：“世尊，當起增上欲，殷勤方便時救令滅。”佛告比丘：“頭衣燒然尚可暫忘，無常盛火應盡除斷滅。爲斷無常火故，勤求大師。斷何等無常故勤求大師？謂斷色無常故勤求大師，斷受、想、行、識無常故勤求大師。”

佛說此經已，諸比丘聞佛所說，歡喜奉行。（宋・求那跋陀羅譯《雜阿含經》卷七）

在此經中火燒頭衣出現了10次，即佛陀10次從不同的角度說明了“可暫緩救頭，應先救無常盛火”的道理。這種觀點在宋代禪宗燈録中多見，如：

(13) 彼既丈夫，我寧不爾。百年光景能得幾時？念念如救頭然，做好事尚恐做不辦，况念念在塵勞中而不覺也，可畏可畏。（《大慧普覺禪師書》卷二十七）

(14) 有志於此段切者，尋師擇友，如救頭然。終不爲身衣口食，觀山玩水，悠悠送日。爾若真個信得及，莫教一日被爾捱得透百千法門無量妙義畢矣。（《虛堂和尚語録》卷之四《立僧納牌普說》）

(15) 自今已後，淨修三業，行諸波羅蜜門，心不放逸，如救頭然。三十七品具足八萬聖行，憐湣衆生，護持正法。（《廣燈録》卷一《天竺釋迦牟尼佛》）

其三，由“野干救頭”一典故引申爲“善報因果，無分別心”，如：

(16) 諸仁者，今此童子，勇猛精進，志願無雜。深心堅固，恒不退轉。具勝希望，心無厭足。如山不動，如救頭然。愛樂親近諸善知識，處處尋求，承事供養，請問法要，受持無失……又能如是親近承事諸善知識，又能如是如救頭然，如山不動。又能如是隨順一切善知識教，又能如是堅固修行一切佛道。（般若譯《大方廣佛華嚴經》卷三十五）

此指“野干救頭”之典故，野干知恩報恩，遵循因果，獅子王不以野干弱小以爲友，終在難中獲救。意在強調“善報因果，無分別取捨”之意。在例（16）中指親近善知識，知恩報恩，無取捨揀擇。

【熱大】本是熱病，在禪宗燈録中引申爲犯毛病、錯誤。

（1）侍僧了賢請偈，復大書曰：“生也只恁麼，死也只恁麼。有偈與無偈，是甚麼熱大？”擲筆委然而逝。（《普燈録》卷十五《臨安府徑山大慧普覺宗杲禪師》）

按：“熱大”一詞來源於佛經，本指熱病，如：

（2）佛便告比丘：“世間有三大病，人身中各自有，何等爲三？一爲風，二爲熱，三爲寒，是三大病。比丘有三大藥，風者比丘大病麻油大藥亦麻油輩；熱大病者酪酥大藥亦如酪酥輩；寒大病者蜜大藥亦如蜜輩。”（後漢・安世高譯《佛説七處三觀經》）

在禪宗燈録中由“害病”義引申爲犯毛病，即舉動不合禪宗修行的道理，如：

（3）衆請偈，師瞋目曰：“要去便去，害甚熱大？”（《續指月録》卷十九《台州通玄林野通奇禪師》）

（4）閭曰：“還有不病者麼？”曰：“熱大作麼？”（《南宋元明禪林僧寶傳》卷十五《博山來禪師》）

【相到】有所關涉、牽連。

（1）心與境本不相到，當處解脱，一一諸法當處寂滅，當處道場。又本有之性不可名目，本來不是凡不是聖，不是垢淨，亦非空有，亦非善惡，與諸染法相應，名人天二乘界。（《會元》卷三《洪州百丈山懷海禪師者》）

按：“相到”一詞在譯經中可見，如隋闍那崛多等译《起世经》卷二：“诸比丘，又转轮王出现世时，此阎浮洲王所治处，聚落城邑，比屋连村，鸡飞相到，人民安乐，不可思议。”此處“相到”是指雞飛即可相互到達，又指相互接觸，如唐阿地瞿多譯《佛說陀羅尼集經》卷五：“兩大指竪，各捻二小指頭，兩手並豎相著，二頭指相捻，在二大指小指上，二無名指亦爾。二中指在上，頭少不相到，掌下相著。”在禪宗語録中多指抽象的心性或義理相關涉，如《祖堂集》卷三《慧忠國師》：“有時王詠問：‘如何得解脫?’師曰：‘諸法不相到，當處得解脫。’詠曰：‘若然者，即是斷，豈是解脫?’師便喝曰：‘這漢，我向你道不相到，誰向汝道斷?’”《五燈嚴統》卷三《洪州百丈山懷海禪師者》：“但人自虛妄計著，作若干種解會，起若干種知見，生若干種愛畏，但了諸法不自生，皆從自己一念妄想顛倒取相而有，知心與境本不相到，當處解脫，一一諸法，當處寂滅。”

【大黃甘草】本義爲兩種中藥名，禪録中據藥性不同功效相似，引申爲雖爲兩種極端，但卻殊途同歸，意在打破分別。

(1) 問：“一法若有，毗盧墮在凡夫。萬法若無，普賢失其境界。去此二途，請師一決。”師曰：“大黃甘草。”曰：“此猶是學人疑處。”師曰：“放待冷來看。”(《會元》卷十七《隆興府泐潭湛堂文準禪師》)

按：大黃、甘草本爲兩種中藥，因大黃性寒味苦，而甘草性平、味甘，因此而引申爲兩種極端，例(1)中的“大黃甘草”意在以兩種極端對舉，來打破分別。同時，大黃、甘草皆有瀉火、解毒，入於脾胃腑臟之功效，故在此引申爲方式不同，但都是爲了一個結果(開悟)，意教學人打破施設方式上的分别。

【日出冰消】引申爲還歸本來真相，事情本就如此，順理成章。

(1) 僧問："'無法可説，是名説法。'既是無法可説，又將何説?"師曰："霜寒地凍。"曰："空生不解岩中坐，惹得天花動地來。"師曰："日出冰消。"僧擬議，師曰："何不進語?"僧又無語。師曰："車不横推，理無曲斷。"(《會元》卷十五《蘄州五祖山秀禪師》)

按："日出冰消"本指太陽出來，冰雪消融。在禪録中引申爲還歸事物的真實相，例(1)中的"車不横推，理無曲斷"，即爲一切順其自然之義，不違背常理。"空生不解岩中坐，惹得天花動地來"即説善於解空的須菩提並不説法，但在禪坐之時便惹得天花動地。善解空但不説法是與禪法大意相契合的，此是問話僧對"'無法可説，是名説法。'既是無法可説，又將何説?"這一疑惑的自我解答，"日出冰消"一句是五祖山秀禪師對問話僧疑惑消除的肯定，引申義爲"如此即是""就是這麽回事"。在現代漢語中有"涣然冰釋"一詞，兩者意近。

【水來河漲】禪録中突出融合於境，無分别的境界。

(1) 問："如何是佛?"師云："水來河漲。"(《續燈録》卷三《襄州白馬辯禪師》)

按：關於"如何是佛"的問題，在禪録中從不同的角度有不同類型的解説，例(1)中水入於河，即混入河中，無有分别，融合於境。河中水加多則漲，順應自然常理。以打破分别知見回答“如何是佛”的用例亦見於禪録，如：

（2）乃舉：“僧問首山：‘如何是佛?’首山云：‘新婦騎驢阿家牽。’大衆，莫問新婦阿家，免煩路上波吒。遇飯即飯遇茶即茶，同門出入宿世冤家。”（《法演禪師語録》卷一）

例（2）中的“莫問新婦阿家”及“同門出入宿世冤家”皆在提醒學人打破凡聖的區别。“遇飯即飯遇茶即茶”一句又暗示了不要糾纏何者爲佛何者爲凡人的問題，於生活該干什麼干什麼就是了。又如：

（3）僧問：“如何是佛?”師曰：“同坑無異土。”（《續傳燈録》卷七《洪州翠岩可真禪師》）

【不搭印】【搭印】“搭印”指認證、蓋章。“不搭印”在禪宗燈録中指從無切入處認證。

（1）時有盧陂長老問：“學人有鐵牛之機，請師不搭印。”（《廣燈録》卷十五《汝州風穴山延昭禪師》）

按：“不搭印”在禪宗燈録中常和“鐵牛之機”出現在同一句子中，“鐵牛之機”與歇後語“蚊子上鐵牛，無你下嘴處”義近。“不搭印”要求師父從沒有語句動作等言語行爲表現處對學人進行印證。“不”不是對“搭印”的行爲否定，而是印證的條件是“沒有根據”。“搭印”諸辭書未收，見於近代漢語，指認證、蓋章等，如：

（2）初，貞元間既行鈔引法，遂設印造鈔引庫及交鈔庫，皆設使、副、判各一員，都監二員，而交鈔庫副則專主書押、搭印合同之事。（《金史》卷四十八《志》第二十九）

（3）喚宫人捧過玉璽，搭印於瞿琰右掌。（《禪真後史》第三十八回）

【鑿壁偷光】本指匡衡鑿壁借鄰居家燈光讀書的典故，在禪録中引申爲“開一綫道”，通過閱讀典籍、参話頭等方式以求了悟。

（1）問：“鑿壁偷光時如何？”師曰：“錯。”曰：“爭奈苦志專心。”師曰：“錯錯。”（《傳燈録》卷二十三《潁州羅漢匡界禪師》）

按：“鑿壁偷光”見於《西京雜記》卷二：“匡衡字稚圭，勤學而無燭。鄰舍有燭而不逮，衡乃穿壁引其光，以書映光而讀之。”此典故在世俗文獻中形容讀書刻苦。這種刻苦讀書的行爲在禪録中指通過參話頭、讀典籍等方式以達到明心見性的目的，如：

（2）本覺徽云：“二老宿與麼做處，大似拽尾靈龜。更有個鑿壁偷光漢却向矢上加尖，且道那裏是兩顆鼠糞污處。”（《宗門拈古集》卷七《忘名古宿》）

例（2）中的“矢上加尖”義近“頭上安頭”，指多此一舉。這種“多此一舉”的行爲正是“二老宿”用語言、思維作知解會，即“鑿壁偷光”——試圖以語言、思維的知解達到心性的澄明。由於禪宗講究當下見性、直指人心的證悟方式，反對於文字知解上用功，因此，“鑿壁偷光”這種刻苦研讀思維的行爲在禪録中是不被提倡的。

# 第二章　“五燈”系列禪録詞語與辭書編纂

辭書是漢語詞彙研究重要的工具，反映了詞彙研究的現狀。近年來，辭書編纂工作取得了卓越的成果，如“古今兼收、源流並重”的《漢語大詞典》，是目前規模最大的漢語語文工具書，其内容涉及古今中外的社會生活、文化習俗和宗教義理等，自然對禪宗燈録中的詞語也有所收録，書證主要集中於《景德傳燈録》《五燈會元》兩部書中。這在 20 世紀 70 年代末期，禪録研究剛剛興起，成果不多的客觀現實下是極爲可貴的。然而，其雖然是一部歷時性很強的辭書，但是奈何客觀條件有限，如方一新所説：“《漢語大詞典》編纂工作始於 20 世紀 70 年代，當時中古漢語研究尚未展開，加上編纂者有意識地不用佛典作爲語料，故在這方面存在較多的問題。”① 對宗教色彩較強，詞義撲朔迷離的禪宗詞彙來説，這種情況更爲突出，其主要表現在詞目失收、義項缺漏等方面。這種情況很快被嚴謹的學者敏鋭地發現並及時地加以補充，如劉堅、江藍生主編的“近代漢語斷代語言詞典系列”已經注意到了近代漢語詞彙釋義研究的必要性，並通

---

① 方一新：《中古近代漢語詞彙學》，商務印書館，2010 年版，第 296 頁。

過嚴謹細緻的研究，取得了豐富的成果。其中由江藍生、曹廣順編著的《唐五代語言詞典》就已經收録了《祖堂集》中的許多詞語，由於詞典時代的限制，宋代禪録材料僅作爲書證附例出現在《祖堂集》或變文等首例書證之後，其中《景德傳燈録》出現6次，《五燈會元》出現11次，“五燈”系列其他禪録不見於《唐五代語言詞典》。

龍潛庵編著的《宋元語言詞典》收録詞語的時代包含宋代，因此可以編選禪宗燈録詞目。在《宋元語言詞典》中，收録《景德傳燈録》詞目70餘例，書證附例20餘例；《五燈會元》詞目5例；《續景德傳燈録》作爲書證附例1例，首例1例。“五燈”系列其他燈録詞目及内容不見於《宋元語言詞典》。

斷代語言詞典中還有袁賓編著的《宋語言詞典》，在其四千一百餘條詞目中，收録《五燈會元》中的詞目近300條，附例近150例，同時，對“五燈”系列其他禪録的詞語偶有收録，其中《景德傳燈録》10餘例，《聯燈會要》6例，《嘉泰普燈録》11例，《天聖廣燈録》及《建中靖國續燈録》暫未見詞目被收録。《宋語言詞典》畢竟不是宗教學專業詞典，其所收的禪宗詞目主要是口語詞及少部分俗諺，故而袁賓將禪宗的術語、行業語及禪宗人物、寺院、山、典籍等收録進《禪宗詞典》中，並在2010年對其進行增補，重修爲《禪宗大詞典》。重修後的《禪宗大詞典》内容涉及術語、行業語、公案語、典故語、成語、俗諺語及口語詞等，兼收重要的中國禪宗人物、寺、塔、山與典籍，所收詞目有8000餘條，其中對“五燈”系列燈録詞目有所收録。

然而“五燈”系列燈録總體内容要超過《會元》一倍

多，"五燈"系列中還有大量諸辭書未收的詞目或義項，正如雷漢卿所強調的："從禪籍俗語詞的角度看，辭書書證不足、釋義不確、詞語斷代錯位、詞語切分有誤、義項分合不當等問題也都是詞彙史研究特別是俗語詞研究相對滯後所造成的。"① 因此，本書重點進行辭書未收詞目與失漏義項的補充工作。新詞新義在上章已有解釋，本章重點補充辭書未收的疑難詞語及其漏收的義項。

## 第一節　辭書未收疑難語詞釋義

【荒虛】

（1）一日有座主相看。臨濟問："講何經？"論主云："某甲荒虛，麤習百法論。"（《會要》卷二十三《澧州洛浦元安禪師》）

按：此"荒虛"指道業的荒疏，在禪宗燈録中常用，如：

（2）上堂云："默耀堂堂，現成密密。通途隱的，回互難分。家風孤寂妙明前，活計荒虛玄路外。"（《真歇了清禪師語録》）

"荒"本指土地的荒蕪。《廣雅·釋詁三》："虛，空也。""荒虛"屬並列構詞，有荒蕪空虛義，根據適用對象的不同，衍生出不同的意義，如：

其一，土地的荒蕪。

---

① 雷漢卿：《禪籍方俗語研究》，巴蜀書社，2010年版，第92頁。

(3) 又淮上荒虛，地無所掠。大江浩渺，未易可渡。(《建炎以來系年要録》卷一百二十三)

其二，經濟及學問的匱乏。

(4) 高低通見熟，荒歉在洪廬。泗城皆厄難，燕楚最荒虛。(《全唐詩補編》卷五十一)

(5) 三年承乏幸參陪，道業荒虛愧不材。赴詔直從天外去，何時相與復徘徊。(《圓悟佛果禪師語録》卷四)

(6) 惶慌：胡光反，謂虛妄見也，荒虛也。《廣雅》：“惶懼也，遽也。”《蒼頡篇》：“惶恐也、亦憂悼在心皃也。”(玄應《一切經音義》卷三)

例(6)“虛妄見”是“惶慌”的評價義，指“惶慌”的心態爲虛妄知見，屬不必要的。“荒虛”是説明產生這種“惶慌”狀態的原因，是因爲智慧的匱乏。

其三，言辭的空洞無當。

(7) 適來蒙世尊，不以智惠淺劣，詞辯荒虛，敕往方丈室中，慰問有疾菩薩，述十大聲聞之過，贊一生調禦之能。(《敦煌變文集新書》卷二)

其四，事件的荒誕離奇，不具有真實性。

(8) 金甲神人傳好夢，鐵冠道士寄新書。我與雲長各異代，定知此事太荒虛。(《三朝北盟彙編》卷八十二)

【亞槍】舞長槍的一種技法。

(1) 僧見庵主便喝。師云：“驚殺人。”僧云：“大蟲耶？”師便喝，僧便走。師將棒趁，僧作亞槍勢。師拄棒而立，僧云：“敗也。”師云：“放儞二十。”(《廣燈録》卷十三《桐峰庵主》)

按："亞槍"一詞見於唐代，如白居易《早春同劉郎中寄宣武令狐相公》："馬頭拂柳時回轡，豹尾穿花暫亞槍。"在宋代見於《武經總要》，如其《前集》卷二《教法》："信旗交點，唱諾。旗轉，唱殺。旗隊下不得輒語。角聲、鼓聲各一，諸隊亞槍（注文：頭去地約五寸）。"又同篇："聽角聲一，鼓聲一，其左右厢下各出一隊，至中土河岸，看亞認旗相交，後開兩隊，各抽歸本位，即舉認旗交，兩厢齊亞槍唱殺。"由此可以看出此爲舞槍的一種技法。此義在禪宗語録中常用，如：

（2）師曰："偶爾之間又逢猛虎。"僧便作虎聲，師以拄杖作亞槍勢。（《宗鑑法林》卷五十七《潭州長髭曠禪師》）

（3）山復曰："闍梨有衝天之氣，老僧有入地之謀。闍梨横吞巨海，老僧背負須彌。闍梨按劒上來，老僧亞槍相待。向上一路，速道速道！"（《正法眼藏》卷二下）

例（1）中的"拄杖"象長槍之形。

此義亦見於後世文獻：

（4）有孫虎奏曰："攻秦不下，緣秦將英豪兵勇。孫虎雖怯，亦願出戰。"因將人馬布成百勝長蛇陣。但見亞槍來時刀作尾疊，鎧角如鱗。（《全相平話五種·秦並六國平話》）

【偏局】優劣强弱的差别。

（1）時魏氏奉釋，禪儁如林，光統律師、流支三藏者，乃僧中之鸞鳳也，睹師演道，斥相指心，每與師論義，是非蜂起。祖遐振玄風，普施法雨。而偏局之量，自不堪任。競起害心，數加毒藥。至第六度，以化緣已畢，傳法得人，遂不復救之，端居而逝。（《會元》卷一《初祖菩提達磨大師者》）

按：此段是説光統律師和流支三藏等高僧大德在和達磨大師論議的時候，常常觀點不一，在各自闡揚佛法的過程中，達磨祖師的影響力又遠遠地超越了他們。“偏局之量”就是指達磨祖師所帶來的標新立異的禪法在闡揚的過程中占據了極其顯著的優勢的現實情況。“偏局”一詞見於釋典，如：

（2）肇曰：“平等乞食自利利人，故正入佛道不依聲聞道也。”生曰：“得平等報者，必不偏局爲小乘也，迦葉若如是食，爲不空食人之施也。”（後秦·釋僧肇選《注維磨詰經》卷二）

例（2）由“平等乞食”和“平等報”可知，“偏局”爲有所偏倚之意。又如：

（3）離垢目又問：“何謂爲限？何謂爲礙？何謂其心偏局？”佛言：“……住於泥洹好明惡冥，不了諸法都無根本，而求處所不知空慧，是謂其心偏局。”（西晉·聶承遠譯《佛説超日明三昧經》卷上）

例（3）中的“偏局”是説心存比較，心念有好有壞有分别，看重某一方面，有所趣向。又如：

（4）戊子（天成三漢大有元）年……法眼以華嚴六相立爲宗旨，慮後世學者偏局於一，其意深矣。六相者：總别同異成壞是也。而總不是别，異不是同，互爲子母，以盡法界廣大之性；開合之變，如織錦回文詩；一字百詠，祖師之全體大用。（《宗統編年》卷之十八）

例（4）中的“偏局”指“偏重”“特别看重”“著重哪一方面”。

【縛猱】耍怪態等荒誕的行爲。

(1)問:"奔流度刃，疾焰過鋒時如何?"師云:"住。"僧云:"住即瞎。"師打禪床一下，僧便喝。師便打。僧接住棒云:"老和尚，莫縛猱好！奪棒却打著和尚，莫言不道！"師云:"今日被者瞎漢鈍致寶應老。"僧云:"敗了掃箒撲。"(《廣燈録》卷十四《汝州寶應禪院顒禪師》)

按:"縛"有"束縛""限制"義。"猱"指獼猴。"縛猱"已見於唐代，如《詩話總龜前集》卷三十八《甫唐近事》:"周顓處士，洪儒奥學，偶不中第，旅浙西，從事歡飲，惟昧於章程，座中皆戲之，有贈詩曰:'龍津掉尾十年勞，聲價當時鬥月高。惟有紅妝回舞手，似持霜刃向猿猱。'周和曰:'十載文場敢憚勞，宋都回鷁爲風高。今朝甘伏花枝笑，任道樽前愛縛猱。'"周顓即爲唐代人。現民間有一種戲耍爲"耍猴"，即利用訓練有素的猴子配合訓導員表演節目。"持霜刃向猿猱"爲"耍猴"的經典節目之一——"接刀"。現東北俗語中將人所做出的"耍怪態"等荒誕的行爲亦稱爲"耍猴兒"。周顓和詩中的"縛猱"明顯是一種荒誕行爲的描述，而並非"逮住猴子"。在例句中亦應指顒禪師因固守参禪的套路而出破綻，實屬荒唐可笑，"縛猱"來借代這種荒誕的行爲。

【捶栲】"栲"同"拷"，捶打、折磨。

(1)上堂，舉寒山詩曰:"梵志死去來，魂識見閻老。讀盡百王書，未免受捶栲。一稱南無佛，皆以成佛道。"(《會元》卷十一《汝州風穴延沼禪師》)

按:"栲"同"拷"，指"拷打""折磨"。《禪宗大詞典》

亦未收“捶拷”。“捶栲”見於唐代譯經，如：

（2）由極惡情極惡卒等有定處時不定皆見，咸不離識而有別形，并狗烏等所生墋害猛利之苦，隨捶栲事至受罪終。（《成唯識寶生論》卷二）

【徹困】很深的迷惑。

（1）師到大愚，愚曰：“甚處來？”師曰：“黄檗來。”愚曰：“黄檗有何言句？”師曰：“某甲三度問佛法的大意，三度被打。不知某甲有過無過？”愚曰：“黄檗與麼老婆心切，爲汝得徹困，更來這裏問有過無過？”師於言下大悟。（《會元》卷十一《鎮州臨濟義玄禪師》）

按：“徹”有“遍、滿”及“徹底、完全”義，形容程度深。“徹困”一詞在禪宗燈録中常用，如：

（2）師云：“某甲三度問佛法的大意，三度被打，不知某甲有過無過。”大愚云：“黄蘗與麼老婆爲汝得徹困，更來這裏問有過無過。”（《鎮州臨濟慧照禪師語録》）

【天酥陀飯】又作“天酥陀味”“天酥酡飯”“天酥陀”等，指佛陀所食的極美味的佳餚。“酥”指奶製品。

（1）曰：“如何是和尚活計？”師曰：“尋常不掌握，供養五湖僧。”曰：“未審喫個甚麼？”師曰：“天酥陀飯非珍饌，一味良羹飽即休。”（《會元》卷十一《汾州太子院善昭禪師》）

按：“酥”指奶製品。“天酥陀飯”在佛經中有見，如：

（2）彼等食彼自然粳米，成熟之飯無有糠檜，清淨香美不假羹臛，衆味具足白如花聚，其色猶如天酥陀味。彼等人

輩食，是食時，身分充盈，無有缺減，無老無變。（隋·達磨笈多譯《起世因本經卷第二》）

（3）世尊來日乃自持鉢往四大王天，直至忉利天取天酥味，還來所止樹下而食。（宋·法賢譯《佛説衆許磨訶帝經》卷九）

【傾喪】

（1）父爲衡陽太守，因疾傾喪。師扶櫬歸洛。（《續燈録》卷四《滁州瑯琊山開化廣照禪師》）

按："傾"有"傾覆""倒塌"義，如例（2）指大地傾覆。

（2）我之薄祐汝父輔相不幸薨殞。大地傾喪人民擾動。我爲之憂其心迷悶。（三國吴·支謙譯《菩薩本緣經》卷上）

用引申義指"死亡"，如例（1）。又引申爲國家滅亡，如：

（3）世子寶言於垂曰："家國傾喪，皇綱廢弛，當隆中興之業，建少康之功。宜恭承皇天之意，因而取之。"（《太平禦覽》卷一百二十五）

【閙浩浩】閙轟轟，喧嘩吵閙、紛繁雜亂的情景。

（1）道體本無修，不修自合道。若起修道心，此人不會道。棄却一真性，却入閙浩浩。忽逢修道人，第一莫向道。（《傳燈録》卷五《司空山本淨禪師》）

按：例（1）在《祖堂集》[①] 中有見，"閙浩浩"指喧嘩

① 見《祖堂集》卷三《司空山本淨和尚》。

吵鬧、紛繁雜亂，如：

（2）古人意雖不在言句上，爭奈答處有深深之旨，惹得雪竇道“蚌含玄兔深深意”，到這裏“曾與禪家作戰爭”。天下禪和子，鬧浩浩地商量，未嘗有一人夢見在。若要與智門雪竇同參，也須是自著眼始得。（《碧岩録》卷九）

【信根】對佛法篤信相契合之心。

（1）蓋汝等信根淳熟，決定不疑，堪任大事。（《會元》卷一《六祖慧能大師》）

按：“信根”一詞暫未見於唐以前的世俗文獻，但在譯經中常見，如後漢安世高譯《佛說大安般守意經》卷下：“數息爲墮信根，用信佛意喜故生信根，亦墮能根。”又後秦佛陀耶舍、竺佛念譯《佛說長阿含經》卷八：“復有五法，謂五根：信根、精進根、念根、定根、慧根。”“信根”一詞在禪宗語録中常用，如《古尊宿語録》卷十二《衢州子湖山第一代利蹤神力禪師語録》：“還信麼？還領受得麼？大凡行腳也須具大信根、作個丈夫始得。”“信”爲梵文意譯，梵文音作“śraddhā”，即“舍羅馱”。《佛光大辭典》釋“信”爲：“即對一物件，能令其心與心之作用產生清淨之精神作用。”[1]“信根”主要強調對佛法不僅僅篤信還要與之相契合，使清淨心時時保任、增長。

【頗稱】

（1）山青水碧，頗稱修真。白雲澹泞，實堪養道。（《續

① 星雲、慈怡：《佛光大辭典》，北京圖書館出版社，2005年版，第137頁。

燈録》卷三《湖州上方齊岳禪師》)

按：“頗稱”在禪録中有以下幾種意思：

其一，非常適合、適宜。

“稱”有“適宜；相當”義。例(1)中的“頗稱”即指適合修行。又如：

(2)阿難所問頗稱佛心，故歎快哉。(《首楞嚴義疏注經》卷第八)

(3)時候季秋霜冷，皎潔銀河耿耿。松窗一炷爐煙，頗稱吾家好景。(《古尊宿語録》卷二十二《黄梅東山演和尚語録》)

其二，若“頗稱”後加形容詞或有表程度義的名詞，則爲“實在是、著實，稱得上”之義，如：

(4)昭肅頗稱明斷，然聽斯蔽矣。(《佛祖歷代通載》卷十六)

(5)今吾南洲，有一夥男子，頗稱猛利，一聆玄誨，即竪起眉毛，徹悟根源，真常獨露。(《錦江禪燈》卷二十《後跋》)

其三，在世俗文獻中，“頗稱”又有“非常稱贊”義，大家都稱贊、贊美。如：

(6)遲重推誠於下，未嘗以私害公，士頗稱焉。(《舊唐書》卷一一五《敬括列傳》)

【薙髮】剃髮。

(1)幼有逸才，自薙髮，趨師席，後徹證於大通。(《普燈録》卷八《湖州道場有規禪師》)

按：《説文·艸部》：“薙，除艸也。”引申爲“剃髮”。

【歷座】按座位順序依次排開，引申爲向外傍家求法。

(1) 無我復無人，作麼有疎親。勸君休歷座，不似直求真。金剛般若性，外絕一點塵。我聞并信受，總是假名陳。(《會要》卷六《襄州龐蘊居士》)

按:《廣韻・錫韻》:“歷，次也。”佛教中有按次序乞食的規矩，以顯平等無分別之心。“歷座”即此按次序乞食的意思，如:

(2) 下食未訖有一乞兒前歷座乞，佛未呪願無敢與者，遍無所得瞋恚而出便生惡念。(後魏・法場譯《辯意長者子經》)

例 (1) 中的“歷座”引申指向外求證悟解脱的辦法。在禪宗燈録中常有“傍家波波地”等説法。

【自惟】暗自思考。

(1) 光自惟曰:“昔人求道，敲骨取髓，布髮掩泥，古尚若此，我何人哉?”(《廣燈録》卷六《第二十八祖菩提達磨者》)

按:《普燈録》卷一《初祖菩提達磨》此處異文爲“光念曰……”,《會元》《傳燈録》《廣燈録》《會要》作“自惟”,“惟”有“思考”義，“自惟”爲偏正結構，即指“自己想，暗自思考”。“自惟”一詞從上古到近代都有應用，如:

(2) 范蠡辭於王，曰:“臣聞主憂臣勞……臣竊自惟乃使於吴王之慚辱。”(《吴越春秋・勾踐伐吴外傳第十》)

(3) 融即複遣鈞上書曰:“臣融竊伏自惟，幸得托先後

末屬，蒙恩爲外戚，累世二千石……"（《後漢書》卷二十三《竇融列傳》）

（4）王深自惟："衆歡亂德，無由獲定，吾將權焉。"托病不食，佯死棄衆。（《六度集經》卷六）

（5）顔子自惟其若是也，於是居陋巷以致其誠，飲一瓢以求其志，不以富貴妨其道……（《韓愈全集·文集》卷二）

以上皆爲"暗自思考"義。《禪宗大詞典》未收。

【罔知攸措】【罔知所措】【罔措】不知所措。

（1）弟子歸依三寶，亦有年矣，而智慧昏蒙，尚迷真理，適聽師言，罔知攸措，願師慈湣，開示宗旨。（《廣燈録》卷六《第二十八祖菩提達磨者》）

按："攸"可以放在動詞之前，構成名詞性詞組，相當於"所"，如《易·坤》："君子有攸往。""罔知攸措"爲"不知所措"義，如隋唐《大慈恩寺志》卷九《玄奘表啓·謝得醫藥及敕使問病表》："無任感戴之極，謹附表謝聞。喜懼參並，罔知攸措。"又有"罔知所措"，如唐白行簡《李娃傳》："生惶惑發狂，罔知所措。"《京本通俗小説·志誠張主管》："張勝看了，嚇得目睜口呆，罔知所措。"又《祖堂集》中有"罔措"，禪籍中也多有應用，如《聯燈會要》卷五《袁州楊歧甄叔禪師》："禪月問：'如何是祖師西來意？'師提起數珠，月罔措。"又如明胡應麟《少室山房筆叢·華陽博議下》："子瞻嘗問一後進'近讀何書'，其人答'讀某書'。子瞻輒問曰：'其中有某好亭子？'其人愕然罔措，不知子瞻所問。"田北湖《論文章源流》："去古既遠，治體不振，生當其時，手足罔措。"

【勤措】指努力愈加勤奮地積極行動。

(1) 亦不睹惡而生嫌，亦不觀善而勤措，亦不捨智而近愚，亦不抛迷而就悟。達大道兮過量，通佛心兮出度，不與凡聖同躔，超然名之曰祖。(《會元》卷一《初祖菩提達磨大師者》)

按：此處《祖堂集》《廣燈録》等異文均與此同，“措”本義指“放置”，在此指行爲、行動。在例句中意指不會因爲看見不好的事物就心生討厭，不會看見美好的事物就勤奮地趨同或索取。

【興謗】誹謗。

(1) 辯和不勝其憤，興謗於邑宰翟仲侃，翟惑其邪說，加祖以非法，祖怡然委順，識真者謂之償債。(《會元》卷一《二祖慧可大師》)

按：“興謗”一詞意爲“誹謗”，見於《三國志》卷五九《吳書》一四：“若無以解異國，則亦無以釋境内。境内守疑，異國興謗，非所以育巍巍，鎮社稷也。願陛下早發優詔，使二宮周旋，禮命如初。則天清地晏，萬國幸甚矣。”《禪宗大詞典》未收。

【輒預】擅自參與、干涉。

(1) 暮夜，風颺刹幡，聞二僧對論，一曰幡動，一曰風動，往復酬答，曾未契理。祖曰：“可容俗流輒預高論否？直以風幡非動，動自心耳。”印宗竊聆此語，竦然異之。(《會元》卷一《六祖慧能大師》)

按：“輒”有專擅、擅自的意思，《玉篇·車部》：“輒，專輒也。”清段玉裁《説文解字注·車部》：“輒，凡專輒用此字者，此引申之義。凡人有所倚恃而妄爲之，如人在輿之倚於輢也。”歷代世俗文獻中有“輒入”“輒代”“輒用”“輒行”“輒悔”“輒肆”等詞語，“輒”表示任意、擅自進行某種行爲。“預”指參預、干預、相干，如唐玄應《一切經音義》卷二十二引《珠叢》：“凡事相及爲預也。”“輒預”見於《舊唐書》卷一三五《列傳》第八五：“太子謂叔文曰：‘向論宮市，君獨無言何也？’叔文曰：‘皇太子之事上也，視膳問安之外，不合輒預外事。陛下在位歲久，如小人離間，謂殿下收取人情，則安能自解？’”此處爲王叔文提醒太子除了“視膳問安”之外，不應該私自論説參與宮市等事情。例文中的“輒預”就是“私自干預”的意思，“可以容得我這個‘俗流’[①]擅自參與到你們高妙的言論之中嗎？”又唐釋道宣《集神州三寶感通録》卷下：“符堅之末降斥道人，唯朗一衆不在毁例，信者由此高之，每有外來輒預爲調。舊谷多虎，自朗居之如家犬焉。”此處是説沙門竺僧朗有神通及道行較深，信徒較多，每有外道來此，信衆便自發地將其外道調服，使之與朗師父一致。另“預”又有“預測”之義，事先預計、預測、預見。唐玄應《一切經音義》卷十七：“預，先辦也，逆爲之具。”《廣韻·御韻》：“預，先也。”又梁沙門釋慧皎《高僧傳》卷九：“勒大將軍郭黑略素奉法，澄即投止略家，略從受五戒崇弟子之禮。略後從勒征伐，輒預克勝負。勒疑而問曰：‘孤不覺卿有出衆智謀，而每知行軍吉

① “俗流”是慧能的自謙之詞，因爲當時其并没有落髮出家。

凶何也。’”此處是指擅自預測的吉凶。由此可知，“輒預”爲偏正式構詞，“輒”爲修飾、限制語素，後一語素表示具體的行爲。

【機情】善於根據衆生的根機及所處的情形采取合適的方式來宣説佛法。

（1）經云：“在在處處則爲有佛，佛是能仁有智慧善機情，能破一切衆生疑網、出離有無等縛。”（《傳燈録》卷二十八《江西道一禪師》）

按：“機情”在佛經中多有應用，如唐釋道宣《廣弘明集》卷十五《維磨詰贊》：“維磨體神性，陵化昭機庭。無可無不可，流浪入形名。民動則我疾，人恬我氣平。恬動豈形影，形影應機情。玄韻乘十哲，頡頏傲四英。忘期遇濡首，亹亹贊死生。”此處是説要依據衆生安樂祥和與煩惱躁動是無時不在的，根據具體的情形去采取相應的開示方式廣度迷情。又唐天台沙門湛然述《法華玄義釋籤》卷十九：“今日以初成爲元始，大通已後本成已來如是中間節節施化，皆以漸頓適物機情，若大若小皆爲取物機而與法差别。若今日中間言取與者，華嚴已後法華之前觀機爲取，逗物爲與。適者得也，謂得時而用。”“物機”是“衆生的機根”①，由此可知，“適物機情”是指適應外物的實際情況。唐湛然《法華文句記》卷五：“故譬中諸子詣父索車，乃與之仍賜於大。故彼譬意兼含二酥，信解譬長方開體命，故譬品文義含三索。當知豈與光宅爲儔，咸以等者。他人意云：‘約機論到

① 丁福保：《佛學大辭典》，中國書店，2011年版，第1495頁。

恥小慕大者，般若方等也。’故今破之，機身俱到般若方等。況復法華三業俱領，且釋請義故云機情，到必三業不可偏也。”此處是指在宣講佛法要義的時候對三業沒有偏見，只是根據不同的根機與現實情況進行宣說而已。在《卍續藏》中只有《傳燈録》中的1例，此蓋世誦讀經典的影響，沿用了唐代經典中的意思，另有“機性”一詞，指“眾生之根機性質，蓋佛陀說法，乃隨眾生根性之不同而爲演說教法”[①]。此詞《大正藏》中多見，《卍續藏》中不見。“機情”一詞與“機性”義近，例句中是說佛有大智慧又善巧方便，能破除眾生的疑惑等束縛。

【萬差】指差別很大。

（1）炫之聞偈，悲喜交並曰：“願師久住世間，化導群有。”祖曰：“吾即逝矣，不可久留。根性萬差，多逢愚難。”炫之曰：“未審何人，弟子爲師除得否？”（《會元》卷一《初祖菩提達磨大師者》）

按：“萬差”指“像數以萬計那般差別很大”，在佛經中經常有用不定數詞表示倍數等關係，來形容差距、程度的大多等。如東晉法顯《大般涅槃經》卷中：“本見我師坐禪之時，五十車過，而不聞知，謂爲奇特。今者如來說此二事，百千萬倍不可爲比，如來禪力不可思議。”“萬差”一詞在東晉時期就已經作爲非譯經詞語自然地應用於禪籍中，如晉慧遠《沙門不敬王者論·體極不兼應四》：“答曰：夫幽守曠邈，神道精微，可以理尋，難以事詰。既涉乎教，則以因時

① 星雲、慈怡：《佛光大辭典》，北京圖書館出版社，2005年版，第6251頁。

爲檢，雖應世之見，優劣萬差。至於曲成在用，感即民心，而通其分，分至則止，其智之所不知，而不關其外者也。”後見於《全晉文》卷一百六十一《體極不兼應四》：“既涉乎教，則以因時爲檢，雖應世之見，優劣萬差。”“千差”“萬别”在此時均未出現。“萬差”一詞的來源與漢譯佛經有直接的關係。

【分明個】也作“分明”，即清楚、清晰，明白貌。

(1) 上堂：“靈光獨耀，迥脱根塵。體露真常，不拘文字。心性無染，本自圓成。但離妄緣，即如如佛。”問：“如何是佛？”師曰：“汝是阿誰？”曰：“某甲。”師曰：“汝識某甲否？”曰：“分明個。”師乃舉起拂子曰：“汝還見麼？”曰：“見。”師乃不語。(《會元》卷三《洪州百丈山懷海禪師者》)

按：“分明個”同“分明”，“個”爲詞綴，無實義。[①]“分明個”暫始見於《祖堂集》，如《祖堂集》卷十三《福先招慶和尚》：“師有時頌曰：‘吳阪當年塔未開，宋雲葱嶺見師回。手攜只履分明个[②]，後代如何密薦來？’”“分明”即“清楚、明白”貌，如《廣燈録》卷九《洪州大雄山百丈懷海禪師》：“無有密語，如來無有秘密藏，秖如今鑒覺，語言分明，覓形相了不可得，是密語。”

【執侍】從事侍從的工作。

(1) 其年三月十八日，於光福寺受具，自茲疾漸愈，執

① 袁賓、康健：《禪宗大詞典》，崇文書局，2010年版，第146頁。

② 此依張美蘭：《祖堂集校注》，商務印書館，2009年版，第354頁。

侍經二載，祖乃告曰：“菩提達磨遠自竺干，以正法眼藏並信衣密付於吾，吾今授汝，汝當守護，無令斷絕。”（《會元》卷一《二祖慧可大師》）

按：“執侍”一詞少見於唐以前的世俗文獻，但在漢譯佛經中有見，如後汉曇果、康孟詳譯《中本起經》卷上：“父王昔遣五人，一名拘憐、二名頞陛、三名拔提、四名十力迦葉、五名磨南拘利，供給麻米，執侍勞苦，功報應敘。”又同篇：“是時世尊，爲其五人，現道神足，五人身踴，不覺作禮，執侍如前。”“執侍”一詞也見於後世文獻，如唐张读《宣室志·章全素》：“其後寓游荊門，見有行乞於市者，膚甚顇，裸然而病，且寒噤不能語。生憐其窮困，解裘衣之，因命執侍左右。”此“執侍”爲“侍奉”義。

【直以】就是，正是，偏偏，僅僅，只不過。

（1）暮夜，風颺刹幡，聞二僧對論，一曰幡動，一曰風動，往復酬答，曾未契理。祖曰：“可容俗流輒預高論否？直以風幡非動，動自心耳。”印宗竊聆此語，竦然異之。（《會元》卷一《六祖慧能大師》）

按：“直”有“僅僅、只是、不過”的意思。楊樹達《詞詮》卷五：“直，表態副詞，爲‘但’‘僅’之義，與今語‘不過’同。”《孟子·梁惠王上》：“直不百步耳，是亦走也。”楊伯峻注：“直，只是，不過。”“直以”在佛經中常用，如《佛說菩薩本行經》卷上：“佛告王曰：‘爾時迦那迦跋彌者我身是也，而我爾時直以一食施辟支佛，現世獲福功德如是，因此功德自致成佛。’”此處是說佛在當時僅僅是施予辟支佛一頓飯，在此世就成佛了。又隋闍那崛多譯《大方等大集經賢護分》卷一：“如此磨伽陀國有三丈夫：其第一者，聞毗耶離城有一淫女名須磨那；彼第二人聞有淫女名庵羅波離；彼第三人聞有淫女名蓮華色；彼既聞已各設方便，系意勤求無時暫廢，然彼三人實未曾睹如是諸女，直以遙聞即興欲心專念不息。”此處是說三男子僅僅是遠遠地聽說有三個女人就開始百般思維了。又宋慧嚴等依《泥洹經》加《大般涅盤經》卷十六：“諸婆羅門雖作是說我有齋戒而諸外道真實無也；諸外道等雖複說言有我樂淨，而實不解我樂淨義。直以佛法一字二字一句二句，說言我典有如是義。”此處是說僅僅使用佛法中少量的義理來套說釋典中有這樣（關於佛法宗旨）的意思。又同書卷二十一：“如來之身實非微塵，以自在故現微塵身，如是自在則爲大我，二者示一塵身滿於三千大千世界。如來之身實不滿於三千大千世界。何以故？以無礙故，直以自在故滿三千大千世界，如是自在名爲大我。”此處是說單憑如來的身相是不能充滿三千大千世界的，但是因爲其“心無掛礙”，僅僅是因其具足大自在的心性，便能充滿三千大千世界。“直以”在燈録中亦有應用，如《續指月録》卷十八《鄴下古風通玄禪師》：“本郡王氏子，齠年禮大妙師祝發，甫壯南詢，與伾山進往謁小山書禪師，一見直以龍象期許。久之，乃付衣法。”此處“直以”是“就、便”之義。又《佛祖綱目》卷三十九：“修撰劉克莊，字潛夫，號後村，有十釋詠。其達磨詠曰：‘直以心爲佛，西來說最高；始知周孔外，別自有英豪。’”此處“直以”是僅僅的意思。由此可知例文的“直以”也是“僅僅、只不過，就是”之義，“就（僅、正）是風幡沒有動，（你們的）如如不動的心念動了啊”。

【二輪文】日、月形狀的紋路。

(1) 江西道一禪師，漢州什邡縣人也。姓馬氏，本邑羅漢寺出家，容貌奇異，牛行虎視，引舌過鼻，足下有二輪文。(《會元》卷三《江西道一禪師》)

按："二輪"在唐代世俗文獻中有所應用，指日月，如唐劉駕《勵志》詩："白髮豈有情，貴賤同日生。二輪不暫駐，似趁長安程。""二輪文"即日月形狀的紋路。

【恩讓】慈悲感恩德行謙讓。

(1) 家有三子，唯師最小，炳然殊異，性唯恩讓，父乃安名懷讓，年十歲時，唯樂佛書。(《會元》卷三《南嶽懷讓禪師》)

按：此段內容在《祖堂集》卷三《懷讓和尚》異文中記爲："是時杜氏名曰光奇，家內有三子。於三子中其應瑞生者，年近五歲，炳然殊異，心懷恩讓，不與競。父母號之名爲讓。子至於十載，唯愛佛經。"由此可知"恩讓"的行爲特徵爲"不與競"，即有感恩慈悲之心，虛心謙讓不與人有爭。

【紡里】古代的紡織廠。

(1) 女周氏季子也，歸輒孕，父母大惡，逐之。女無所歸，日傭紡里中，夕止於眾館之下。已而生一子，以爲不祥，因拋濁港中。(《會元》卷一《五祖弘忍大師者》)

按："紡里"一詞在世俗文獻及釋典中少見，應指古時紡織類工廠或大型繡房類。

【喪我兒孫】指因爲某種原因影響弟子們學法修行，進而影響傳法的繼承性。

(1) 百丈乃舉：“我再参馬大師，侍立次，大師顧繩床角拂子，我問：‘即此用？離此用？’大師云：‘汝他後，開兩片皮，將何爲人？’我取拂子，豎起。大師云：‘即此用？離此用？’我掛拂子舊處。被大師，震威一喝，我直得三日耳聾。”師聞是語，不覺吐舌。丈云：“子已後莫承嗣馬大師去否？”師云：“不然，今日因師舉，得見馬祖大機之用，且不識馬祖。若嗣馬祖，已後喪我兒孫。”丈云：“見與師齊減師半德，子甚有超師之作。“(《會要》卷七《筠州黄檗希運禪師》)

按：“喪我兒孫”指因爲某種原因影響弟子們學法修行，進而影響傳法的繼承性。在釋典中多有應用，如宋紹隆等編《圓悟佛果禪師語録》卷二十《德珂禪人請贊》：“個中領略要渠儂，鐵作脊樑金作齒。恁麼便行喪兒孫，不恁麼行校些子。”此處是指如果依照某種固定的方法去行，就使弟子在佛法的領悟上受到了約束。又《碧岩録》卷三：“古人道，欲得親切，莫將問來問；若是知音底，舉著便知落處。爾若向雲門語脈裏討，便錯了也。只是雲門句中，多愛惹人情解，若作情解會，未免喪我兒孫。雲門愛恁麼騎賊馬趁賊。”又日本兩足院東晙輯《黄龍慧南禪師語録續補》：“起云：‘僧家畢竟居山，眼不觀玄黄之色，耳不聽絲竹之聲。’覺云：‘孤負先聖，喪我兒孫。’師云：‘且作麼生？道得一句，不孤負先聖不喪兒孫？若人道得，到處青山，無非道場；若道不得，有寒暑兮促君壽，有鬼神兮妒君福。’以拂子擊禪床下座。"此兩處皆是因爲對禪語或禪意的理解不當而對本門宗派思想宗旨構成了損害，影響了弟子們的修行。所舉《會要》例句中，百丈懷海敘述了馬祖道一對"借語傳法，悟後置語"（開兩片皮—豎拂子—掛拂子）這一行爲的否定，道一大師以"大喝一聲"來表明明心見性的重要性，正如其在開示的時候所說的："道不用修但莫污染，何爲污染，但有生死心造作趣向皆是污染，若欲直會其道，平常心是道，謂平常心無造作、無是非、無取捨、無斷常、無凡無聖。"此處以直接敘述的形式說明道一大師的家風：佛道本是不用修的，但是不能把它污染了。凡是執著於生和死的心和有目的去做什麽事情，起爭執、好鬥、有嗔念、有分别心，這些都算是污染。平常心就是禪宗的宗旨。這個平常心中沒有貪嗔癡謾疑，沒有正確的和錯誤的、正面的和反面的，沒有要什麽不要什麽，沒有輪回和極樂的邪見，沒有凡人和聖人的分别概念。但是這種"道不用修"的觀點，在黄檗希運看來是有待商榷的，黄檗希運尚有傳法之志，如《會元》卷四《黄檗希運禪師》："問曰：'從上宗乘如何指示？'丈良久。師曰：'不可教後人斷絶去也。'丈曰：'將謂汝是個人。'乃起，入方丈。師隨後入，曰：'某甲特來。'丈曰：'若爾，則他後不得孤負吾。'"① 雪峰文悦禪師對此的評價爲："百丈老人，憐兒不覺丑。"② "不可教後人斷絶去也"及"某甲特來"說明了黄檗希運對語言文字"用"的目的和傳法的決心，"將謂汝是個人""他後不得孤負吾"及"憐兒不覺丑"

① 蘇本《會元》，第188頁。
② 《會要》，卷七第547頁。

反映了百丈懷海禪師對黄檗希運悟道與傳法觀的肯定。

此條《禪宗大詞典》未收。

【莫言不道】别説沒有説過。表示提醒。

(1) 學云："和尚，莫盲枷瞎棒，却奪棒打著和尚，莫言不道。"師云："今日被者黄面浙子鈍致寶應老一場。"(《廣燈録》卷十四《汝州寶應禪院顒禪師》)

按："莫言不道"在禪宗燈録中常見，對可能發生的事情進行提醒强調，意爲"别説沒説"。此意思在敦煌變文中有見，正如黄建寧解釋爲"不要説沒有説"[1]。此詞《禪宗大詞典》未收。

【鰕跳不出斗】引申爲心有執著、有所攀援則不能達到自見本性的境界，即"心動神疲"的狀態。

(1) 上堂："恁麼恁麼，鰕跳不出斗。不恁麼不恁麼，弄巧成拙。輭似鐵，硬如泥。金剛眼睛十二兩，衲僧手裏秤頭低。有價數，沒商量。無鼻孔底將甚麼聞香。"(《會元》卷十九《蘄州五祖法演禪師》)

按："鰕跳不出斗"生動地描述了鰕在容器中拼命不停地往上跳的狀態，在禪宗語境中以其"想跳出"的目的，引申爲有所攀援，有執著，本來圓澄的心境起念，心有所動。心隨攀援的妄念波動變化，導致行爲一直忙亂，身心俱疲。例(1)中的"恁麼恁麼"指采取各種方便法門，但這並不

---

① 黄建寧：《〈廬山遠公話〉中的"莫言不道"》，載於《敦煌研究》，2004年第1期，第72頁。

一定能達到開悟的境界。此義在禪宗燈録中常見，如：

(2) 上堂，卓拄杖云："師子窟，師子吼。師子兒，無前後。驀然直下翻身，便解人前開口。即今莫有翻身底麼?"擲拄杖云："鰕跳不出斗。"(《高峰原妙禪師語録》卷一)

例 (2) 中執著"翻身"，即不能領會本自圓明的宗旨。

【憐兒不覺醜】因主觀上愛護有發心學法或傳法的人(多指徒弟)，就忽略了其所隱藏的各種缺點了。

(1) 師問百丈："從上宗乘，如何指示於人?"丈據坐。師云："後代兒孫，將何傳授?"丈云："我將謂汝是個人。"便起去。雲[①]峰悦云："百丈老人，憐兒不覺醜。雖然如是，盡法無民。"(《會要》卷七《筠州黄檗希運禪師》)

按：此段内容《會元》卷四《黄檗希運禪師》異文爲："(黄檗)問曰：'從上宗乘如何指示?'丈良久。師曰：'不可教後人斷絕去也。'丈曰：'將謂汝是個人。'乃起，入方丈。師隨後入，曰：'某甲特來。'丈曰：'若爾，則他後不得孤負吾。'"由此可以看出，百丈懷海是肯定并支持黄檗希運傳法之行爲的，但是雪峰悦禪師認爲"即便是再加強傳法的力度，然於無一法可説處，依然是無所説無所得的"，因此批評師父百丈懷海縱容了徒弟黄檗希運的法執，老婆心。這種用法在佛教經録中多有應用，如《續燈録》卷二十五《杭州徑山承天禪院常悟禪師》："靈山會上，世尊拈花，迦葉微笑，'吾有正法眼藏，涅槃妙心，分付於汝。'大衆！還知釋迦老漢憐兒不覺醜麼？山僧當時若見，三十棒一棒也較

① "雲"應作"雪",《會要》形誤。

不得。爲什麼如此？祖禰不了，殃及子孫。”此處是說“微笑”亦是著相，只是釋迦牟尼没有進行追究。又《五燈全書》卷六十一《嵩山少室凝然了改禪師》：“昔日祖師初來，販取久遠滯貨，無人承當，只得九年面壁。後來二祖，卻似癡猿捉月，來問安心。這老漢，也是憐兒不覺醜，向他道：‘將心來與汝安。’二祖便承虛接響，喚作得髓。看來也好與三十棒！何故？才涉唇吻，便隔千山。諸人還會麼？山僧今日與麼道，也好與三十棒！”此處是說慧可落入了“來去”的時空觀的言詮中，念頭在瞬間千變萬化，若心即是菩提，哪得用安呢？只是達磨愛惜求法人，没有直接指出他的問題，而是開了方便法門而已。此條《禪宗大詞典》未收。

【養子方知父慈】本指自己做了父親，便理解了父親的心理，在禪宗燈録中重點強調學人體會師父的良苦用心。

（1）黄檗因入廚下，問飯頭：“作甚麼？”頭曰：“揀眾僧飯米。”檗曰：“一頓吃多少？”頭曰：“三石五。”檗曰：“莫大多麼？”頭曰：“猶恐少在。”檗便打。頭舉似師。師曰：“我與汝勘這老漢。”才到侍立，檗舉前話。師曰：“飯頭不會，請和尚代一轉語。”檗曰：“汝但舉。”師曰：“莫太多麼？”檗曰：“來日更吃一頓。”師曰：“說甚麼來日，即今便吃。”隨後打一掌。檗曰：“這風顛漢又來這裏捋虎鬚！”師喝一喝，便出去。（溈山舉問仰山：“此二尊宿意作麼生？”仰山云：“和尚作麼生？”溈山云：“養子方知父慈。”仰山云：“不然。”溈山云：“子又作麼生？”仰山云：“大似勾賊破家。”）（《會元》卷十一《鎮州臨濟義玄禪師》）

按：從例中可以看出此背景爲臨濟堂下的飯頭（後勤官

職名）在對機中因落入“多與少”的對立中被黄檗打了，臨濟去找黄檗轉語。溈山認爲這是臨濟與黄檗親身示範，借以打破多少、時間上的對立觀念。溈山是從開示學人的角度來說的，意爲爲師者用心良苦。

（2）師臨遷化時，洞山問：“和尚百年後，有人問還邈得師真也無，向他作麼生道？”師云：“但向他道，只這個漢是。”……又問洞山：“雲岩道‘只這個漢是’，還知有事也無？”洞山云：“先師若不知有，又爭解與麼道？”良久又曰：“若知有事，爭肯與麼道？”保福拈問長慶：“既知有事，爲什麼不肯與麼道？”慶曰：“此問甚當。”保福曰：“昔日雲岩又奚爲？”慶云：“養子方知父慈。”（《祖堂集》卷五《雲岩和尚》）

此處可以看出雲岩和尚留一句“只這個漢是”來教化學人的用心。

（3）上堂。問：“德山爲甚入門便棒？”師曰：“養子方知父慈。”曰：“臨濟爲甚入門便喝？”師曰：“賊無種相鼓弄。”（《五燈全書》卷七十八《江南寧國寧元漢目杲禪師》）

此處是說通過棒喝來教化學人的用心。

（4）上堂曰：“長江聖壽，見召住持，進退不遑，且隨緣分。此皆堂頭和尚提耳訓育，終始奬諭。若據今日正令當行，便好一棒打殺，那堪更容立在座前。雖然如是，養子方知父慈。”（《禪宗正脈》卷八《報本存禪師》）

此處强調堂頭和尚的教導雖然不合眼下的“正令”，但畢竟還是出於師父的良苦用心。

【龍生龍】【龍生龍子】【龍生龍、鳳生鳳】

其一，用於問宗門法嗣的語境中，表示傳承關係，如：

(1) 問：“師唱誰家曲？宗風嗣阿誰？”曰：“龍生龍子，鳳生鳳兒。”(《五家正宗贊》卷三《梁山觀禪師》)

(2) 黄龍恭首座，出世住禪林，訪法昌遇和尚。遇問曰：“見説你要爲黄龍燒香，是否？”曰：“不敢。”遇曰：“龍生龍子，須是解興雲吐霧始得。”恭曰：“隨家豐儉。”遇曰：“你未拈香，早鈍置黄龍了也。”恭曰：“且莫多口。”(《雪堂行和尚拾遺録》)

其二，用於參禪語境中，反對在思維上進行思考追尋禪法的究竟，如：

(3) 問：“垂絲千尺，意在深潭。離鉤三寸，請師速道。”師云：“我道不得。”僧曰：“爲甚麼道不得？”師云：“謝子證明。”僧曰：“早知今日事，悔不慎當初。”師云：“龍生龍子。”(《續燈録》卷七《明州香山藴良禪師》)

此指與事圓融的佛理本來就是那個樣子的，何必苦苦思索追尋呢？

(4) 上堂曰：“龍生龍鳳生鳳，老鼠養兒沿屋棟。達磨大師不會禪，曆魏游梁乾打閧。”(《會元》卷十六《温州光孝已菴深禪師》)

此處明確地抛卻了法相，實無一法可得。“達磨大師不會禪”一句，已經將禪法無可尋究之理明確表達了。

其三，指模擬或因循舊路對固有的規律進行套用，在語境中常隱含對此的批評態度，如：

(5) 丹霞訪師，值師睡次。霞問侍者耽源云：“國師在否？”源云：“在，只是不見客。”霞云：“太深遠生。”源云：

“莫道上座，佛眼也覷不見。”霞云：“龍生龍子，鳳生鳳兒。”師睡起，源舉前話。師打二十棒，趁出。霞聞乃云：“不謬爲南陽國師也。”（《會要》卷三《廣州志通禪師》）

從“師打二十棒，趁出”及“霞聞乃云：‘不謬爲南陽國師也。’”可知“龍生龍子，鳳生鳳兒”一句是對耽源和尚“莫道上座，佛眼也覷不見”的批評，可“不見客”，上座可“覷不見”，然則何爲“佛眼”？《金剛經》有云：“須菩提，於意云何？如來有佛眼不？如是，世尊，如來有佛眼。”又云：“須菩提，若有人言‘如來若來若去、若坐若臥’，是人不解我所說義。何以故？如來者，無所從來，亦無所去，故名‘如來’。”如來無所從來，亦無所去，何來“覷不見”之說？由此可知，以“不見客”因循到“佛眼覷不見”，大誤。

（6）七百甲子老禪和，安貼家邦苦是他。人問西來指庭柏，卻令天下動干戈。千聖靈機不易親，龍生龍子莫因循。趙州奪得連城壁，秦王相如總喪身。（《明覺禪師祖英集》卷五《庭前柏樹子（二首）》）

此處明確指出“龍生龍子”是對前代機鋒語的因循模仿。

【龍生鳳子】【龍生金鳳子】指在明心見性及參證禪法要旨的過程中打破常規的思維習慣、分別意識等。

（1）上堂，見大衆集定，以拄杖卓一下，良久，云：“一陽生也。所以道，古佛路外，千聖不游，今祖流芳，傳衣表信。自曹溪之後，列派分枝承師，各就於一宗轉换，共揚於斯事。此日一陽居候，萬物含靈。嚴風吹綻於雞岩，玉兔挨開於碧落。龍生鳳子，虎抱麒麟。靈苗帶雪生暉，瑞草和雲遍地。然雖如是，且道妙在體前一句作麼生道？”良久云：“一氣才生天地後，萬靈何處謝無私。”（《續燈録》卷二十六《舒州投子山義青禪師》）

此處“龍生鳳子”“虎抱麒麟”即打破分別、常規的模式。

（2）信曰：“不是心不是佛不是物，是什麼？”師曰：“劍去久矣。”信曰：“趙州無誷！”師曰：“龍生金鳳子，衝破碧琉璃。”信曰：“古人與麼道過的，你別道看。”師喝一喝。信曰：“錯。”師又喝。信曰：“錯錯。”師遂禮拜。信曰：“放汝三十棒。”乃囑曰：“善自護持。”師於是潛眾十五年。（《五燈全書》卷五十六《建甯府天寶鐵關法樞禪師》）

此處“龍生金鳳子，衝破碧琉璃”是對“不是心不是佛不是物”的闡釋，意在打破套路、分別，打破對法相等的執著，見到本來面目。只因是套用古人的話語，自己沒有新意，因此挨打，但“龍生金鳳子”一句的回答還是符合語義的。

（3）開堂日，僧問：“遠離烏石嶺，來赴石溪山。開示人天路，如何透祖關？”師曰：“龍生金鳳子，衝破碧琉璃。”曰：“與麼則覿面不相識，千里可同風。”師曰：“重疊關山路。”（《五燈全書》卷五十七《衢州烏石傑峰世愚禪師》）

此句中可明顯看出“龍生金鳳子”一句是“開示人天路、透祖風”的方法論。問“如何見性”，答“打破對常規的因循、分別思維，打破對相的執著”。

（4）僧問：“打地和尚，被人撤去拐子時，如何只用口咬天？”師曰：“今日又咬者個頑皮漢。”又問：“彼門人，因人問，便抛柴在鍋中時如何？”師曰：“龍生金鳳子，衝破碧

琉璃。”(《五燈全書》卷六十一《曜州顯禪師》)

“打地和尚”是則公案，“和尚”常用拄杖打地以回答學人的請益。“如今又咬者個頑皮漢”已經點明了問話僧於回答問話的方式上落入了執著分別，“打地”和“口咬天”在明心見性上不過是一種方便施設而已，又有什麼本質的差別呢?“抛柴在鍋中”就表現了打破常規的意思，“龍生金鳳子”是對打破常規的又一種注解，“衝破碧琉璃”是説不要執著於法相。

(5) 再参金粟容，問：“遠趨函丈，乞師指示。”容以手指曰：“我指示你。”師當下豁然曰：“如此則恩大難酬。”容劈頭棒曰：“‘龍生金鳳子，翀破碧琉璃’又如何?”師作舞而出，容領之。(《五燈全書》卷七十一《漢陽棲賢獨冠敬禪師》)

此處明確説明打破一切分别執著“當下豁然”之後，應是何種狀態，“師作舞而出”，自性圓滿，活潑自在。

(6) 曰：“如何是一喝如踞地獅子?”師曰：“妖狐絕影。”曰：“忽遇龍生金鳳子，衝破碧琉璃時如何?”師曰：“闍黎不妨漏網。”曰：“如何是一喝如探竿影草?”師曰：“江西子福建子，都來好與三十棒。”(《五燈全書》卷七十四《甯州龍安兜率本圜禪師》)

“漏網”指“放過”。此處指明了對打破執著分别的了悟狀態不要在意、糾纏。如上文例句中所舉“師曰：‘直透萬重關，不住青霄內。’平曰：‘子這一問太高生!’師曰：‘龍生金鳳子，衝破碧琉璃。’平曰：‘且坐喫茶。’”即指“心量的作用遍及十方世界，不受空間的局限……心性的了悟不能因循世俗常規的經驗，要打破分别，捨弃對相的執著，達到無所掛礙的境界”。

（7）孤蟾獨耀江山静，長嘯一聲天地秋。隨緣瀟灑底，幾時得脚跟點地。果是龍生金鳳子，何難衝破碧琉璃。（《宗統編年》卷之三十一《祥符儲和尚》）

此處説明若是有所了悟之人，想要打破相的執著並不難。

【針錐】直指人心、徹見本來面目的教導方式。

（1）示衆：“我有時先照後用，有時先用後照，有時照用同時，有時照用不同時。先照後用有人在，先用後照有法在，照用同時，驅耕夫之牛，奪饑人之食，敲骨取髓，痛下針錐。”（《會元》卷十一《鎮州臨濟義玄禪師》）

按：“針錐”一詞在禪宗語録中有多種意思。

其一，指通過思維去尋求、探尋。在禪宗語録中多持反對態度，常和否定詞連用，如：

（2）俱胝和尚，凡有請問只竪一指。天龍一指悟俱胝，當下無私物匪齊，萬互千差寧别説，直教今古勿針錐。（《汾陽無德禪師頌古代别》卷中）

此處説明不要以思維心去追求“一指禪”的意義。

（3）雲門舉起竹篦，開口知君話墮。上方香積不餐，甘伏食人涕唾。雲門舉起竹篦，禪和切忌針錐。鸞鳳不棲荊棘，鷓鷓偏守空池。（《大慧普覺禪師語録》卷十）

“開口”“話墮”“涕唾”“不接荊棘”等皆指修禪的人不要在語言思維上下功夫去馳求。

（4）政和末太師張司成盧百丈，堅命開堂，舉僧問大隋劫火洞然時這個壞也不壞話，遂曰：“六合傾翻劈面來，暫披麻縷混塵埃。因風吹火渾閒事，引得遊人不肯回。壞不壞隨不隨徒將聞見強針錐，太湖三萬六千傾，月在波心説向誰。”（《大明高僧傳》卷七《潭州法輪寺沙門釋應端傳》）

此處明確反對順著見聞知解去追尋（“強針錐”）佛法。

(5) 問：“如何是道?”師曰：“針錐不容。”曰：“如何是禪?”師曰：“車馬有路。”（《五燈全書》卷六十一《鄧州香嚴淳拙文材禪師》）

此處是说不能從語言上去知解禪道。

(6) 上堂：“言發非聲是個甚麼?色前不物莫亂針錐，透過禹門風波更險，咄!”（《續傳燈録》卷三十三《饒州薦福退庵休禪師》）

此處說色相上的外物是不究竟的，不要胡亂追尋。

(7) 不起一念，海裏須彌，把來便用，休别針錐。（《古尊宿語録》卷四十五《雲門臘月二十五》）

此處指不動妄念，當下即空，不用思維糾纏。

其二，指言說評論，下定論，如：

(8) 問：“師唱誰家曲。宗風嗣阿誰?”師云：“藏頭白海頭黑。”僧云：“汾陽的子臨濟兒孫去也。”師云：“莫亂針錐。”（《古尊宿語録》卷二十六《舒州法華山全舉和尚語要》）

此處指不要隨便以言語評說。

(9) 僧云：“只如天童朝說暮說，爲復明體明用。”師云：“舌頭不出口，爾莫亂針錐。”（《宏智禪師廣録》卷五《明州天童山覺和尚小参》）

此處指不要亂說是體上還是用上的分别。

(10) 賛曰：“師相兮世所稀，師眉兮陣雲垂，師眼兮電光輝，師鼻兮聳須彌，師口門無齒兮過在誰，擬涉流沙兮何不自知非，彼此丈夫兮傳法與阿誰，更住少林兮忪愣卻西歸，遇衲僧兮好與一頓椎，雖然如是兮不會莫針錐。”（《續傳燈録》卷二《瑞州洞山寶禪師》）

此處指如果不能理解達磨大師的傳心法要，不要妄加思維評說。

(11) 妙喜曰：“昔白雲端師公謝事圓通約保甯勇禪師夏居白蓮峰，作頌古一百一十篇，有提盡古人未到處，從頭一一加針錐之語。吾二人同夏於此，雖效顰無愧也，遂取古人公案一百一十則，各爲之頌，發明蘊奥。”（《僧寶正續傳》卷六《鼓山圭禪師》）

此處指評論之語。

其三，指采取一定的方便法門進行精進參修、體悟、接引，爭取證得佛法大意，如：

(12) 一句單提越祖佛，痛劄針錐窮徹骨。出門便作師子兒，敵勝驚群資返擲。平江古來豪俠窟，去去先通個消息。此行不作等閒來，八面清風起衣裓。（《圓悟佛果禪師語録》卷二十《送慧恭先馳之平江》）

(13) 送法衣上堂，舉起衣曰：“只此衣，護法未舉意已前，混然一體。既發心已後，撞著作家敏手，直得七花八裂，向針劄不入處，痛下針錐。風縫不通處，絲來綫去，仍復打成一片。正當恁麼時，且看，徹上座如何施設。”遂披衣曰：“將來搭向肩頭上，直踏毗盧頂上行。”（《五燈全書》卷七十九《天臺萬年無礙徹禪師》）

“向針劄不入處，痛下針錐”一句指在禪法玄妙無處下嘴之處開一綫道，通過某種方便法門（針錐）達到了悟的境界。

(14) 師云："池州魯祖山寶雲禪師，凡見僧來，便面壁。自達磨九年之後，無人再行此令。且教諸方問佛、問祖向上向下底，大家識些痛癢。南泉是他同参，見人針錐不動，便與打傍通注破：'我尋常向他道："空劫以前承當，佛未出世時會取。"'不得一個半個，意似放開一綫，其實替他侍者傳法旨了也。"(《萬松老人評唱天童覺和尚頌古》第二十三則《魯祖面壁》)

此處"針錐不動"指沒有什麽好的辦法使寶雲禪師開一綫道。例句中的"痛下針錐"即是采取一定的方便法門精進參修、接引，證得直指人心自性圓明禪法大意之事。

禪宗燈録中的"詞語群"現象已被專家學者廣泛關注，袁賓、詹緒左、雷漢卿等先生的著作中均有涉及。雷漢卿認爲："這些詞語群形成各自的語義場，以隱喻的方式表達禪宗一種特定的觀念或理念。這些詞語群雖説都是平常語，但其内涵卻充滿隱微奥妙。"① 本節選取"屍體""賊"類詞語群，試作討論。

1. 屍體類

【死屍】本指死亡的屍體，後指外相等。

(1) 問："如何是道？"云："目前者是。"學云："目前何者是？"師云："行者是。"問："盡大地是一個死屍，向什麽處理。"師云："眼耳鼻舌身。"問："三身共一體，那個爲正？"師云："報化路前横身道，石人眼裏不栽華。"(《廣燈録》卷二十四《襄州石門山慧徹禪師》)

---

① 雷漢卿：《禪籍方俗詞研究》，巴蜀書社，2010年版，第568頁。

按：“死屍”在上古漢語中已見，指死亡的屍體，如：

(2) 人之力，有可以奪天地造化者，如冬起雷，夏造碟。死屍能行，枯木能華，豆中攝鬼，杯中鈞魚，畫門可開，土鬼可語……（《關尹子·七釜》）

在漢譯佛經中仍指死亡的屍體，如：

(3) 梵志，時善宿聞此語已，即往塚間，欲至未至，時彼死屍並動膝腳，忽爾而蹲。時彼善宿故前到死屍所，語言：“究羅帝，汝命終耶？”死屍答言：“我已命終。”（後秦·佛陀耶舍、竺佛念譯《佛説長阿含經》卷十一）

但在漢譯中展現了這樣的信息：在佛教中，有觀死屍以斷妄念，了悟佛法大意的方式。如：

(4) 復次，比丘修習念身：比丘者，觀彼死屍，或一、二日，至六、七日，烏鴟所啄、豺狗所食、火燒埋地、悉腐爛壞，見已自比——今我此身亦復如是。俱有此法，終不得離。如是比丘隨其身行，便知上如真。彼若如是在遠離獨住，心無放逸，修行精勤，斷心諸患而得定心，得定心已，則知上如真，是謂比丘修習念身。（東晉·瞿曇僧伽提婆譯《中阿含經》卷二十）

由此可知，“觀死屍”是佛教的一種修習的法門，如明一如等撰《三藏法數》釋“死屍臭爛不淨觀”：“謂修行之人，於閒靜處，運心觀想死屍臭爛不淨之相，心生猒惡。我身不淨，亦復如是，云何著是色欲，貪求無猒。況命如電逝，須臾難保，一息不來，與彼何異。由觀臭爛不淨，而貪著之心自息；是爲死屍臭爛不淨觀。”

在此借“觀死屍”來斷除對身相等外境貪戀執著的妄念。“死屍”不具有能動性，與活潑自性無關。以此凸顯出來的特徵代指"外相"。這種引申義在禪宗燈録中表現尤爲明顯，根據不同的語境，產生了一系列的新義及行業語。

其一，指外相求法的行徑。

【乘死屍過岸】

(5) 大用者，大身隱於無形，大音匿於希聲。如木中之火，如鐘鼓之聲，因緣未具時，不可言其有無。傍報生天、棄之如涕唾。菩薩六度萬行，如乘死屍過岸，如在牢獄。廁孔得出，佛披三十二相，喚作垢膩之衣。(《廣燈録》卷九《洪州大雄山百丈懷海禪師》)

此指執著於一切修行的法門，就是卡在枯萎虛妄的死相上來追求到達彼岸的涅槃境界。

【拖死屍句】

(6) 桑落李氏子，生而良知，不樂舉子業。謁東林剃發，因閱高峰録，疑拖死屍句，遍參諸方。(《五燈全書》卷八十一《江州廬山東林山鐸在禪師》)

按：此"疑拖死屍句"指從言語、知見、思辨上入手用思維而非體悟去研究佛法大意的句子。

其二，指人身皮囊，雖爲人身，具有能動性，但與如來清淨自性無關，如：

【負死屍】

(7) 諸子莫道："德山老漢不曾入叢林商量。"高聲罵取，無人情、不怕業。只爲諸子不守分，馳騁四方、傍他門户，恰似女姑鬼，傳言送語、依事作解。心跡不忘，自猶不

立，常負死屍，擔枷帶鎖，五百一千里，来到德山面前，八字立地，如欠伊禪道相似。（《指月録》卷之十五《鼎州德山宣鑒禪師》）

此句中已將“負死尸”的特徵交代得一目了然，即不安守自身的清淨自性，四處奔波行脚，與言語知見上作解，執著於心念，自己不能做自性的主人，就如同背負一個沒有靈魂的屍體，帶著各種外相找大德參禪。

【負死屍行】

（8）學人信不及，便向名句上生解，年登半百，秖管傍家負死屍行，擔卻擔子天下走，索草鞋錢有日在。（《廣燈録》卷十一《鎮州臨濟院義玄慧照禪師》）

袁賓釋“負死屍行”爲“背著屍體行走，系對不明自心是佛，終日向外馳求者的斥責語”[①]。

【馱個死屍路上行】

（9）元告之曰：“你但將諸方參得底、悟得底、圓悟妙喜爲你說得底，都不要理會。途中可替底事，我盡替你。只有五件事替你不得，你須自家支當。”師曰：“五件者何事？願聞其要。”元曰：“著衣吃飯，屙屎放尿，馱個死屍路上行。”師於言下領旨，不覺手舞足蹈。（《會元》卷二十《建寧府開善道謙禪師》）

此處“馱個死屍路上行”指借著不應執著的身相過與境圓融的生活。此處說“死屍”是爲了打破在生活中對“我

---

① 袁賓、康健：《禪宗大詞典》，崇文書局，2010年版，第141頁。

相、人相、壽者相”等的執著，“死屍”意即“我相、人相、壽者相”等外相是無關自性的。

其三，外相，指執著我相、人相、眾生相、壽者相、法相、名相等一切外相。

（10）荊棘林裏野狐狸，走出荒郊又被縛。淨地上死屍橫路著，邪魔外道頭卓朔。莫莫莫！（《續燈録》卷二十九《饒州薦福承古禪師》）

按：此“死屍”指在清淨自性上横著并不永恆的外相，采取任何方式向外馳求都是邪魔外道。

（11）上堂：“欲知此事如一口劍。”僧問：“學人是死屍，如何是劍？”師曰：“拽出這死屍著。”（《會元》卷七《福州鼓山神晏興聖國師》）

按：此一句“學人是死屍”既落了名相，又落入了分别對立的觀念中，這都是“死屍”所喻指的特徵，因此禪師說“拽出這死屍著”。

【守死屍鬼】

（12）若有所住著，即身爲死屍，亦云守死屍鬼。（《廣燈録》卷八《筠州黄檗鷲峰山斷際禪師》）

按：“守死屍鬼”即爲“守住外相的人”，在大乘佛教中，“身”往往指身相，和心性相對，若說“如來”指清淨圓成的自性，正如《金剛經》中所說的“不可以身相得見如來”，“身相”即爲外相。“有所住著”即是守住身相所代表的外相，即是“守死屍鬼”。

然袁賓對“死屍”釋爲“自身”[1]，本人更落言詮地說，“住著”的不僅僅是“自身”，還有“法相”“非法相”“布施相”“功德相”等，這些都屬於“有所住著”的範圍，均屬於“死屍”所喻的範圍。此“守死屍鬼”指執著外相，心之佛性本是圓明清淨的，若有所著相，就是向外求法，在受想行識、眼耳鼻舌身意上打轉轉。

其四，指對佛法及禪宗戒律有所違背的行爲。如丁福保《佛學大辭典》釋“死屍”爲：“（譬喻）以譬犯罪之比丘。比丘犯四重罪，則既斷比丘之生命，與死屍均也。《智度論》二十二曰：‘衆僧大海中，結戒爲畔際。若有破戒者，修不在僧衆。譬如大海水，不共死屍宿。’”[2]

2. 賊類

【羅贓人】也作“羅蹤人”“羅賊人”，本指抓賊人，在禪宗公案中，引申爲沉浸在别人已結束的公案中一味向外相中執著追逐是非、分别的人。

（1）師普請鉏地次，見黄檗來，拄钁而立。檗曰：“這漢困那！”師曰：“钁也未舉，困個甚麼？”檗便打。師接住棒一送送倒，檗呼維那：“扶起我來。”維那扶起曰：“和尚争容得這風顛漢無禮？”檗才起便打維那。師钁地曰：“諸方火葬，我這裏活埋。”溈山問仰山：“黄檗打維那意作麼生？”仰云：“正賊走卻，邏贓人吃棒。”（《會元》卷十一《鎮州臨濟義玄禪師》）

按：“吃棒”之“羅贓人”爲維那，其“正賊”指臨濟

---

① 袁賓、康健：《禪宗大詞典》，崇文書局，2010年版，第141頁。

② 丁福保：《佛學大辭典》，中國書店，2011年版，第965頁。

義玄，參與對機正并巧設機關的正角已經走了，維那卻陷入了已經過去的這場機鋒里，在“和尚”與“風顛漢”的高下之間，“有禮”與“無禮”的規則、尊卑之間，“容”與“不容”的揀擇之間苦苦分別，苦苦思索，若不一棒打斷，不知要苦惱到何時。又《會要》卷六《趙州觀音從諗禪師》：“師問南泉：‘明頭合？暗頭合？’泉便歸方丈。師歸堂云：‘老和尚，被我一問，直得無言可對，無理可伸。’首座云：‘莫道和尚無語，自是上座不會。’師打首座一掌云：‘這一掌，合是堂頭老漢吃。’（五祖戒云：‘正賊走了，邏蹤人吃棒。’又云：‘南泉當斷不斷，返招其亂。’）”此處趙州和尚以“明頭合？暗頭合”的選擇問來問南泉，無論選擇哪一個都是分別知見，因此南泉便選擇了沉默，不落言詮。但是趙州錯以爲南泉敗陣而回，實則是趙州未悟禪機，炫耀到首座處，南泉沉默之機被首座一語道破，但同時首座也落入了“莫道”與“自是”，“非無語”與“不會”的是非分別中（愛炫耀就炫耀，愛說不說，愛會不會，關我首座何事？）。因此，首座成了“邏蹤人”。而首座是替南泉普愿挨打的，因爲南泉以“便歸方丈”這一個沉默平常的動作巧設了機關，騙了趙州和尚，害得趙州又落入了“我執”中四處炫耀，因此趙州這一掌，也兼有對“正賊”南泉的態度。

【賊】對斗機對方的稱呼。采用各種方式（多是比較機智、隱藏的語言或是動作）在不經意間使被作用主體的看似已清靜的自性露出破綻，墮入知見、言詮的人或意識。若是被作用主體自身的修行不夠導致的自惑，則稱爲“家賊”。

（2）金州操禪師，因請米胡齋，不排位。米到，展坐具作禮。師下繩床，米便就師位而坐，師卻席地而坐。齋罷，米去。侍者卻問：“和尚受一切人欽仰，今日坐位被人奪卻。”師云：“三日後若來，即受救。若不來，即救不得。”三日後，果來云：“前日遭賊。”（《會要》卷七《金州操禪師》）

按：“賊”本義爲“破壞”。《說文·戈部》：“賊，敗也。”段玉裁注：“敗者，毀也。毀者，缺也。”《左傳·文公十八年》：“毀則爲賊。”杜預注：“毀則，壞法也。”又有“害、傷害”義，《玉篇·戈部》：“賊，傷害人也。”還有狡猾的意義。在例句中，金州操禪師請米和尚“胡齋”，沒給米和尚配胡床（即繩床），這便是一個隱藏的巧妙機關[①]，使米和尚不覺就墮入了於境揀擇的窠窟之中——“就師位而坐”。米和尚日後之言便是對踩到機關露出破綻的醒悟之語。又如《廣燈録》卷十三《允誠禪師》：“師問新到：‘近離什麼處？’僧云：‘允誠。’師云：‘允誠事作麼生？’僧便喝。師云：‘好好借問，亂喝作什麼？’僧又喝。師拈棒。僧近前約住云：‘作什麼？’師云：‘明眼人難瞞。’便托開。僧云：‘者賊。’”此處師處處誘騙允誠以相舉例落入言詮，但是允誠只是以喝代表的“空”來勘破一切發問，最後“前約住云：‘作什麼？’”是說既然不執空，師父你要打的，又是什麼呢？因此就沒有上當，故而師說“明眼人難瞞”即是設的圈套被識破了，無論怎麼“驅趕”，允誠就是沒有“上套兒”。允誠聞得師語，知是騙局，便稱呼老禪師爲“賊”，意爲“設套兒騙人落言詮”。又如《會要》卷六《池州甘贄行

① 其實“胡齋”時，席地或是坐胡床，都不妨礙吃飯的。

者》："藥山化主來，甘問：'甚麼處來?'云：'藥山。'甘云：'還將得藥來麼?'云：'行者有甚麼病?'甘欣然，施銀一百兩。復云：'山中有人，此物卻回。'主歸，納疏。山怪問：'子歸何速?'主云：'問佛法相當，得銀一百兩。'即舉前話，山云：'急送還他，汝著賊了也。'主即送還。甘云：'山中有人也。'添一百兩施之。"此處甘行者問："得藥來麼?"看似平常的一問，就帶著化主入了"能""所"的分別執著之中[1]，使得化主直問："行者有甚麼病?"所見之執躍然紙上，難怪藥山說"汝著賊了也"。

【草賊】對暗設機鋒者的蔑稱，多指其設機鋒的手段不高明或輕易就被勘破。

(3) 師因童子念經，問僧："聞念經聲麼?"僧云："今日勘破。"師云："作家。"僧云："草賊大敗。"師云："老僧今日失利。"(《廣燈録》卷十六《汝州葉縣廣教院賜紫歸省禪師》)

按："草賊"在世俗文獻中是對起義農民的蔑稱，如《旧唐书·僖宗纪》："若諸軍全捕得一火草賊數至三百人已上者，超授將軍，賞錢一千貫。"又如《水浒传》第六一回：

① 【能所】即"能"與"所"之並稱。某一動作之主體，稱爲能。其動作之客體(物件)，稱爲所。例如能見物之"眼"，稱爲能見；爲眼所見之"物"，稱爲所見。又被依靠者，稱所依；依靠他人者，稱能依。修行者，稱能行；所行之內容，稱所行。而歸依者，稱能歸；爲其所歸依者，稱所歸。教化人者，稱能化；被教化者，稱所化。認識之主體，稱爲能緣；其被認識之客體，稱爲所緣。以語句、文章、教法等表示意義者，稱能詮；爲其所表示之意義、內容者，稱所詮。總之，能與所具有相即不離與體用因果之關係，故稱能所一體。星雲、慈怡：《佛光大辭典》，北京圖書館出版社，2005年版，第4296頁。

“盧俊義罵道：‘草賊休走！’挺手中朴刀，直取劉唐。”但在燈録中，“草賊”并沒有“起義”的意思，只是對暗設機鋒卻被識破者的蔑稱，“草”表示設機鋒者功夫不夠高。如例句中，歸省禪師以“聞念經聲麼”來問，答“聞”，是著“念經”外馳求相；答“不聞”，是著“空相”，怎麼都不對，因此僧答“勘破”。歸省以“作家”[①]予以肯定，僧便呼“歸省”爲“草賊”，意爲其設選擇問的機關之拙劣。又如《傳燈録》卷八《齊峰和尚》：“一日龐居士入院，師云：‘俗人頻頻入僧院討個什麼？’居士回顧兩邊云：‘誰恁道？誰恁道？’師乃咄之。居士云：‘在遮裏。’師云：‘莫是當陽道麼？’居士云：‘背後底。’師回首云：‘看看。’居士云：‘草賊敗！草賊敗！’師無語。”此處齊峰和尚在說你老來馳求什麼？龐居士回答說和尚和俗人哪裏有什麼分别？堪破其僧俗的分别知見，齊峰禪師又打出“當陽道”，而“道無明暗”，何來當陽？因此龐居士反將一軍讓其看背後，齊峰依言去看，龐居士得勝，故稱齊峰爲“草賊”。又《廣燈録》卷十三《虎溪庵主》：“師見僧入門，師便喝。僧默然，師便打。僧又喝。師云：‘好個草賊。’”此處是僧用“默然”的動作誘使虎溪庵主以爲他依然未悟，隨即打他，便落入了意識心及老婆心切的知見中，因此僧一喝，庵主便知上當，自己的明明自性在剛才已經露出了破綻，因此稱僧爲“草賊”。

【賊首頭犯】形容故意暗設機鋒狠狠騙人教人露出破綻

① 【作家】機用傑出的禪家高手。見袁賓、康健：《禪宗大詞典》，崇文書局，2010年版，第548頁。

的人，較“賊”而言，區别重在設機關的手段較爲高明，多爲“被盜人”對“盜者”的稱呼。“賊首頭犯”屬並列結構，即“賊中之賊”。

（4）問：“學人手持白刃，真進化問時如何?”師云：“汝試用看!”僧便喝！師擒住。僧隨手打一掌。師便拓開云：“老僧今日失利。”僧作舞出去。師云：“賊首頭犯。”（《廣燈録》卷十四《宋州法華院禪師》）

按：世俗文獻中“賊首”指“盜賊的首領”，“師擒住”意爲當下的“空”即是涅槃清淨的世界，因此老師就當下擒住，但是卻忘記了“擒住”也是“執空”啊！本是老婆心切地教徒弟，卻一不小心落入了學人的圈套，被“隨手打一掌”——“破空執”。“作舞出去”表明僧是有備而來，故意設的機關，因此師說：“這傢伙真是個賊頭子啊!”

【賊是小人，智過君子】在對機中暗設機關手段使人落入知見之中，手段確實不光明磊落，但是確實很聰明有智慧，深具禪機之道。

（5）問：“泗州大聖爲什麼楊州齣現?”師雲：“業在其中。”僧曰：“意旨如何?”師雲：“降尊就卑。”僧曰：“謝和尚答話。”師雲：“賊是小人，智過君子。”（《續燈録》卷二十一《郢州子陵山自瑜禪師》）

按：此處自瑜禪師一句“降尊就卑”就墮入了尊卑的知見中，因此在僧說“謝和尚答話”之後就立刻反應出說錯了，“賊是小人”一句是承認自己的失利，“智過君子”一句是肯定問話僧的巧設禪機的高妙之處。又《續燈録》卷十八《歙州普滿明禪師》：“問：‘覿面相逢即不問，腦後神光略借看。’師云：‘不借看。’僧曰：‘爲什麼不借看?’師云：‘賊是小人。’”此處“神光”蓋指智慧之光，此光離於一切相，故稱之爲“神光”。然既不著於一切相，又是自己的智慧本來之光，以何種方式借還呢？若借，借不得。不借，爲什麼？一個爲什麼，就會誘人落入“相”“人我”的知見中。因此，這種只要回答就張口即乖的機鋒語確實巧妙。

【賊身已露】使人墮入執著心、分别心、妄想心、顛倒心、意識心等的企圖或痕跡已經顯露出來了。

(6) 示衆云：“有一人，論劫在途中，不離家舍；有一人，離家舍，不在途中。那個合受人天供養?”妙喜云：“賊身已露。”(《會要》卷九《鎮州臨濟義玄禪師》)

按：此處無論回答哪個受天人供養都不對，不離家舍，執相；離家舍，執空；哪個都不應受人天供養，因此妙喜云：“你個騙子，我們已經知道你在引人入套兒了!”

【賊過後張弓】指在機鋒中已經落到了對方所設的圈套中，等到意識到已經露出了著相、分别、意識等與圓明自性有損的破綻之後，才有所防備。

(7) 師到黄檗。檗見來，閉卻方丈門。師於法堂上，叫云：“救火！救火!”檗開門，攔胸扭住云：“道！道!”師云：“賊過後張弓。”(《會要》卷六《趙州觀音從諗禪師》)

按：此處黄檗見從諗來，關了門，從諗於法堂叫“救火”，黄檗就開門。關鍵之處就在開門的瞬間，不是關門了么？爲什麼要開門？開門的瞬間，心中在想什麼？是什麼促使聽到“救火”便開門？心中還是有不捨的相、有意識、思維心在。等到其扭住云“道”的時候，這種執著、意識、思維相已經露出來了，這種於圓明自性中的破綻、缺失是無法掩蓋的，露出就是露出了。於是從諺說“賊過後張弓”——已經露出破綻了，才想起來防備啊！

## 第二節　辭書已釋詞語義項補釋

【籌子】舊時具有廁紙功能的棍兒、簽之類，俗稱“揩屎棍兒”“揩屁股棍兒”。

（1）上堂云：“十方諸佛是個爛木橛，三賢十聖是個第溷頭籌子，汝等諸人來到遮裏作麼？”（《續燈録》卷四《滁州瑯琊山開化廣照禪師》）

按：“籌子”有廁紙之義，如：

（2）乃至十七不得將草劃地。（下有小注云：“‘草’即‘籌子’，浙人呼‘廁草’。）（釋道誠《釋氏要覽》卷三）

“廁草”即是在廁所中用來處理穢物的，如姚秦佛陀耶舍、竺佛念《四分律》卷第四十九：“用利廁草傷身膿血出，汙身汙衣汙臥具汙床。”又如宋佛陀什、竺道生譯《五分律》卷第二十七：“爾時有一婆羅門出家好淨過常，自惡大小便用利廁草割傷其肉，血汙衣服及僧臥具。”可見“廁草”即是過去的廁紙，功能等同於如今放在衛生間中的衛生紙。

20 世紀 90 年代前後，在東北民間還能偶見有老人保留下來此種習慣。“廁草”多爲秸稈植物的莖，如一剖爲二的高粱秸（長 10～15cm）（偶見玉米秸，蓋因較高粱稈直徑麤，内部纖維多且不細，外皮和瓤子接觸不緊密，故少用）。

這在禪文化典籍中可找到依據，如《宗鑑法林》卷四十七《太原孚上座》：“聖箭子是什麼廁草莖，抛向垃圾堆頭著。”由此可知，在唐宋時期，廁草也是用莖杆的。“廁草”之所以和“籌子”爲同義詞，蓋是因爲“籌”本義指“壺矢”，即“簽子”，“廁草莖”與“籌子”在形狀上相似，故而“籌子”引申爲“廁草”義。另外，根據地域文化的不同，江浙古時的“廁草”材料若爲“竹片”（籌），則是功能引申，導致“籌子”詞義範圍的擴大，雖暫無史料考證，但江浙一代多竹，且竹片也完全具有“廁草”的功能，因此後者意義來源不無可能性。總之，“籌子”有“廁草”義，功能類似於“廁紙”，東北民間對“籌子”俗稱“揩屎棍兒”“揩屁股棍兒”。

“籌子”在禪籍中也指入廁後所用之物，如：

(3) 方脱衣，悟便提水瓶至。湛堂云：“未要且待我脱衣。”脱衣罷，便接瓶子去。當時悟自縫間抽脱，須臾又送籌子來。及出喚云：“接瓶去！”悟纔接，捉住摸其手，或似軟或似硬。(《緇門警訓》)

例（1）中的“第溷頭籌子”即是“揩屎棍”，意在打破凡聖之分別。

《禪宗大詞典》釋“籌子”爲“籌碼、計數用的工具”，未涉及此義項，當補。

【體悉】體會感知。

(1) 問：“本分事如何體悉？”師云：“爾何不問？”僧云：“請師答話。”師云：“爾却問得好。”(《傳燈録》卷八《濛谿和尚》)

按：“體悉”有自己體會感知義，如：

(2) 餘年三十八九，嘗服五六兩乳，自是以來深深體悉，至於將息節度，頗識其性。(《備急千金要方》卷二十四)

【門庭】指地位、口碑等。

(1) 堂卒，師趨謁無盡居士，求堂塔銘，無盡門庭高，少許可。(《會元》卷十九《臨安府徑山宗杲大慧普覺禪師》)

按："門庭"本指"迎著門的空曠的地方"，又引申爲地位、口碑等，如：

(2) 師開法多年，門庭高峻，衲子望風奔競，亦稱一時之盛。(《五燈全書》卷七十七《京口招隱鹿泉山衣濆禪師》)

【管帶】時刻注意。

(1) 四威儀內坐爲先，澄濾身心漸坦然，瞥爾有緣隨濁界，當須莫續是天年，修持只話從功路，至理寧論在那邊，一切時中常管帶，因緣相湊豁通玄。(《傳燈録》卷二十九《示坐禪方便》)

按："管帶"指時刻注意，時時提起某一念頭，如：

(2) 有時緣干出街頭，照顧溈山水牯牛。門外草深常管帶，等閑失却恐難收。(《緇門警訓》卷第八《慈受禪師訓童行》)

(3) 若一向忘懷管帶，生死心不破，陰魔得其便，未免把虛空隔截作兩處，處靜時受無量樂，處鬧時受無量苦。要得苦樂均平，但莫起心管帶，將心忘懷，十二時中放教蕩蕩地，忽爾舊習瞥起，亦不著用心按捺。(《大慧普覺禪師語録》卷二十七《答劉通判》)

《禪宗大詞典》釋"管帶"爲"清末新軍制，統轄一營的長官稱爲管帶。海軍的艦長亦稱管帶”。義項當補。

【横出】出現得忽然，不在意料之中，不遵循一般規則。

(1) 一日告衆曰：“吾武德中游廬山，登絕頂，望破頭山，見紫雲如蓋，下有白氣，横分六道。汝等會否?”衆皆默然。忍曰：“莫是和尚他後横出一枝佛法否?”祖曰：“善。”(《會元》卷一《四祖道信大師》)

按：“横”在此句中爲戶孟切，讀爲去聲，屬映韻匣紐，陽部，有“意外”“不測”之意，如西漢劉安《淮南子·詮言》：“內修極而横禍至者，皆天也，非人也。”宋王安石《東坡二首》：“無端隴上翛翛麥，横起寒風占作秋。”清吳敬梓《儒林外史》第十九回：“二相公，你如今得了這一注横財，這就不要花費了，作些正經事。”“横禍”“横起”“横財”都有“意外”之意。引文中的背景是說四祖道信讖緯牛頭宗的出現，如《祖堂集》卷三：“四祖在雙峰山告衆曰：‘吾來至此山時，於武德七年秋，於廬山頂上東北而望見此蘄州雙峰山頂上有紫雲如蓋，下有白氣横分六道。’四祖問五祖曰：‘汝識此瑞不?’五祖曰：‘莫是師腳下横出一枝佛法不?’四祖曰：‘汝會我義。汝善住矣。吾過江東。’便去至牛頭山幽棲寺。”此處爲四祖道信在雙峰山傳法時，去找牛頭鼻祖法融禪師的記述。又如宋沙門志磐《佛祖統紀》卷三十九：“金陵牛頭山法融禪師示寂，師得法於五祖，爲牛頭第一世，應横出一枝佛法之記。”[1] 在二祖慧可時代就有

① “記”：“記録、記述。預言將來之事，稱懸記，又稱未來記、讖記。”星雲、慈怡：《佛光大辭典》，北京圖書館出版社，2005年版，第4320頁。

了"一花五葉"之讖緯，指自六祖慧能之後，有曹洞宗、臨濟宗、雲門宗、溈仰宗、法眼宗。[①]"一花五葉"的分宗是歷代衆僧長期認同的觀點，而白氣分六道，多出的一道即牛頭宗，是不屬於"五葉"之讖的，是意外出現的。《禪宗大詞典》釋"横出"條爲"充分表露；洋溢""犹滥施，滥加"，無"意外出現"之義項，當補。

【伸請】指表達禮貌的延請之情。

(1) 後孝明帝闻师异迹，遣使赍诏伸请。前後三至，师不下少林。(《廣燈録》卷六《第二十八祖菩提達磨者》)

按：派使者帶詔書前來延請，前後三次，足以見得孝明帝的誠意和禮貌。"伸"在唐代有"陳述""表白"義，如唐李白《春夜宴從弟桃花園序》："不有佳詠，何伸雅懷。"又唐杜甫《兵車行》："長者雖有問，役夫敢伸恨？"例句中是上級向下級表達禮貌的延請之情。《禪宗大詞典》釋"伸請"條僅爲"向上級申明理由，提出請求"，當補。

【生前】指前生，投胎出生之前。

(1) 釋法琳撰碑云："翟仲侃生前爲牛，禦者恚其喘而斃之。牛，今邑宰也。昔禦者，師焉。宿報當酬爾。"(《廣燈録》卷六《二祖慧可大師》)

按：由同篇"辨和不勝其憤，興謗於邑宰翟仲侃"可知"翟仲侃"即今邑宰，而翟仲侃活著的時候是邑宰，并不是牛，因此，此"生前"應該是指投胎出生以前，即前生、前

① 星雲、慈怡：《佛光大辭典》，北京圖書館出版社，2005年版，第54頁。

世。這種用法在釋典中常用，此蓋爲佛經用法習慣的遺留。《禪宗大詞典》釋“生前”條僅爲“指死者還活著的時候”，未涉及“前生、前世”之義，當補。

【受度】被剃度。

（1）三祖僧璨大士，未詳族裹。自謁大祖，受度傳法，隱於舒之皖公山。（《普燈録》卷一《三祖僧璨大士》）

（2）三祖僧璨大師，不知何許人也。初以白衣謁二祖，既受度傳法，隱於舒州之皖公山。（《會元》卷一《三祖僧璨大師》）

按：《説文·受部》：“受，相付也。”即“接受”義，在此表示被動意義。“受度”即爲“接受剃度”“被剃度”。《禪宗大詞典》釋“受度”條獨爲“道家謂被度成仙”，未涉及此義項，當補。

【幸好】很好，挺好。

（1）幸好一盤飯，不可強糝椒薑去。（《廣燈録》卷二十七《廬山棲賢寶覺院澄諟禪師》）

按：《禪宗大詞典》釋“幸好”爲“幸虧”義，但在例（1）中，應爲“很好，挺好”義，如：

（2）噫！幸好一分白飯，何必糝以薑椒。（《無見先睹禪師語録》卷二）

【隨照】指一味向外追尋，用意識、思維、分别心等執著於外相求法，落入二元對立的思維模式中。也作“隨照失宗”“隨照失功”。

（1）多言多慮，轉不相應；絕言絕慮，無處不通；歸根得旨，隨照失宗；須臾返照，勝卻前空；前空轉變，皆由妄見；不用求真，唯須息見；二見不住，慎莫追尋。（《會元》卷一《三祖僧璨大師》）

按："隨照"在釋典中多有應用，如《續燈録》卷十一《筠州黃檗山志因禪師》："上堂云：'歸根得旨，隨照失宗。東是廚庫，西是僧堂，皆是隨照。歸根得旨一句作麼生道？'良久云：'參。'"由"東是……西是……"可知，"隨照"是指意識分别，又《指月録》卷十九《福州玄沙師備宗一禪師》："疾大法難舉，罕遇上根。學者依語生解，隨照失宗。""依語生解"是指執著於語言，用思維去探求佛法的宗旨，這樣向外馳求反而離佛法的根本越來越遠了。又《五燈全書》卷二十八《京兆府重雲智暉禪師》："僧問：'如何是歸根得旨？'師曰：'早是忘卻，不憶塵生。'曰：'如何是隨照失宗？'師曰：'家遭劫賊。'"在此可以看出"隨照失宗"是指圓澄自性因向外追逐等意識心的作用而有所受損。又《佛祖綱目》卷三十二《道林禪師傳法會通》："林曰：'今時爲僧，鮮有精苦者，行多浮濫。'卿曰：'本淨非琢磨，元明不隨照。'林曰：'汝若了淨智妙圓體自空寂，即真出家，何假外相？汝當爲在家菩薩，戒施俱修，如孫許之流也。'"此處"元明"是指"圓明自性"，是說清淨自性不能執著於外相。《禪宗大詞典》釋"隨照"條爲"指隨侯之珠"，當補。

【再來】指轉世投胎、來世、下一世。

（1）五祖弘忍大師者，蘄州黃梅人也。先爲破頭山中栽松道者，嘗請於四祖曰："法道可得聞乎？"祖曰："汝已老，

脱有聞，其能廣化邪？儻若再來，吾尚可遲汝。”迺去。（《會元》卷一《五祖弘忍大師者》）

按：此處弘忍爲栽松道者時四祖道信不肯傳其禪法，因其年邁，不能廣化。如果將“再來”解釋爲“再一次來”，依然是改變不了年紀大這一事實，而根據下文栽松道者“假陰而生”的内容，可知此“再來”爲投胎轉世之義。這在世俗文獻中也有應用。如陸游《記閒》：“白云堆里看青山，猿鸟为邻日往还。黄绮後身应我是，再来依旧一生闲。”又陸游《秋日雜詠》：“五百年前賀季真，再來依舊作閒人。一生看盡佳風月，不負湖山不負身。”又黄昇《木蘭花慢》：“蛾眉古來見妒，奈昭陽、飛燕亦成塵。惟有空梁落月，至今能爲傳神。神游八表跨長鯨，誰是再來身。愛雲月溪頭，玉環一曲，筆力千鈞。”以上“再來”皆是“轉世”之義。《禪宗大詞典》釋“再來”條爲“再來一次”“謂連續的動作或事”，未涉及“轉世”義項，當補。

【坦然】明白，清楚。

（1）通天二年，受戒後習毗尼藏。一日自歎曰：“夫出家者，爲無爲法，天上人間，無有勝者。”時同學坦然，知師志氣高邁，勸師謁嵩山安和尚。安啟發之，乃直指詣曹溪參六祖。（《會元》卷三《南嶽懷讓禪師》）

按：此處指同學心中明白懷讓禪師所講的是禪宗的至極之理。《禪宗大詞典》釋義中未涉及此義項，當補。

【聖心】指佛心，佛法的宗旨，清淨自性的如如之心。

（1）接一切法，如百千異流同歸大海，都名海水，住於一味，即接衆味，住於大海，即混諸流。如人在大海水中浴，即用一切水，所以聲聞悟迷。凡夫迷悟，聲聞不知聖心本無地位、因果、階級。(《廣燈録》卷八《江西馬祖大寂禪師》)

按：“聖心”爲“佛心”①，此處指如如不動的清靜自性中没有地位高低、因果輪回、階級差别等意識思維分别知見。又《敦煌變文集新書》卷三《降魔變文一卷》：“傳譯中夏，年餘數百。雖則諷誦流布，章疏芬（紛）然，猶恐義未合於聖心，理或乖於中道。”此“聖心”也是指佛法廣大慈悲清淨無掛礙的宗旨。《禪宗大詞典》釋“聖心”條爲“聖人的心懷，亦專用於孔子”“帝王的心意”，未涉及此義項，當補。

【大道】本爲道教詞語，指虚實統一的境界。在此指禪法的宗旨。

(1)“爲甚麼説即心即佛?”師曰：“爲止小兒啼。”曰：“啼止時如何?”師曰：“非心非佛。”曰：“除此二種人來，如何指示?”師曰：“向伊道不是物。”曰：“忽遇其中人來時如何?”師曰：“且教伊體會大道。”(《會元》卷三《江西道一禪師》)

按：“大道”本是道教詞彙，《中華道教大辭典》釋“大道”爲：“指内煉丹術中得丹成仙之道……特徵之一是即虚

① 【佛心】其義有三：一是指如來充滿慈愛（大慈悲）之心，二是指不執著於任何事、理之心，三是指人人心中本來具足之清淨真如心。星雲、慈怡：《佛光大辭典》，北京圖書館出版社，2005年版，第2612頁。

即實。道之本體是超越物質世界之上的無形無象的客觀存在……”[①] 這種即虚即實及超越物質世界的特點和禪宗的宗旨是有著一定的相關性的，“即心即佛”是以“心”爲“相”，方便説法；“非心非佛”是悟道後把執著於“佛法”的這一念也放下。而“除此兩種人”，是指與佛法無關的人，還在八識的迷惑中，這時要説明禪法於客觀世界的超越性。而“其中人”即“二種人”，對他們來説，需要的是自己在日常生活中親自體會本自圓成的佛性及出於世間又不離於世間的辯證統一關係。因此“大道”一詞，在此指禪宗所倡導的不執外相不離世間又出於世間的禪法宗旨。《禪宗大詞典》中未涉及此義項，當補。

【逢場作戲】指隨著所處的具體情況采取相應的措施。

(1) 鄧隱峰辭師。師曰：“甚麼處去？”曰：“石頭去。”師曰：“石頭路滑。”曰：“竿木隨身，逢場作戲。”便去。(《傳燈録》卷六《江西道一禪師》)

按：“逢場作戲”本是指“賣藝人遇到合適的地方就開始表演”或“偶爾隨俗應酬湊湊熱鬧”[②]，此處是指隱峰禪師到石頭希遷那裏去參機，自信可以倚仗著對自性的了悟這一“本事”幻化出種種禪機，隨機應變地應付石頭希遷。之所以用“逢場作戲”是因爲前邊“竿木隨身”之“竿木”是表演所用的道具，因此後邊接了一個適用於表演的詞語，兼

① 具體有以下特徵：其一，虚而無形。其二，即虚即實。道之本體是超越物質世界之上的無形無象的客觀存在。可以作爲萬物之宗，在循環運轉中產生出天、地、人，因而大道是虚與實的統一。其三，含陰與陽。見《中華道教大辭典》第1130頁。

② 據《禪宗大詞典》。

帶表示遇到什麼地方就表演什麼把戲的意思。《禪宗大詞典》未涉及此義項，當補。

【污染】謂人受五欲六塵之影響，而使自性不得清淨。亦含有煩惱之意。

（1）江西大寂道一禪師示衆云：“道不用修，但莫污染。何爲污染？但有生死心造作趣向皆是污染。若欲直會其道，平常心是道。”（《傳燈録》卷二十八《江西道一禪師》）

按：此例中對“污染”的解釋爲“但有生死心造作趣向皆是污染”，義即由於五欲六塵等影響[①]使清淨自性不能顯發，故此説爲“污染”。“生死心”“造作”“趣向”都對清淨自性有所影響，給人帶來煩惱。《禪宗大詞典》未涉及此義項，當補。

【成立】指爲了表達清淨自性的心性佛法而開方便法門所采取的種種外相的表達。

（1）經云：“識心達本故號沙門，名等義等一切諸法皆等純一無雜。若於教門中得隨時自在，建立法界儘是法界，若立真如儘是真如，若立理一切法儘是理，若立事一切法儘是事，舉一千從理事無别，儘是妙用更無别理，皆由心之回轉。譬如月影有若干真月無若干；諸源水有若干水性無若干；森羅萬象有若干虛空無若干；説道理有若干無礙慧無若干；種種成立皆由一心也，建立亦得，掃蕩亦得，儘是妙

① “五欲六塵”指“色、聲、香、味、觸”，通俗説來表現有“財、色、名、食、睡”等欲望。

用，妙用盡是自家，非離真而有立處，立處即真儘是自家體。(《傳燈録》卷二十八《江西道一禪師》)

按：此處的“成立”是指“建立法界”“建立真如”“立理”“立事”等，而這些所建立的都是源於虛無的表達，是假相而立。如西晉月氏三藏竺法護譯《持心梵天所問經》卷三《行道品第十一》：“溥首又曰：‘無能成立於虛空者，其達道意如虛空者，道無所住則度於二，假使菩薩無有二想建立道意，設有菩薩興爲二想志求佛者，若念佛道念於終始，設念道者則念邪見，假使念道念滅度者，則非菩薩不爲行道也。’”此處“無成立於虛空”之“成立”，靠的便是借相，借相而立，但是意旨超越外相。因此，禪宗中的“成立”一詞有爲了表達虛空曠達的心性之法而開設的方便借相表達的意思，《禪宗大詞典》未涉及此義項，當補。

【自家】“自家寶藏”等詞的省略，指本自具足的清淨圓明的自性。

(1) 經云：“識心達本故號沙門，名等義等一切諸法皆等純一無雜。若於教門中得隨時自在，建立法界儘是法界，若立真如儘是真如，若立理一切法儘是理，若立事一切法儘是事，舉一千從理事無別，儘是妙用更無别理，皆由心之回轉。譬如月影有若干真月無若干；諸源水有若干水性無若干；森羅萬象有若干虛空無若干；說道理有若干無礙慧無若干；種種成立皆由一心也，建立亦得，掃蕩亦得，儘是妙用，妙用盡是自家，非離真而有立處，立處即真儘是自家體。(《傳燈録》卷二十八《江西道一禪師》)

按：“自家”即“自己”，指如如不動的圓澄自性。在禪宗中多有“自己”“自家”類詞語。如“自己禪”指“自心自悟，超脱生死，是禪者本分事，旁人無可替代，故稱‘自己禪’”，又“自己事”指“禪者的本分大事：明心悟性，超越生死”，又“自家底”指“本心之佛性”，又“自家活計”指“本份活兒，本身的事，指悟禪作佛，超脱生死”，又“自家桑梓”指“自身本性，亦人人都具有的佛性”①，等等。由此可知“自家”是指本自具足的圓澄自性，“自家用”就是圓澄自性於世間的外在表現，“自家體”是“用”所遵循的圓澄自性的眞如之性。在《祖堂集》中已有用例，如卷三“老安國師”：“老安國師嗣五祖忍大師，在嵩山。坦然禪師問：‘如何是祖師西來意旨？’師曰：‘何不問自家意旨，問他意旨作什麽？’進曰：‘如何是坦然意旨？’師曰：‘汝須密作用。’進曰：‘如何是密作用？’師閉目又開目，坦然禪師便悟。”“閉目又開目”是指返觀自性。《禪宗大詞典》釋“自家”爲“自己”，當補。

【同號】同時，不分高低上下，平輩。

（1）洪州百丈山懷海禪師者，福州長樂人也。姓王氏。丱歲離塵，三學該練。屬大寂闡化江西，乃傾心依附。與西堂智藏、南泉普願同號入室。（《會元》卷三《洪州百丈山懷海禪師者》）

按：《廣燈録》卷八《洪州百丈山大智禪師》：“（大智禪師）師諱懷海，福州長樂人也，俗姓王，丱歲離塵，三學該練。屬大寂闡化江西，乃傾心依附，與西堂智藏、南泉普願

① 袁賓、康健：《禪宗大詞典》，崇文書局，2010年版，第535頁。

同號入室，三大士焉。”此記録基本與《會元》同，百丈懷海禪師與西堂智藏、南泉普愿禪師都是馬祖道一的弟子，“同號入室”蓋指同時親受法門而嗣法，沒有師兄師弟等先後高低的分別。《禪宗大詞典》釋“同號”條爲“稱號相同”“號碼相同”，未涉及此義項，當補。

【别院】一宗傳宗根本道場之外的其他寺院。

(1) 百丈大智禪師，以禪宗肇自少室，至曹溪以來，多居律寺，雖别院然於說法住持未合規度故，常爾介懷。(《傳燈録》卷六《百丈懷海禪師》)

按：“别院”本義爲“正宅之外的宅院”，《禪宗大詞典》首例書證引自明代高啟《詠苑中秦吉了》詩：“駕來别院未知迎，先聽遥呼萬歲聲。”在例 (1) 中指“居律寺”的寺廟不是禪宗傳法的祖庭，而是祖庭外其他禪宗師徒主持的寺廟(這些寺廟原是律宗的)，《禪宗大詞典》未涉及此義項，當補。

【出塵】出家。

(1) 鎮州臨濟義玄禪師，曹州南華邢氏子。幼負出塵之志，及落發進具，便慕禪宗。初在黄檗會中，行業純一。(《會元》卷十一《鎮州臨濟義玄禪師》)

按：“塵”在此指世俗之世，“出塵”即指“出家”。如《漢魏南北朝墓志彙編》北魏卷：“(尼諱英) 猗與上善，獨悟斯緣，出塵解累，業道西禪。”此處“出塵”指“出家”。《禪宗大詞典》中釋此條有一個義項爲“出嫁”，引書證爲清紀昀《閱微草堂筆記·灤陽消夏録六》：“不如削髮出塵，可無此慮。"書證中是"出家"義，蓋"出嫁"爲《禪宗大詞典》字誤。

## 第三節　辭書未收異寫詞補釋

【槖子】指袋子。

（1）同龐居士喫茶，士舉槖子曰："人人盡有分，爲甚麼道不得？"（《會元》卷三《松山和尚》）

按："槖"同"橐"。《説文·木部》："橐，囊也。"故"槖子"即爲"袋子"。《漢語大字典》中釋"橐"爲"袋子"。《禪宗大詞典》未收"槖子"。

【滸眼】即"虎眼"，指漩渦的中心。

（1）云："劫壞時，此個還壞也無？"師云："臨崖看滸眼，特地一場愁。"（《會要》卷二十五《襄州鹿門處真禪師》）

按："滸"有"水邊"的意思。唐代文獻中有"虎眼"一詞，表示"形容旋轉的水波紋"，如李白《涇溪東亭寄鄭少府諤》："欲往涇溪不辭遠，龍門蹙波虎眼轉。"王琦注："謂水波旋轉，有光相映，若虎眼之光。"蓋因"滸"義與"水"相關，因此，"虎眼"在燈録中又作"滸眼"，如：

（2）上堂，竪拂子云："只這個便是，萬里望崖州，離此別求。臨崖看滸眼，桃紅李白，水緑山青。"（《虚舟普度禪師語録》卷一）

"滸眼"一詞在禪宗燈録中也有解釋，如：

(3) 萬派奔流觸斷崕，渦漩一竅絕安排。淵深徹見靈源底，裏許如何著得沙。(《希叟和尚廣録》卷六《滸眼》)

例(3)中以“滸眼”一詞爲題目，“渦漩一竅”即是對“滸眼”的解釋。

【錮鏴】即“錮露”或“錮路”。

(1) 若也根性陋劣，要去有滋味處齩嚼，遇著義學阿師，遞相錮鏴，直饒說得雲興雨現，也是蝦蟆化龍。(《普燈録》卷二十《台州國清簡堂行機禪師》)

按:《禪宗大詞典》釋“錮露”爲“用熔化的金属堵塞金属物品的漏洞”，但未收“錮鏴”這一寫法。

【雷例】同“雷厲”，指強行，強制，態度惡劣。

(1) 四來同居聖凡孰辨，且如來應世尚有六群之黨，況今像末豈得全無？但見一僧有過，便雷例譏誚，殊不知，以輕衆壞法其損甚大。(《傳燈録》卷六《百丈懷海禪師》)

按:“雷例”一詞暫不見於宋及以前世俗文獻，在《傳燈録》中始見，然屬孤例，“雷例”應與“雷厲”同，指行爲迅猛，如《漢書·揚雄傳上》:“猋泣雷厲，驞駍駖磕。”“雷例”指譏諷的程度深。又如《廟學典禮》卷四《辯明儒人難同諸色戶計》:“除已行移各路戒約所屬，欽依聖旨施行，仰司、縣官今後本處附籍儒戶，除種田納地稅，買賣納商稅外，民間一切雜泛差役，欽依聖旨蠲免，毋得亂行勾擾，雷例差撥。如違，定將判署官以故違制書之罪罪之。今來本縣將儒戶雷例科差夫役，顯見違別制書。”此處“雷例”是指強制性的，態度惡劣。

【筭】同“算”，指被算計、糊弄了。

(1) 急須努力，莫容易事，持片衣口食，空過一生。明眼人笑汝，久後總被俗漢筭將去在。宜自看遠近，是阿誰面上事。若會即便會，若不會即散去。珍重！（《會元》卷四《黄檗希運禪師》）

按：在古代計數用的籌碼上，“筭”通“算”，如清王筠《説文釋例·竹部》：“算下云：‘讀若筭。’此區别之詞也，二字經典通用。”但“算”還有“籌劃”的意思，此處指拐騙、糊弄的意思。

# 下編　“五燈”系列禪録異文研究

異文的概念有“廣義”和“狹義”之分，如王彦坤《古籍異文研究》：“狹義的‘異文’乃文字學之名詞，它對正字而言，是通假字和異體字的統稱。廣義的‘異文’則作爲校勘學之名詞，‘凡同一書的不同版本，或不同的書記載同一事物，字句互異，包括通假字和異體字，都叫異文。’”[①] 本書所討論的是廣義上的異文。

現今學術界有關異文的類型大致有版本異文、引用異文、兩書異文三種一般分類法以及近年來朱承平提出的“名稱異文”及蘇傑提出的“理校異文”。[②] 本書“五燈”系列燈録異文每種燈録選擇一種最精本，未涉同一燈録版本對比的問題，各燈録之間罕見直接引用的標注，只是相同禪師的記述内容或表述形式上常常有所差異，因此，本書是在兩書異文的角度下展開的比較研究。

對相關語料進行異文對讀這種方法在語言文獻的研究上已有應用，主要集中在文獻、文字、詞語釋義三個方面。儘

---

① 王彦坤：《古籍異文研究·前言》，廣東高等教育出版社，1993年版。

② 參見羅舒：《〈三朝北盟會編〉文獻與語言研究》，四川大學博士學位論文，2010年，第23頁。

管江靈鈴、郭驥、李旭、林莎、李茂華的碩士學位論文已經將“五燈”系列進行了對比研究，但多停留在異字、異文同義詞結構差異及其異文原因、文本的文白雅俗等方面的分析上，且是“五燈”系列的各本燈録分别與《會元》進行對讀，並沒有進行整體的彙校工作，本書在此基礎上進行彙校，避開異字及其同義詞結構上的分析，從文獻及語言兩個方面進行。首先對文獻錯誤進行勘正並分析原因，重點利用異文的方法進行疑難詞語的釋義，同時對同義詞的發展演變進行分析，並對異文語法現象進行探討。

# 第三章　“五燈”異文的語言研究價值

“禪宗語録的語言是一種白話文體，主要記載了禪師接引學人的言語和行事，含有很多俚俗鄙野口語成分，淳樸清新。”[①] 這些“活潑潑”的語言在一定程度上反映了唐宋時期語言的面貌，因此，對其詞彙及語法的分析有助於展示近代漢語的特點。對疑難詞義的訓釋有助於理解文意，豐富詞彙學的研究成果；追溯同時期使用的同義詞的發展演變情況，有利於詞彙史的研究；通過分析表達同一意義的不同句式在共時層面上的使用情況進而追溯其歷時演變的軌跡，有利於語法史的描寫。

在禪宗燈録中有大量的疑難詞語及特殊的句式，晦澀難懂、意義抽象，對閱讀理解文本意義造成了一定的困難。而“五燈”作爲一個“系列性”的禪宗燈録，則常常含有對相同禪師相同事跡的重複敘述，在不同燈録的敘述中，往往會對晦澀的詞語或語句進行替換，換成較通俗易懂的詞或短語甚至是句子進行表達。正是如此，利用異文對詞語釋義，明確界定同義詞並進行研究，發現同一語境中在同期共存的句

① 徐時儀：《古白話詞彙研究論稿》，上海教育出版社，2000年版，第66頁。

式進而比較分析是體現在異文彙校過程中顯而易見的研究切入點。

## 第一節　異文對比與詞語釋義

異文文獻對比釋義是當前異文研究應用最爲廣泛的方法，如楊琳在《論異文求義法》一文中指出：“異文在訓詁中可以有三種作用：一是據以訂正訛誤，二是昭示詞語的新義或少用義，三是有助於在多種可能的理解中確定唯一正確的理解。”① 異文釋義爲疑難詞的考釋提供了極大的便利，但完全依賴異文進行釋義而不加考證是極其冒險的，因爲用來佐證的異文詞語是否真的和被考釋的詞語存在意義上的共通性是需要考證的，如趙振鐸所説：“古書裏面異文的情況非常複雜，有些異文對於辨析詞義有一定的作用，它爲確定詞義提供了綫索。有的異文是師承關係，或者傳抄錯訛，對於辨析詞義的作用就小一些，甚至完全沒有作用。”② 因此本書在異文釋義的基礎上，又對異文詞對中的兩組詞語進行文獻上的考證，如果訓釋的義項在相關的語境中都能貫通，方可判定此異文訓釋義項成立。依此原則，本書考釋“五燈”中不見於諸字典辭書，但詞義較爲疑難的詞語，具體如下：

---

① 楊琳：《論異文求義法》，載於《語言研究》，2006 年第 5 期，第 102 頁。
② 趙振鐸：《訓詁學綱要》，巴蜀書社，2003 年版，第 172 頁。

【蘇香】也作“酥香”，類似於奶酪等奶製品。

(1) 良久曰：“醫王不是無方義，千里蘇香象不回。”(《會元》卷十六《東京智海本逸正覺禪師》)

(2) 良久云：“醫王不是無方義，千里酥香象不回。”(《續燈録》卷六《東京大相國寺智海正覺禪師》)

按：“蘇”也作“酥”，“酥”指“(飲食) 是牛羊等乳鑽抨成之。或以草葉藥而成之。所謂從牛出乳，從乳出酪，從酪出生酥，從生酥出熟酥，從熟酥出醍醐，而醍醐最爲上藥”[①]。因此“蘇香”即爲奶製品。

【當情】與實際情況相契合，合適。

(1) 尼總持出禮拜：“據某甲所見，四大本空，五陰非有。正當恁麼時，無一法可當情。”師曰：“汝得吾皮。”(《廣燈録》卷六《第二十八祖菩提達磨者》)

(2) 道育曰：“四大本空，五陰非有，而我見處，無一法可得。”祖曰：“汝得吾骨。”(《會元》卷一《初祖菩提達磨大師者》)

按：《會元》作“得”，與“當情”屬於異文關係。《説文·彳部》釋“得”爲：“行有所得也。”“得”的本義爲“獲得、得到”，引申義有“適、合”等義，如晉陶淵明《飲酒》：“傲嘯東軒下，聊復得此生。”此處“得”就是適合義。“當情”在古籍中常用，如南朝皇侃《論語義疏》卷二：“戚哀有五服，輕重者各宜當情。”此處“當情”爲“合適”義；又唐元稹《放言五首》之一：“安得心源處處安，何勞終日

① 丁福保：《佛學大辭典》，中國書店，2011年版，第2257頁。

望林巒。玉英惟向火中冷，蓮葉元來水上乾。甯戚飯牛圖底事，陸通歌鳳也無端；孫登不語啓期樂，各自當情各自歡。"此處指由自己各自的實際情況生發出各自的感覺等。又宋朱熹《朱子語類》卷八十六："古者教法，禮樂射御書數不可闕一，就中樂之教尤親切，夔教胄子只用樂，大司徒之職也。是用樂，蓋是教人朝夕從事於此，拘束得心長在這上面。蓋爲樂有節奏，學他底急也不得，慢也不得，久之都換了他一副當情性。"此處是指自然順境的心態。這在後代有所沿用，如吳承恩《西遊記》："那妖精敗陣必然向他祖翁處去會話，明辰斷然尋我們報仇，當情與你掃蕩乾淨。'老王稱謝了，擺上晚齋。師徒們齋畢，各歸寢處不題。"此處"當情"的意思應是"到時候根據當時的情景采取相應的措施"。"當情"一詞在佛經中常用，表示法理是否適合，如唐窺基《大乘法苑義林章》卷一："無無所無，所以言無；有有所有，所以言有；言有而有，亦可言無；遍計所執，真俗無故；言無而無，亦可言有；當情我法，二種現故。令除所勢，我法成無；離執寄詮，真俗稱有；妄詮我法，非無非不無；當情似有，據體無故；妄詮真俗，非有非不有；非稱妄情，體非無故；我法無故，俱是執皆遣；真俗有故，諸離執皆存。由此應言，迷情四句，四句皆非；悟情四句，四句皆是。說境我法空破初執有，說心真俗有破次執空。"此段引文中出現了兩次"當情"，都是指和大乘佛法這種脱離了二元對立思維的義理相契合的狀態。又如《祖堂集》卷七《夾山和尚》："夫有佛有法有祖已來，時人錯會，謂言佛邊祖邊法邊，遞代相承，至於今日。須依佛祖法句意與汝爲師言方是。因此天下出無眼狂人，卻成無智。不然，他只如無法本來是道，無一法當情。沒佛可成，沒道可修，沒法可捨。”此處“無一法當情”即爲沒有與之合適的佛法。

【穿鑿】本指開鑿、挖掘或牽強附會，禪宗燈録中又引申指采取一定的施設手段鍛煉學人，使之開悟。

（1）州先到黃檗處曰：“問話上座，雖是後生，卻甚奇特。若來辭，方便接伊，已後穿鑿一株大樹，與天下人作陰凉去在。”（《廣燈録》卷十《鎮州臨濟義玄禪師》）

（2）州先到黃檗處曰：“問話上座，雖是後生，卻甚奇特。若來辭，方便接伊。已後爲一株大樹，覆蔭天下人去在。”（《會元》卷十一《鎮州臨濟義玄禪師》）

在《會元》這段異文中，不見“穿鑿”的異文，但是可見“穿鑿”的結果——“爲”，即“成爲”義。在《碧岩録》卷二中關於此處的異文記爲：“首座預去白檗云：‘問話上座，甚不可得，和尚何不穿鑿教成一株樹去，與後人爲陰凉。’”① 在此，“穿鑿”體現出其作爲行爲方式的本來意義，即“教”，在禪宗語録中，其體現爲“教導”義，其引申蓋來源於功能上的相關性。因爲“穿鑿”本義爲“開鑿、挖掘”，如漢焦贛《易林·井之歸妹》：“穿鑿道路，爲君除舍。”由此引申出采取一定的施設鍛煉學人以使其悟見真性。

【族里】家族。

（1）未詳族里，自謂大祖，受度傳法，隱於舒之皖公山。（《普燈録》卷一《三祖僧璨大士》）

① 《大正藏》第48冊第152頁。

(2) 三祖僧璨大師者，不知何許人也。初以白衣謁二祖，既受度傳法，隱於舒州之皖公山。(《會元》卷一《三祖僧璨大師》)

《普燈録》將"不知何許人也"，記爲"未詳族裏"。"族裏"一詞不常見於漢譯佛經，在南北朝世俗文獻中有類似的一例，爲：

(3) 維皇魏故衛尉少卿謚鎮遠將軍梁州刺史元君墓志銘：君諱演，字智興，司州河南洛陽穆族裏人也。(《漢魏南北朝墓志彙編·北魏》)

在此還不能説"族裏"爲詞語，此處應該是"穆族裏人"。而在宋代時期，"族裏"一詞在《普燈録》中常用，如：

(4) 舒州法華全舉禪師，未詳族裏。(《普燈録》卷二《舒州法華全舉禪師》)

(5) 紹興府天衣如哲禪師，族裏未詳。(《普燈録》卷九《紹興府天衣如哲禪師》)

(6) 令人本明，亡其族裏。(《普燈録》卷十五《令人本明》)

這種用法在元代所成的《金史》《遼史》中常用，如：

(7) 左丞相徒單克寧得解政務，爲樞密使。是日，汝弼亦懷銾乞致仕。上使人止之曰："卿年未老，未可退也。"進左丞，與族弟參知政事妝霖同日拜，族裏以爲榮。(《金史》卷八三《張玄素列傳》)

(8) 故自初起至於國亡，列其世次，著其族裏，可考鑒焉。(《金史》卷六三《太祖聖穆皇后列傳》)

(9) 年十三，兀古匿卒，自以早失怙恃，復遭祖喪，哀

毁逾禮，族裏嘉歎。(《遼史》卷一〇六《蕭蒲離不列傳》)

由此可知，“族裏”一詞爲新詞，應爲“家族”義。

【立化】站立著去世。

(1) 一日，士民奔趨，大設檀供訖，於大樹下立化。(《廣燈録》卷七《第三十祖僧璨大師》)

(2) 祖爲四衆廣宣心要訖，於法會大樹下合掌立終。(《會元》卷一《三祖僧璨》)

“立化”作爲“立化樹俗”“樹俗立化”的成詞語素在上古時期就已經出現，意爲“樹立風俗教化”，如：

(3) 天高而難知，有福不可請，有禍不可避，法天則戾。地廣大深厚，多利而鮮威，法地則辱。時舉錯代，更無一，法時則貳。三者不可以立化樹俗，故聖人弗法。(《鶡冠子》卷上《近迭第七》)

(4) 泰上成鳩之道，一族用之萬八千歲，有天下兵強，世不可奪，與天地存，久絕無倫，齊殊異之物，不足以命其相去之不同也。世莫不言樹俗立化，彼獨何道之行以至於此？(《鶡冠子》卷中《王鈇第九》)

又有“承基立化”，即“承化”之義，爲“承奉天運、進行教化”，如：

(5) 神農樂名扶持，亦曰下謀。(澍桉《通典》)

(6) 神農之樂曰下謀。(《孝經鉤命》)

“立化”在漢代獨立成詞，爲“樹立教化”之義，如：

(7) 政務爲郡國守相、縣邑令長陳通政事所當尚務，欲令全民立化，奉稱國恩。(《論衡》卷二十九《對作篇》)

(8) 今世之將，材高知深，通達衆凡，舉綱持領，事無

不定；其置文吏也，備數滿員，足以輔己志。志在修德，務在立化，則夫文吏瓦石，儒生珠玉也。(《論衡》卷十二《程材篇》)

"立化"的"樹立教化"義在魏晉南北朝時期繼續沿用，如：

(9) 舉子不爲宥父，遠惡也，以能昭德立化，爲百王之命也。(《全三國文》卷七十《吳八》)

(10) 古之哲王，創業垂統，安民立化，莫不崇建膠序，開訓國胄，昭宣《三禮》，崇明四術，使道暢群邦，風流萬宇。(《魏書》卷八《帝紀第八》)

而在宋代的燈録中，忽然出現了"站著死亡"的意義，"化"的"死亡"義忽然和死的方式聯繫到一起，如：

(11) 侍者出云："某甲隨得。但和尚到處某甲即到。"師曰："汝卻隨得老僧。"言訖謂使者曰："吾先行矣。"怡然坐逝。侍者即立化。師壽七十八。坐六十五夏。(《古尊宿語録》卷十)

(12) 師既顯神異，慮成惑眾。遂入五台，於金剛窟前將示滅。先問眾云："諸方遷化，坐去臥去，吾嘗見之。還有立化也無。"眾云："有也。"師云："還有倒立者否。"眾云："未嘗見有。"師乃倒立而化。亭亭然其衣順體。時眾議舁就茶毗，屹然不動。(《傳燈録》卷八《五臺山隱峰禪師》)

(13) 公舍外有小園，面溪一亭潔飾，夷甫至其間，親督人灑掃及焚香。揮手指畫之間，屹然立化。(《夢溪筆談》卷二十)

(14) 夫解化之道，其有萬途。或隱遁林泉，或周遊異域，或親逢聖匠，或會遇真靈，或授籙而記他生，或交帶而

傳仙訣，或坐死空穀，或立化幽岩，或髻發但存，或衣結不解。(《雲笈七簽》卷八十五《屍解部二・太一守屍》)

“化”用於“死亡”義的詞語還有“坐化”。

“坐化”一詞暫未見於上古及魏晉南北朝時期的世俗文獻，在隋唐時期可見，如：

(15) 从此後，其僧修福作利益，日夜不停，直到手指三分只有一分底。年到七十後，坐化而去也。呼为南泉道者也。(《祖堂集》卷十六《南泉和尚》)

(16) (釋義忠) 著有《成唯識論纂要》《成唯識論鈔》三十卷、《法華經鈔》二十卷、《無垢稱經鈔》二十卷、《百法論疏》等。年七十二坐化。(《大慈恩寺志》卷十《人物一・釋義忠》)

(17) 僧尼俗士，自前多有捨身、燒臂、煉指、釘截手足、帶鈴掛燈、諸般毀壞身體、戲弄導具、符禁左道、妄稱發現還魂坐化、聖水聖燈妖幻之類，皆是聚衆眩惑流俗，今後一切止絶。(《舊五代史》卷一一五《周書六》)

(18) 聞説孤窻坐化時，白莎蘿雨滴空池。吟詩堂裏秋關影，禮彿燈前夜照碑。賀雪已成金殿夢，看濤終負石橋期。逢山對月還惆悵，争得無言似祖師。(李洞《哭棲白供奉》)

另有“火化”一詞與“死亡”之義相關，“火化”在先秦時期有“以火熟物”的意義，如：

(19) 昔者先王未有宮室，冬則居營窟，夏則居橧巢；未有火化，食草木之實，鳥獸之肉，飲其血，茹其毛。(《禮記・禮運》)

(20) 故燧人火化，變腥爲熟。(沈約《均聖論》)

"火化"又有"冶煉"義，如：

(21) 太鹵之金，棠谿之工，火化水淬，器備以充。(柳宗元《晉問》)

"火化"用於"火葬"之義在宋代始有出現，如：

(22) 僧臘四十。將逝。謂其徒曰：諸方老宿。必留偈辭世。世可辭耶。且將安往。逮終無一言。初在龍門作靈光台。以會葬較棒之火化者。且自爲志曰：余他日亦藏於此。(《古尊宿語録》卷三十四)

(23) 是夕，閉方丈門自縊死。及火化，舍利五色不可勝計。(《老學庵筆記》卷七)

(24) 近時京丞相仲遠，豫章人也，崛起寒微，祖父皆火化無墳墓，每寒食則野祭而已，是豈因風水而貴哉！(《鶴林玉露》卷之六《風水》)

且多用於僧人的安葬中，尤其在世俗文獻中有受佛教文獻影響的記載，如：

(25) 噫！古之葬者弗封樹，慮其傷心，若掩骼埋胔之類，欲人之弗得見也。而後世樸散，轉加乎文，遂有貴賤丘壙高厚之制。及佛教來，又變其飾終歸全之道，皆從火化，使中國送往，一類燒羌，至收餘燼爲浮圖，令人瞻仰，不復顧歸土及泉之義。世以爲然，自非高道，孰克相宜，我懺悔上人，終獲是禮，斯無愧焉。(《全遼文》卷八《王鼎》)

由此可見"火葬"的風俗是受了佛教的影響，在此"化"是用火燒掉之義，是對已經死亡的屍體的處理方式，而不是指從活到死這個過程與結果，儘管這種方式是受到了佛教送葬禮儀的影響。

然而，"立化""坐化""火化"表示"死亡"之義均從宋代開始大量使用，詞義過渡較爲突兀，根據這種特殊現象，考察漢譯佛經，卻並未發現大量例句，在佛經中多作“往生”，而禪宗中主要講“不來不去”，更無對西方極樂的嚮往與追求，因此，只用“V+化”的形式描述死亡過程中身體的姿勢。

“立終”爲狀中詞組，沒有固定成詞語，並不常用，而“立化”爲禪宗新詞，在《廣燈録》中予以保留應用。

【飽餉餉】【飽不饑】【飽不休】飽。

(1) 師住後，上堂曰：“我在臨濟爺爺處得半杓，末山娘娘處得半杓，共成一杓。喫了，直至如今飽不饑。”(《會元》卷十一《灌溪志閑禪師》)

《廣燈録》中作“飽不飢”爲“飽餉餉”[①]，《會要》作“飽不飢”爲“飽不休”[②]，“飽+不+V”，“飽+BB”(“BB”爲同音重疊）皆爲很飽的意思。在禪宗燈録中還有“飽齁齁”等，正如雷漢卿所說：“禪宗創造且首次記録了豐富多采的ABB重疊詞語。”[③] 在現代漢語方言中，“飽支支”“飽騰騰”“飽稷稷”都指很飽。[④]

【不借借】【不借】【借借】

“不借借”是曹山所創公案語，指不以世人的觀念執著

① 《卍續藏》第135冊第713頁。

② 《卍續藏》第136冊第603頁。

③ 雷漢卿：《禪籍方俗語研究》，巴蜀書社，2010年版，第490頁。

④ 許寶華、宮田一郎：《漢語方言大詞典》，中華書局，1999年版，第3507～3508頁。

於外境，但卻以了悟之性行與境圓融之事。“不借”指打破執著，“借”指順應外境。

爲了使問題變得淺顯，我們姑且將此種世俗意義上的“借”稱爲 $V_1^A$；明“不借”之理，行“借”之用，不著於“借”之“借”，我們稱爲 $V_1'$；$V_1^A$ 的當事或施事主體稱爲 $N_1$，$V_1'$ 的當事或施事主體多是句中所涉的主人公，稱爲 $N_2$。“不 VV”結構爲“（$N_1$ $V_1^A$），（$N_2$）不 $V_1^A$（$N_2$）$V_1^A$”，義爲“不是常人所認知的 $V_1^A$，而是爲了解佛法真諦或與境圓融采取外相上皆屬 $V_1^A$，而實質有差的 $V_1^A$。行爲的所屬語義 $V_1$ 是相同的，但 $V_1'$ 的行爲宗旨、深層意義等與 $V_1^A$ 有所差別，“不 $V_1^A$”隱含了行爲意義的質變。

（1）師住後，上堂曰：“我在臨濟爺爺處得半杓，末山娘娘處得半杓，共成一杓。喫了，直至如今飽不饑。”僧問：“請師不借借。”師曰：“滿口道不得。”（《會元》卷十一《灌溪志閑禪師》）

（2）往後謂衆曰：“我見臨濟無言語，直至如今飽不饑。”問：“請師不借。”師曰：“我滿口道不借。”（《傳燈録》卷十四《灌溪志閑禪師》）

“不 VV”的形式在禪宗中常有，如“不説説”“不聞聞”，都是作爲固定的傳法方式而立名的。《禪宗大詞典》釋“不説説”爲“不説而説”，“不聞聞”爲“不聞而聞”①，釋義是正確的，釋義模式在“不借借”一詞中也可套用，意爲“不借而借”。此爲佛教禪宗中的典型語，但袁賓等并未詳細説明此種邏輯規律出現的原因，本書解釋如下：

---

① 袁賓、康健：《禪宗大詞典》，崇文書局，2010 年版，第 30 頁。

(3) 問："如何是借功明位?"師曰："波濤歸大海。"曰："如何是借位明功?"師曰："青山戴白雲。"曰："如何是借借不借借?"師曰："木童解笑非唇吻。"曰："如何是全超不借借?"師曰："月落寒潭影不留(瑞白雪嗣)。"(《五燈全書》卷一百十四《天臺護國眠石淨蘊禪師》)

在禪宗里，某一參禪的方式符號化之後，往往以"公案的首創者＋公案中心語"的形式命名，"不借借"在禪宗公案中被稱爲"曹山不借借"，如：

(4) 問："雲岩寶鏡三昧，宗旨儼然。洞山因甚複立五位正偏?"師曰："沒弦琴操中秋月，無孔笙吹上巳風。"曰："只如曹山不借借又作麼生?"師曰："處處晴光凝草木，山山佳氣入樓臺。"(《五燈全書》卷一百十五《越州城山資教淡水淨洽禪師》)

在禪師的稱謂中，常常以其所駐之地代其名號，如"黄檗"指黄檗山希運禪師，"百丈"指百丈山懷海禪師，此"曹山"指曹山本寂禪師。而在曹山本寂禪師的語録中，恰恰有關於"不借借"由來的記載，如下：

(5) 紙衣道者來參，師問："莫是紙衣道者否?"者曰："不敢。"師曰："如何是紙衣下事?"者曰："一裘才掛體，萬法悉皆如。"師曰："如何是紙衣下用?"者近前應諾，便立脫。師曰："汝只解恁麼去，何不解恁麼來?"者忽開眼，問曰："一靈真性，不假胞胎時如何?"師曰："未是妙。"者曰："如何是妙?"師曰："不借借。"者珍重便化。師示頌曰："覺性圓明無相身，莫將知見妄疏親。念異便於玄體昧，心差不與道爲鄰。情分萬法沉前境，識鑒多端喪本真。如是句中全曉會，了然無事昔時人。"(《會元》卷十三《撫州曹

山本寂禪師》)

此段中，曹山所說的“不借借”雖知道是“不借”，但實際的行爲是借，但明白此爲“不借”，明“不借”之理，行“借”之用，不著於“借”，此爲不借而借，此借即是不借。

紙衣道者不敢應答自己的名號，是怕落入名相與執我的窠窟中，曹山見其在日常生活中受法執不得自在，便施設方便進行引導，“紙衣下事”是指所參的禪理，道者認爲法盡是外相而已；“紙衣下用”是指日常生活中的實踐，道者應聲且脫去代表禪法的外衣是說要隨緣應事，與境圓融，這都是合乎禪宗大意的，因此曹山說：“你就知道在對答中這麼說，剛才日常問話，你怎麼不曉得在實踐中運用呢?”於是道者有所了悟，問說：“自性不借身形時是什麼狀態?”(“假”通“借”)而曹山認爲其問話有問題，因爲“不借”身形，仍是在“借身形”這一預設下成立的，屬於知見立知。對“借身形”的徹底否定，就是對“不借身形”的過分執著。而“不借借”的出現前提是世俗或未了悟的人對胞胎、身相有所執著，即 $N_1 V_1{}^A$。了悟的人要打破這種對身體、外相的執著，即爲“$N_2$不 $V_1{}^A$”。但是絕對的“不 $V_1{}^A$”也是執著，可能會導致有損生命的行爲，害人害己，違背常規，何況與外界有所區別，就已經違背了禪宗的“不二之法”，因此了悟之人既要明白“不借胞胎”的道理，又要和常人一樣，淡然處之，不做出棄與不棄的行爲，出入不離兩邊，這種在“不借”宗旨下的“借 $V_1{}'$”不同於世人執著的“借 $V_1{}^A$”，看起來都是 $V_1$ 的動作行爲，但實質行爲宗旨、目的和施事主體的心態都有著極大的不同。此種句子的表達模式爲“($N_1V_1^A$)，($N_2$)不$V_1^A$($N_2$)$V_1'$”。

這種公式型的解釋同樣可用於“不説説”“不聞聞”中，如：

(6) 問：“如何是世尊不説説？”師曰：“須彌山倒。”曰：“如何是迦葉不聞聞？”師曰：“大海枯竭。”(《五燈會元》卷九《潭州鹿苑和尚》)

“不説説”與“不聞聞”這組禪宗語出自“世尊拈花，迦葉微笑”這一公案中。表面上看來，世尊的確沒有任何語言，但實際上，世尊是通過“拈花”這一動作隱喻了佛理的，正如周裕鍇所説：“佛教典籍中常以花喻佛性，拈花示衆，就是以暗示象徵代替言説闡釋。用花作爲傳教的媒介，實質上就是用形象直覺的方式來表達和傳遞那些被認爲本來不可以表達和傳遞的東西。”① 雖然世尊沒有言語，即沒有$V_1^A$，但是其通過行爲隱喻同樣達到了“言説佛法”的效果，即$V_1'$。“$V_1^A$”重在强調用有聲語言表達，“$V_1'$”則是通過行爲隱喻言説，兩者都達到了表達的效果，但在表達的方式上則有所差别。“不聞聞”也是如此，“不聞”爲“不$V_1^A$”，“$V_1^A$”指常人認爲的通過聽覺感受到的信息，“不聞聞”的第二個“聞”字即“$V_1'$”是指通過視覺渠道及主觀思維爲外界行爲媒介的隱喻解讀得到的信息，兩者都是“得到信息”，但是信息的來源有所區别。這種解釋在佛教文獻中可以得到验證，如：

(7) 今明，諸佛菩薩無所得空有，因緣無礙故。空是有空，有是空有。空是有空，雖空而有。有是空有，雖有是

① 周裕鍇：《百僧一案》，上海古籍出版社，2007年版，第2頁。

空。說是不說說，不說是說不說。說是不說說故，雖說而不說。不說是說不說故，雖不說而常說。故得世諦不說而真說也。(《大乘玄論》卷一《明中道第六》)

此例明確而詳細地闡述了"說和不說說"的辯證關係，隱含語義結構對比如下：

說是不說說

$V_1{}'$是不$V_1{}^A V_1{}'$，即

$V_1{}'=$不$V_1{}^A=V_1{}'$，即

$V_1{}'=$不$V_1{}^A$

由此可得"$V_1{}^A=$不$V_1{}'$"，即例中所說的"說是不說說，雖說而不說"，如：

雖說而不說

"雖$V_1{}^A$而不$V_1{}'$"，即

$V_1{}^A=$不$V_1{}'$（靠言說了悟是與真諦相悖的）

不說是說不說

不$V_1{}^A$是$V_1{}'$不（是）$V_1{}^A$，即

不$V_1{}^A=V_1{}'=$不$V_1{}^A$

不$V_1{}^A=V_1{}'$，即文中所說的"雖不說而常說"。

雖不說而常說

雖不$V_1{}^A$而常$V_1{}'$

不$V_1{}^A=$常$V_1{}'$

"故得世諦不說而真說也"意爲"所以世尊所講的真諦不能從言語文字的層面表達理解，這才是真正直指心性的表達"。

在以“頓悟”爲宗旨的禪宗觀念里，言説並不是了悟的唯一選擇，而只是一個方便的法門而已，能於電光石火間明心見性的施設方式才是打開心悟之門的最佳選擇。於是在“表達”這個語義中，“説”就不能局限於言語，還隱含了其他的方式，而且後者是被廣爲提倡的。因此，在佛教文獻中，存在佛教宗旨下相對立名而産生的詞義差别，這是需要讀者注意的。

【借借】

相對於“不借借”來説，還有“借借”一詞，應是指借相了悟，如：

(8) 問：“如何是佛?”師曰：“留髭表丈夫。”問：“奔流度刃，疾焰過風，未審姜山門下還許借借也無?”師曰：“天寒日短夜更長。”（《五燈會元》卷十二《越州姜山方禪師》）

“留髭表丈夫”一句是説“佛”只是一個名相，通過這個名相來表達頓悟自性真諦的存在。“借借”和“留髭表丈夫”雖不是同一話題，但處於同一個段落之中，指頓悟是刹那間的事情，可不可以通過借助相的作用來了悟呢？後一個“借”爲動名詞，此處隱含語義爲“$V_1$ ‘$N_{V1}$’”。姜山禪師的回答是不容樂觀的，“明時短，暗時長”，表明這種借相了悟的方法還是有所缺陷的。

【不借】即指不借相就達到了悟的境界，爲“不借借”的省略形式。

上文所舉《傳燈録》記載了“往後謂衆曰：‘我見臨濟

無言語，直至如今飽不饑。’問：“請師不借。”師曰：‘我滿口道不借。’”一段，然此種“不借”的用法在禪宗燈録中少見，蓋爲“不借借”的省略形式。問話中請教師父不借外相頓悟的辦法，師父說自己說的“飽不饑”就是不借外相、自性具足的道理。

【會人】門人、弟子。

(1) 前韶州刺史韋據撰碑，會人憶取首之記，遂先以鉄葉漆布固護師頸。(《廣燈録》卷七《惠能大師》)

(2) 時韶州刺史韋據撰碑，門人憶念取首之記，遂先以鐵葉漆布固護師頸。塔中有達磨所傳信衣。(《會元》卷一《六祖慧能大師》)

按：“會人”一詞在《會元》中異文作“門人”，義爲弟子。“會人”一詞在世俗文獻中不常見，在漢譯佛經中常有，多指聽法的信眾或弟子，如姚秦竺佛念譯《出曜經》卷十六：“爾時目連從空中還就本坐。尊者舍利弗告眾會人。如來之身神德無量。具一切智前達無窮卻睹無極。如來法者得現法報快樂無爲。”晉法炬共法立譯《法句譬喻經》卷二：“爾時藍達長者座中會人。見佛變化聞說法言皆大歡喜。”

【大開士】菩薩。

(1) 又梁末真諦三藏於壇之側，手植二菩提樹，謂眾曰：“卻後一百二十年，有大開士於此樹下演無上乘，度無量眾。”祖具戒已，於此樹下開東山法門，宛如宿契。(《會元》卷一《六祖慧能大師》)

(2) 又梁末真諦三藏於壇之側，手植二菩提樹，記曰：

“卻後一百二十年，有大士受具於此樹下，宛如宿契。”（《廣燈録》卷七《惠能大師》）

按：“大開士”一詞在《廣燈録》中異文記述爲“大士”。“大士”一詞爲梵文，爲“mahāpuruṣa”，巴利語爲“mahāpurisa”，“mahā”音爲“磨訶”，即“磨訶薩埵”，一般譯成“大士”，“大士”義爲菩薩。而“puru ṣa”音即爲“菩薩”，在翻譯的過程中，常譯成“開士”。“大開士”即爲“mahāpuruṣa”的全譯，即“磨訶菩薩”，義指“菩薩”，因此“大開士”即指“磨訶菩薩”。

【博窮】博覽。

（1）有僧神光者，久居伊洛，博穷内外之书。（《普燈録》卷一《初祖菩提達磨》）

（2）久居伊洛，博覽群書。（《會元》卷一《初祖菩提達磨大師者》）

按：由《會元》“博窮”異文作“博覽”可知，“博窮”即爲“博覽”義，“博窮”一詞暫不見於譯經，但在南北朝的僧俗典籍中常用，如梁寶唱撰《比丘尼傳·東青園寺淨賢尼傳六》：“淨賢，本姓弘，永世人也，住青園東寺，有干局才能而好修禪定，博窮經律言必典正。”[①] 又《金樓子》卷四《立言篇九下》：“今之儒博窮子史，但能識其事，不能通其理者，謂之學。”又《梁書》卷二五《周舍列傳》：“故侍中、護軍將軍簡子舍，義該玄儒，博窮文史，奉親能孝，事君盡忠。”“博窮”一詞在後世所用不廣。

---

① 《大正藏》第50冊第946頁。

【潛知】暗想、推測得知。

(1) 復問："衣法誰得邪?"祖曰："能者得。"於是眾議盧行者名能，尋訪既失，潛知彼得，即共奔逐。(《會元》卷一《五祖弘忍大師者》)

(2) 復問："衣法誰得耶?"師曰："能者得。"於是眾議盧行者名能，尋訪既失，懸知彼得，即共奔逐。(《傳燈録》卷三《弘忍大師者》)

按：此"潛知"《傳燈録》異文作"懸知"，"懸知"爲"料想、預知"義，"潛知"與其義近，應爲"暗想、推測得知"義。《説文·水部》："潛，涉水也。一曰藏也。一曰漢水爲潛。""潛"有"暗中、秘密地"之義，如《左傳·哀公六年》："(子閭) 與子西、子期謀，潛師閉塗，逆越女之子章立之，而後還。"杜預注："潛師，密發也。""潛知"一詞在《晉書》卷八六《張軌列傳》中可見，如"實潛知其謀，收弘殺之"，指暗暗地知道。"潛知"在後世有所應用，但頻率不高。

【燒送】火葬。

(1) 老人於言下大悟，告辭師云："某甲已免野狐身，住在山後，乞依亡僧燒送。"(《廣燈録》卷《洪州百丈山大智禪師》)

(2) 老人於言下大悟，作禮曰："某已脱野狐身，住在山後，敢乞依亡僧津送。"(《會元》卷三《洪州百丈山懷海禪師者》)

按："燒送"一詞，《會元》異文作"津送"，爲"辦理喪事"義。因佛教中多流行火葬，故此用"燒送"表示送葬的方式，此"燒送"燒的是屍體，因此"乞依亡僧燒送"中，"燒送"指火葬。在宋代以前無論在世俗文獻還是在釋典中均少見此用法，在宋代各燈録中，暫見"燒送"一詞都用於表示此"野狐禪"一則之中，宋代世俗文獻中不見，但在元明清小說中，"燒送"一詞又有表示"焚化紙錢、衣物等以敬鬼神"義，如《三刻拍案驚奇》第二十四回："子平道：'婆婆，不如我一發替妳虔誠燒送。只要把我文書錢，我就去打點，紙馬土諳各樣我都去請來。若怕我騙去，把包中《百中經》作當。'"又《水滸傳》第三十九回："當日戴宗離了江州，一日行到晚，投客店安歇。解下甲馬，取數陌金紙燒送了。"又《活地獄》第十回："等到交卸之後，臨動身的那一天，百姓們非但不感德，而且都買了紙錢，到轎子跟前燒送。"

【導者】參學中有引導作用的人。

(1) 祖問寂静宗云："何名寂静，於諸法中，誰静誰寂?"彼有導者，答云："此心不動，是名爲寂；於法無染，名之爲静。"(《會要》卷二《第二十八祖菩提達磨者》)

(2) 至第六寂静宗所，問曰："何名寂静，於此法中，誰静誰寂?"彼有長者，答曰："此心不動，是名爲寂；於法無染，名之爲静。"(《廣燈録》卷六《第二十八祖菩提達磨者》)

(3) 至寂静宗所，問曰："何名寂静，於此法中，誰静誰寂?"彼眾中有尊者，答曰："此心不動，是名爲寂；於法無染，名之爲静。"(《會元》卷一《初祖菩提達磨大師者》)

按：在《會元》和《廣燈録》中"導者"的異文分别爲"尊者"和"長者"，其中"尊者"指具有較高的德行、智慧的僧人。"長者"指年紀大、輩分高或德高望重的人。此處"導者"指在修行之路上具有引導作用的前輩。"導者"一詞在譯經中常見，如元魏吉迦夜共曇曜譯《雜寶藏經》卷八："爾時國内風教既行，惡名消滅，夫人臣佐，皆生忠敬，一切人民，無不歡喜。譬如牛王渡水，導者既正，從者亦正。"此處"導者"爲起引導作用的人，又如東晉釋法顯譯《大般涅盤經》卷下："其中或有舉手拍頭搥胸大叫，共相謂言：'世間眼滅，一何速哉！一切眾生，從今已去，誰爲導者?'"又如《指月録》卷之十四："又云：'此方教體以音聞應機，故明導者假以語言發其智用。然以言遣言，以理辨理，則妙精圓明未嘗間斷，謂之流注真如。"此導者皆是指借助某些方便法門得以引領學人修得正果之人。"導者"一詞在佛經中有見，在禪宗及世俗文獻中所用不多。世俗文獻中多作"×導者"，"者"爲標志職業性質的名詞性詞綴，"×導"爲一個整體，如"訓導者""開導者""嚮導者"。

【鏡明】指鏡子上的光亮。

（1）有一大德問："如鏡鑄像，像成後鏡明向什麼處去?"師曰："如大德爲童子時相貌何在?"（法眼别云："阿那個是大德鑄成底像?"）曰："只如像成後，爲什麼不鑒照?"師曰："雖然不鑒照，謾他一點不得。"（《傳燈録》卷五《南嶽懷讓禪師》）

（2）有一大德問："如鏡鑄像，像成後未審光向甚麼處去?"師曰："如大德爲童子時，相貌何在?"（法眼别云：

“阿那個是大德鑄成底像?”）曰：“衹如像成後，爲甚麼不鑑照?”師曰：“雖然不鑑照，謾他一點不得。”（《會元》卷三《南嶽懷讓禪師》）

按：“鏡明”一詞《會元》異文爲“光”。在唐代世俗文獻中，“鏡明”一詞爲主謂短語，指鏡子的明亮程度，如元結《登白雲亭》：“俯視松竹間，石水何幽清。涵映滿軒戶，娟娟如鏡明。”但在“像成後鏡明向什麼處去”一句中，“鏡明”作爲詞語存在，表示光亮。

【勿量大】大的程度深。

(1) 師辭南泉，門送提起師笠子云：“長老身材勿量大，笠子太小生?”師云：“雖然如此大千世界總在裏許。”（《傳燈録》卷九《洪州黄檗希運禪師》）

(2) 師辭南泉，泉門送，提起師笠曰：“長老身材沒量大，笠子太小生?”師曰：“雖然如此，大千世界總在裏許。”（《會元》卷四《黄檗希運禪師》）

按：“沒量大”一詞在《傳燈録》中作“勿量大”，無著道忠已經注意到了這一點，正如其在《葛藤語箋》中所說的：“‘無量’同‘沒量’，《傳燈》九‘黄檗章’曰：‘南泉云：“長老身材勿量大，笠子太小生!”’”[①] 但其沒有對“勿量”“沒量”作任何解釋，然而《廣燈録》此段異文卻給出了直接翻譯，如下：

(3) 師一日出次，南泉云：“如許大身材，戴個些子大

---

① ［日］芳澤勝弘等：《禪語辭書類聚二・葛藤語箋》，日本花園大學禪文化研究所，1992年版，第97頁。

笠。"師云："三千大千世界總在裏許。"（《廣燈録》卷八《筠州黄檗鷲峰山斷際禪師》）

"如許大"即是黄檗斷際禪師身材十分高大，"沒量"即是"無量"義，即沒有辦法衡量。又如《敦煌變文集新書》卷二《維磨詰所説經講經文》："我向街衢遊玩，裏衖巡行，見貧者抱玉擎金，睹老者擔綾背絹，近前詢問，皆言善德家來，如斯濟救衆生，實即論情不易。如斯設無遮大會，論情沒量大因緣。若求來世豐饒，此事不妨好作。"此處爲因緣具足。

因此"勿量大"即"沒量大"，指"非常大"，大的程度無法形容。

【人天之果】究竟圓滿之果。

（1）師經行次，見斯偈，知是神秀所述，歎曰："依此修行，亦得人天之果。"（《傳燈録》卷七《三十二祖弘忍大師》）

（2）祖因經行，忽見此偈，知是神秀所述，乃贊歎曰："後代依此修行，亦得勝果。"（《會元》卷一《五祖弘忍大師者》）

按："人天之果"在《會元》異文中作"勝果"，"勝果"即"佛果"，即究竟圓滿之果[①]，故此根據異文可斷定"人天之果"即爲"佛果"義，即"究竟圓滿之果"。

【完緝】修建、修繕。

（1）尼驚異之，告鄉人云："能是有道之人，宜請瞻

① 丁福保：《佛學大辭典》，中國書店，2011年版，第2254頁。

禮。”近有寶林古寺舊地，可完緝，延師居之。(《廣燈録》卷七《惠能大師》)

(2) 尼驚異之，告鄉里耆艾曰：“能是有道之人，宜請供養。”於是居人競來瞻禮，近有寶林古寺舊地，衆議營緝，俾祖居之。(《會元》卷一《六祖慧能大師》)

按：“完緝”一詞《會元》異文爲“營緝”，“營緝”也作“營葺”，指“修建；修繕”。《説文·宫部》：“營，帀居也。”桂馥義證：“營謂周垣。”即四周壘土而居住，與“修建”義相關。《説文·艸部》：“葺，茨也。”義爲“用茅草蓋屋”，亦與“修建”義相關。同時，“葺”又有“修飾、整齊”義，如《北史·許善心傳》：“自入京邑以來，隨見補葺，略成七十卷。”而“營緝”之“緝”作“修葺”義應來源於“輯”之通假。“輯”有“整修；補合”義，如《漢書·朱雲傳》：“禦史將雲下，雲攀殿檻，檻折……及後當治檻，上曰：‘勿易！因而輯之，以旌直臣。’”顔師古注：“輯，謂補合之也。”“緝”在“協調、整理”義上通“輯”，如《水滸全傳》第七十一回：“起造修緝房舍一員，青眼虎李雲。”此“修緝”通“修輯”。《字彙·宀部》：“完，繕也。”《詩·大雅·韓奕》：“溥彼韓城，燕師所完。”鄭玄箋：“彼韓國之城乃古平安時衆民之所築完。”由此可知“完緝”爲同義連文，指“修建”“修繕”，“緝”通“輯”。

【安奉】放置、供奉。

(1) 朕爲之國寶，卿可於本寺如法安奉，專令僧衆嚴加守護，勿令遺墜。(《廣燈録》卷七《惠能大師》)

(2) 朕謂之國寶，卿可於本寺如法安置，專令僧衆，親

承宗旨者，嚴加守護，勿令遺墜。(《會元》卷一《六祖慧能大師》)

按：“安奉”一詞《會元》異文爲“安置”，義爲“安排，使事物有著落”。可知“安奉”有“放置、供奉”義。

【歎慕】贊歎欣賞或仰慕。

(1) 第四度命使曰：“如果不起即取首來。”使至山諭旨，師乃引頸就刃神色儼然。使異之回以狀聞，帝彌加歎慕，就賜珍繒以遂其志。(《傳燈録》卷三《第三十一祖道信大師》)

(2) 第四度命使曰：“如果不起，即取首來。”使至山諭旨，祖乃引頸就刃，神色儼然。使異之，回以狀聞，帝彌加欽慕，就賜珍繒以遂其志。(《會元》卷一《四祖道信大師》)

按：“歎慕”一詞的異文在《會元》中爲“欽慕”，“欽慕”爲“敬慕”義。“歎慕”一詞或在魏晉時期已有出現，如《全梁文》卷四十六《與梁武帝啟》：“所恨臣沈朽，不能鑽仰高深，自懷歎慕。”又《能改齋漫録》卷十一《崔湜年不可及》：“蓋湜之賦詩時，是始爲執政，年方二十七耳，故張說歎慕之。”“歎慕”一詞在佛經中也常有應用，如東晉佚名譯《般泥洹經》卷下：“當此之時，地大震動。諸天龍神，側塞空中，散華如雨，莫不歎慕，而來供養。”又晉法炬、法立譯《法句譬喻經》卷三：“勤修居業富樂無憂，以禮自將不犯非宜，沐浴衣服慎於言行，執心守一所作事辦，敏行精修人所歎慕，如此之行乃可爲道耳。”此皆指贊歎欣賞或仰慕。

在對“五燈”系列禪籍彙校的過程中，筆者發現了大量的異文詞語，其中不乏可以參照互訓的用例，綜合以上各例，可證利用異文詞語進行釋義的確爲禪學研究中切實可行的方法。

## 第二節　異文對比與詞義演變

漢語常用詞的演變研究是漢語詞彙史研究的重要任務之一，也是近年來研究的重點，如汪維輝的《東漢—隋常用詞演變研究》[①] 就是詞彙演變研究方面的卓越成果。對於異文同義詞演變的研究，徐時儀認爲：“詞義的演變是一種逐漸的變化，往往或多或少會有歷代文獻，尤其是同一文獻的不同文本中留下一些蛛絲馬跡的記載，這些記載爲我們考證詞義的演變提供了珍貴的綫索。”[②] 禹建華也認爲：“《法苑珠林》異文裏存在著大量的異文現象，它們有時也能夠給我們考察常用詞的歷時更替提供綫索。”[③] 儘管“五燈”異文同義詞共存於同一時代的語料中，但在對部分詞對的分析過程中難免會涉及源流更替的問題，而禪宗燈録作爲本土文獻，由於僧人這一主體長期處於聽經聞法的背景中，自然在詞句上就會存在一定的影響，這種影響的直接表現就是在禪宗燈

① 汪維輝：《東漢—隋唐常用詞演變研究》，南京大學出版社，2000 年版。

② 徐時儀：《略論文獻異文考證在漢語史研究中的作用》，載於《廣州大學學報》，2006 年第 3 期，第 82 頁。

③ 禹建華：《〈法苑珠林〉異文研究》，湖南師範大學博士學位論文，2011 年，第 12 頁。

録中大量的梵文音譯詞和意譯詞以及擴大了詞義的漢語本土詞的混用，對這一現象的各個詞語的語義場進行一一分析研究，有助於清晰地認識譯經對漢語的影響以及宋代時期譯經詞語的使用情況。現僅分析幾例進行説明：

**【已去】—【向去】**

（1）龍潭曰："子見什麼道理？"師曰："從今日已去，不疑天下老和尚舌頭。"（《續燈録》卷一《鼎州德山宣鑒禪師》）

（2）潭曰："子見個甚麼？"師曰："從今向去，更不疑天下老和尚舌頭也。"（《會元》卷七《鼎州德山宣鑒禪師》）

首先，從同義詞構詞的角度講，"已去""向去"這組同義詞對表現出同義詞核心語素不變，附加語素替換的規律：

"去"常爲二價不及物動詞，要求有施事主體及趨向動元，但在此處並未做施動性的行爲，而只表示時間概念"以後"。在此句中，"去"作爲抽象時間的行爲載體，表示時間的運動過程，前邊加上具有"未來過去時"特徵的限制語，相當於"從今以後"。

"去"是行動動詞，在古漢語中即有以下義項[①]：①離開。②距離，離開。③趕走；打發走。④表示命令退去。⑤去掉；除去。⑥抛棄，捨棄。⑦失去；損失。⑧去世，死亡。⑨表示行爲的趨向。⑩從所在地到别處；往，到。⑪過去的。⑫後；以後。⑬扮演。⑭介詞。在。⑮介詞。從。⑯方言。用在某些形容詞後，表示很、極的意思。⑰漢語四聲之一。

---

① 參見《禪宗大詞典》。

其中第⑫個義項“後，以後”有如下書證：

(3) 自今已去，國家永無南顧之虞。(《三國志·吳志·呂岱傳》)

(4) 未知從今去，當復如此不？(陶潛《遊斜川》)

(5) 願從今日去，身長健。(张元幹《感皇恩》)

(6) 媳婦便是親兒女，勞役本分當爲。但願公婆从此去，相和美。(高明《琵琶記·五娘勸解公婆爭吵》)

由此可知，“去”這一由動作行爲演變而來的“以後”義是作爲表示時間的核心義項存在的，又由於“在……之後”這種句式的影響，及漢語按事件發生的先後順序敘述的習慣，修飾語放在“去”之前是比較合適的規則，因此，“去”作爲固定的表示時間的中心語素位置確定在後。修飾“去”這一“未來過去時”義項的語素元在前，“向”和“已”都有“介詞，同‘以’，表示時間、方位、數量的界限”[①] 這一義項，因此，兩者都可以和表示時間意義的“去”組合構成“已去”“向去”這兩個時間副詞。

由此可知，由動詞的趨向動作意義演化而來的時間名詞意義語素在同義詞組合替換時需滿足以下特點：

第一，表示時間先後的核心語素固定不變且由此位置固定的語素確定了組成詞的副詞詞性。

第二，替換的起修飾作用的語素有相同的詞性起相同的限制修飾作用。

第三，替換組合後形成的新詞與原詞在句法上的組合功能沒有明顯差異。

① 參見《禪宗大詞典》。

其次，從源流上來講，“已去”“向去”爲漢語本土詞，由於受譯經句法的影響產生了新義，表示“以後”的意思。

在上古時期“已去”不是詞而是短語，表示已經去世或離開，如：

(7) 古者大夫已去，三年待放。君放之，非也；大夫待放，正也。(《春秋公羊傳·宣公元年》)

此例中的“已去”是指“去世”。而“已去”的“以後”義在漢譯佛經中就有出現，如：

(8) 從今已去不敢復説，是者罪人是者福人，所以者何，一切人之所行不可議故。(後漢·支婁迦讖譯《佛説阿闍世王經》卷下)

此處“從今已去”中的“從今”表示時間的起點，起到限制的作用，“已去”表示時間的延續，“從今已去”即是表示“從今天（此時）開始算起，在以後的時間里都（不敢復説)”。又如：

(9) 太子見我目不正視，以手支頰愁悴而住。王親顧問：“汝今何意懷憂不樂？”白言父王：“令我作屠獵事豈得不憂？”王曰：“畋獵之事，爾不愛耶？”白言：“實非所愛。”王曰：“從今已去更勿出畋。”(義淨譯《根本説一切有部毗奈耶》卷十三)

此句中的“從今已去”意爲“從今以後”。

漢譯佛經中又作“從此已去”，義同“從此以後”，如：

(10) 酬價少者即來共爭云：“我先見此人寶器，汝今因何奪我市易？”從此已去遂至怨仇。(義淨譯《根本説一切有部毗奈耶破僧事》卷十九)

在俄語中有“через”“после”“с……до”等這樣的前置

詞表示時間的方法，相當於“經過多長時間……”“在……時間之後”“從……時候到……時候”等義，俄語中這幾個前置詞大致相當於漢語中的時間介詞，後邊加上時間名詞即構成時間詞組或短語，表示具有起止特徵的時間概念，而同爲印歐語系的梵文也有用前置詞表示“從格”的用法，句式是否一致要參考此經梵文原文并對其譯文進行句式分析才得其解，在此只能説“已去”在漢譯佛經中不再表示“已經離開”“已經去世”的本土義，而具有了表時間延續義的新義，並且“已去”可以單用。其單用時主要表現爲以下幾種類型：

其一，表示時間上的延續，“從……時起在……之後的時間里”，如：

(11) 迦葉問佛：“復從何面來?”答曰：“西詣拘耶尼，取阿磨勒果，汝可食之。”佛飯已去，迦葉復念：“是大沙門所作實神。”(後漢·曇果、康孟詳譯《中本起經》卷上)

在此例中“佛飯已去”表示“在吃完齋飯以後”。

(12) 若不作法至十一日明相出時，皆泥薩只波逸底迦。若苾芻一日得眾多衣，二日已去亦得眾多衣，作法同前；若不作法至十一日明相出時，得罪同前。(義淨譯《根本説一切有部毗奈耶》卷十六)

此例中的“二日已去”表示“兩天以後”“時間超過兩天”的意思。

(13) 具壽鄔波離問佛：“世尊，六年已去，成就五法，遊行人間，受學得不?”佛言：“得。”(義淨譯《根本説一切有部毗奈耶出家事》卷三)

此處的“六年已去”表示“六年以後”“經過了六年”。

其二，“已去”在漢譯佛經中單用時，不僅表示時間的延續，還表示數量上的界限，相當於“超過”義，如：

(14) 此是時若復苾芻者謂六衆也，過二已去，名曰衆多。(義淨譯《根本說一切有部毗奈耶》卷三十五)

“苾芻”即“比丘”的不同譯法[①]，“六衆”義爲“(名數) 六群比丘，義淨新譯謂之六衆”[②]，“六群比丘”指“(名數) 佛在世時，有惡比丘六人，結黨多作非威儀之事，稱曰六群比丘，佛制戒多緣此六群而起。諸律出名不同”[③]。此句意爲“有（這樣的）多個比丘聚集起來叫‘六衆’，超過兩個人，就可稱爲‘衆多’”。“過二已去”，在此句中表示數量上超過兩個。

(15) 是不應爲，今對說悔，是名對說法。衆多苾芻者，謂二三人已去。(義淨譯《根本說一切有部毗奈耶》卷四十九)

此句中“二三人已去”是說“在數量上超過兩三個人，就算是‘衆多比丘’了”。

從以上例子可以看出，“已去”一詞是在後漢至唐代的漢譯佛經中有這種表示時間或數量上的“延續”“超過”義，但在唐代的詩詞文獻中，“已去”的“離開”義仍然有所保留且大量應用，如：

(16) 覆水再收豈滿杯，棄妾已去難重回。(《李白詩全集》卷三《白頭吟》)

此例中的“已去”指“已經離開”。

---

① 丁福保：《佛學大辭典》，中國書店，2011 年版，第 1569 頁。
② 丁福保：《佛學大辭典》，中國書店，2011 年版，第 652 頁。
③ 丁福保：《佛學大辭典》，中國書店，2011 年版，第 653 頁。

(17) 已去漢月遠，何時築城還？(《杜甫詩全集》卷二《前出塞九首》)

“已去”在此表示“已經距離，已經離開”，作爲短語充當句子成分。

到了宋代，在《會元》中譯經新義和本土義並用的情況較多，如：

(18) 聽吾偈曰：“路行跨水復逢羊，獨自棲棲暗渡江。日下可憐雙象馬，二株嫩桂久昌昌。”又問曰：“此後更有何事？”者曰：“從是已去，一百五十年，而有小難。聽吾讖曰：心中雖吉外頭凶，川下僧房名不中。爲遇毒龍生武子，忽逢小鼠寂無窮。”又問：“此後如何？”者曰：“卻後二百二十年，林下見一人，當得道果。聽吾讖曰：震旦雖闊無别路，要假兒孫腳下行。金雞解禦一粒粟，供養十方羅漢僧。”(《會元》卷一《初祖菩提達磨大師》)

此例中的“從是已去”表示時間概念——“從此以後”。又如：

(19) 問：“故歲已去，新歲到來，還有不涉二途者也無？”師曰：“有。”曰：“如何是不涉二途者？”師曰：“元正啟祚，萬物咸新。”(《會元》卷四《舒州投子山大同禪師》)

此例中的“故歲已去”表示以前的時光已經過去了。

在《會元》中，“已去”也同樣具有“已經離開”的意思，這種意思在漢語佛經中比較少見，如：

(20) 少間，溈山問侍者：“師叔在否？”曰：“已去。”溈曰：“去時有甚麼語？”曰：“無語。”(《會元》卷三《五臺隱峰禪師》)

此例中的“已去”表示“已經離開”。

由此可見，"已去"大致有如下流變，在先秦漢語中，"已去"就已經作爲詞組或短語存在，爲"已經離開"或"已經死亡"義；從後漢開始，在漢譯佛經中有了特殊的用法，表示時間、數量上的超過、超出義，此義在漢譯佛經中多見，漢唐文學作品中多用本土義；在宋代禪宗語録中由於其題材既受漢譯佛經文獻的影響，在敘述撰寫中又屬於中古時期漢民族本土文獻，受民族語言的影響，因此，作爲詞其表示時間、數量上的超越義，作爲短語或詞組其又表示"已經離開""已經死亡"義。

隨著近現代漢語的發展，表示時間概念的"以後"及數量上的"多餘""超過"等詞的大量使用，"已經離開""已經去世"等短語形式的多音節化，"已去"一詞漸漸退出了常用詞的舞臺，成爲古語詞。

此外，由"已去"一詞還可以看出漢譯佛經詞語在道經中的影響。由上文可知，"已去"的時間、數量上的概念蓋因翻譯佛經時受到梵文語法的影響，選擇了"直譯"的方式，產生了新義。這種意義在道經中也有用例，如：

(21) 但自今已去，勤修志誠，奉上元夫人之言，不宜復奢淫暴虐，使萬兆勞殘，急魂窮鬼破掘之訴，流血之屍忘功賞之辭耳！（宋·張君房《雲笈七簽》卷七十九《王母授漢武帝真形圖》）

"向去"作爲詞組或短語存在，表示趨向、方位等義，如：

(22) 范百禄亦云界河，向去深濶，加以朝夕海潮往來渲蕩必無淺澱。（清·胡渭《禹貢錐指》卷十三下《附論歷代徙流》）

此例中的“向去”表示河床的深度。

在四部文獻中，“自今向去”“從今向去”等短語形式少有出現，而在佛教典籍中則有個别用例，如：

（23）僧問：“百尺竿頭，如何進步？”曰：“險。”曰：“便恁麼去又作麼生？”曰：“百雜碎。”僧問：“九夏賞勞即不問，從今向去事如何？”曰：“光剃頭，淨洗鉢。”曰：“謝師指示。”曰：“滴水難消。”（《五家正宗贊》卷四《大通本禪師》）

此例中的“向去”指“以後”的意思。又如：

（24）歸方丈示衆：“老僧年邁，不得如諸方依時及節，與汝等説佛法，從今向去，與汝等説得十二分，與佛法相應。”（《五燈全書》卷六十四《常州宜興龍池一心幻有正傳禪師》）

在佛經中“向去”單用爲表示時間的“以後”義時較多，如：

（25）於是尊者須菩提問諸比丘曰：“諸賢！向去何所？今從何來？”諸比丘曰：“尊者須菩提！佛所説法無去無來。”（《佛説磨訶衍寶嚴經》）

（26）師心非之，拂袖而起，行數步，忽然冥契，走告圓悟。悟印其所解。後辭悟，悟問：“向去有人問汝，作麼生？”師撫傍僧背云：“和尚問，汝何不只對？”悟大笑。（《會要》卷十七《台州護國景元禪師》）

（27）師云：“禪德自來講經，將生身父母鼻孔扭捏。從今向去，更不敢如是。”禪者云：“且去，明日來相見。”師即罷講。（《會要》卷二十四《太原孚上座》）

（28）溈失笑曰：“我將謂這矮子有長處，元來隻在這

裹。此子向去，若有個住處，近山無柴燒，近水無水吃。"(《會元》卷十三《撫州疏山匡仁禪師》)

這蓋與其本來就爲雙音節詞有直接關係，借用舊的詞形表達新的意義。

"向去"一詞的趨向意義在佛經中也有應用，如：

(29) 教還觀一佛眉間，若言我見光從眉間出大如門許，漸漸麤大便上向去踴在空中，教令尋光觀爲隨何光上，意疲乃息。(《五門禪經要用法》)

此例中的"向去"義爲向上升騰。又如：

(30) 上堂："轉功就位，是向去底人，玉蘊荊山貴；轉位就功，是卻來底人，紅爐片雪春；功位俱轉，通身不滯，撒手亡依，石女夜登機，密室無人掃。"(《五家正宗贊》卷三《真歇了禪師》)

(31) 上堂，僧問："如何是向去底人?"曰："白雲投壑盡，青嶂倚空高。"曰："如何是卻來底人?"曰："滿頭白髮離岩谷，半夜穿雲入市廛。"曰："如何是不來不去底人?"曰："石女喚回三果夢，木人坐斷六門機。"(《五家正宗贊》卷三《宏智覺禪師》)

此二例中的"向去"和"卻來"相對，都表示趨向概念，"卻來"指"歸來"，此二處的"向去"指趨向，從此岸到彼岸的過程，也指離開。

"離開"義在佛經中亦有應用，如：

(32) 僧問："師子未出窟時如何?"師云："俊鶻趁不及。"云："出窟後如何?"師云："萬里正紛紛。"云："欲出未出時如何?"師云："險。"云："向去時如何?"師云："貶。"(《會要》卷二十五《婺州明招德謙禪師》)

(33) 問：“師子未出窟時如何?”師云：“鋒鋩難擊。”云：“出窟後如何?”師云：“藏身無路。”云：“欲出未出時如何?”師云：“命若懸絲。”云：“向去事如何?”師云：“捞。”(《會要》卷二十六《處州報恩契從禪師》)

由以上可知，“向去”作爲詞形固定的雙音節詞組在上古漢語中即有表示“趨向”的意思，隨著漢譯佛經賦予其新的詞義並在禪宗語録中延續下來，在宋代，其表示時間的“以後”義已經廣爲流傳，如：

(34) 自鄭州向去西京黄河岸一帶皆廹近陵寢。(宋·徐夢莘《三朝北盟會編》卷二百十四)

此例中的“向去”表示距離的意義。

同時，“向去”還表示時間上的延後，即“今後”義，亦見於宋代文獻，如：

(35) 夙夜籌畫以備向去防秋之計。(宋·徐夢莘《三朝北盟會編》卷一百四十七)

(36) 今之災荒，亦非一處，向去寒冷，棄子或多。(《宋史全文》卷二十七上《宋孝宗七》)

(37) 見使命自江南來，一例大水，饒州市中行船，睦州樓居，猶不能免，向去民力必困。(范仲淹《與中舍書》)

(38) 待從今向去，年年強健，插花高會。(劉克莊《水龍吟》)

此例中的“從今向去”直接受到譯經語法的影響。

後隨著表示時間意義的“今後”“以後”“後來”“此後”“往後”等時間詞語的豐富和廣泛應用，及其作爲佛經文獻中產生的舊詞新義傳播使用範圍的局限性及可被替代性等多重因素的影響，“向去”一詞逐漸不再使用。

“已去”和“向去”因“已”和“向”都具有時間介詞的語素性質，因此可以和表示時間運動趨向的“去”結合来表示時間的延續，即“以後”義；和“從……”結合構成短語，一是由於漢譯佛經時受梵文語法的影響，二是佛經中多爲四音節詞這一特殊語體形式的要求。

另外，《續燈録》采用的“已去”，在禪籍燈録及世俗文獻中並不常用，《會元》所用的“向去”爲表示時間概念上延後意義的通俗用法。

**【已後】—【久後】—【他後】**

(1) 溈山、五峰、雲岩侍立次，師問溈山：“並卻咽喉唇吻，作麼生道?”山曰：“卻請和尚道。”師曰：“不辭向汝道，恐已後喪我兒孫。”(《會元》卷三《洪州百丈山懷海禪師者》)

(2) 師上堂云：“並卻咽喉唇吻，速道將來。”溈山云：“某甲不道，請和尚道。”師云：“不辭與汝道，久後喪我兒孫。”(《傳燈録》卷六《百丈懷海禪師》)

(3) 上堂云：“並卻咽喉唇吻，速道將來。”溈山云：“某甲道不得，請和尚道。”師云：“不辭向汝道，他後喪我兒孫。”(《廣燈録》卷《洪州百丈山大智禪師》)

按：“已後”表示將來時意義在上古時期就已出現，如：

(4) 公曰：“善！自今已後，弛鳥獸之禁，無以苛民也。”(《晏子春秋》第一卷《內篇·諫上第一》)

(5) 魏文侯之時，子質仕而獲罪焉，去而北游，謂簡主曰：“從今已後，吾不復樹德於人矣。”(《韓詩外傳》卷七)

後代一直沿用，應用廣泛。現代漢語中不用“已後”，用“以後”。

“已後”常和介詞“從”“自”組合應用，表示從某一段時間開始，如上兩例所提到的“自今已後”“從今已後”等。

“久後”在漢代已見，如：

（6）莽長子宇非莽隔絕衛氏，恐久後受禍，即私與衛寶通書記，教衛後上書謝恩，因陳丁、傅舊惡，幾得至京師。（《漢書》卷九七下《外戚列傳》）

“久後”一詞亦大量見於漢譯佛經，如：

（7）若淫心怒心癡心解者，何因緣，復與妻子共居？若有貪心故。其有賢者，自思惟雖有經小苦耳，久後大樂；與妻子共居須臾樂耳，久後大苦。其有賢者，知世間樂少苦多。（支謙譯《佛說釋磨男本四子經》）

（8）復次是供養佛，得無量名聞福德利益，諸不善事皆悉滅除，諸善根得增長，今世後世常得供養報，久後得作佛。如是供養佛得種種無量利，以是故諸菩薩供養佛。（鳩磨羅什譯《大智度初品中十方菩薩來釋論》）

“久後”亦可見於魏晉南北朝及隋唐世俗文獻，然數量不如佛經中廣泛，如：

（9）舉朝驚駭，不解事義，久後尋跡，方知如此。（顏之推《顏氏家訓·勉學》）

在唐宋時期所用頻率稍有增加，然多用於與佛教有關的文本，如：

（10）解時終不惡，久後與仙通。（《王梵志詩》）

（11）遠公曰：“此寺甚好如法，則無水漿，如何居止？久後僧衆到來，如何有水？”（《敦煌變文集新書》卷六）

（12）暮聞戰鼓雷天動，曉看帶甲似魚鱗，只是偷生時暫過，誰知久後不成身。（《敦煌變文集新書》卷七）

(13) 小師便問："如何是和尚佛法?"窠於身上拈起布毛示之，隨後便吹。小師忽然大悟。師遂於身上拈起布毛呈大眾。隨後與一吹云："會麼? 久後不得辜負老僧。珍重。"(《古尊宿語録》卷二十四《潭州神鼎山第一代洪諲禪師語録》)

(14) 問："和尚百年後，忽有人問，和尚向什麼處去，如何酬對?"師曰："久後遇作家分明舉似。"(《傳燈録》卷二三《羅漢匡果》)

(15) 我看汝諸人，二三機中尚不能彪得，空披衲衣何益? 汝還會麼? 我與汝辟破，久後到諸方，若見老宿舉一指，豎一拂子，云是禪是道? 拽拄杖打破頭便行。若不如此，盡落天魔眷屬，壞滅吾宗。(《會元》卷十五《雲門文偃禪師》)

由此可知，"久後"一詞的傳播使用主要在於佛經的影響。

在元明清時期，"久後"大量應用與世俗文獻，其使用情況展現出逐年遞增的趨勢，如：

(16) 大凡做媒時節，先把新婦新郎秤得一般，方才與他說親。久後夫妻也和順；若是輕重了，夫妻到底相嫌。(《琵琶記》第十二出《奉旨招婿》)

(17) 我不要! 這裏有個賈老員外，他有潑天也似家私，寸男尺女皆無。若是要了這孩兒，久後家緣家計都是你這孩兒的。(《初刻拍案驚奇》卷三十五)

(18) 秦相說："好利害! 錯說一句話，就得篆腦風。久後我在朝中居官，說話總要小心謹慎。"(《濟公全傳》第二十四回)

而在民國時期及現代漢語中已經逐漸少有應用了。

“久後”一詞不和時間介詞連用。

“他後”指“以後”，用於此將來時意義時不常見於漢譯佛經，亦不常見於世俗文獻，但見於唐代禪宗語録，後世禪宗語録有所沿用，如：

(19) 汝今既得，他後不得住城隍聚落，但向深山裏钁頭邊，覓取一個半個，無令斷絕。(《船子和尚撥棹歌·華亭朱涇船子和尚機緣》)

(20) 且喜老漢會末後句，他後天下人，不奈他何。雖然如是，只得三年。(《碧岩録》卷六《碧岩録第五十一則》)

(21) 問云：“你他後開兩片皮將何爲人?”丈取拂子豎起。(《古尊宿語録》卷二十七《舒州龍門清遠佛眼和尚語録》)

(22) 你他後悟去，方知今日曲折耳。(《會元》卷十九《舒州太平慧闔佛鑒禪師》)

“他後”暫不見於世俗文獻及現代漢語。

由以上可知，“已後”是上古詞語，較爲常用，可與介詞連用，現代漢語中用“以後”，不用“已後”；“久後”是漢代詞語，譯經與禪宗語録中的應用對其傳播和穩定起了相當大的作用，元明清時期大量應用，現代漢語中不用，不能和介詞連用；“他後”是禪宗詞語，不和介詞連用。

## 【匝】—【帀】【遭】—【帀】

### 【匝】—【帀】

(1) 纔到石頭，即繞禪床一匝，振錫一聲。問：“是何宗旨?”石頭曰：“蒼天！蒼天!”(《傳燈録》卷六《江西道一禪師》)

（2）遂到石頭，繞禪床一帀，振錫而立。云：“是何宗旨？”石頭云：“蒼天！蒼天！”（《廣燈録》卷八《江西馬祖大寂禪師》）

【遭】—【帀】

（3）魏府興化存奬禪師，在三聖會裏爲首座。常曰：“我向南方行脚一遭，拄杖頭不曾撥著一個會佛法底人。”（《會元》卷十一《興化存奬禪師》）

（4）魏府興化存奬禪師，行脚往南方。回，在三聖會裏爲首座。常垂語云：“我南方行脚一帀，拄杖不曾撥著一個會佛法底人。”（《廣燈録》卷十二《魏府興化存奬禪師》）

按：《説文·帀部》：“帀，周也。”在上古時期就已經獨立作數量詞用，如：

（5）孔子遊於匡，宋人圍之數帀，而弦歌不惙。（《莊子·秋水第十七》）

（6）於是沛公乃夜引軍從他道還，偃旗幟，遲明圍宛城三帀。（班固《漢書·高帝紀第一上》）

“帀”與“周”“環”等詞同義，在上古漢語中曾有同義連文的情況出現，爲“環繞一周”義，如：

（7）此則日月星辰運行至十二月，皆周帀於故處。紀，猶會者也。（《鬻子》卷下《湯政湯治天下理第七》）

（8）使居有良田廣宅，背山臨流，溝池環帀，竹木周布，場圃築前，果園樹後。（《昌言·闕題一篇》）

“匝”在上古時期已見，作“環繞、籠罩”義，如：

（9）望敵車騎將來，均置蒺藜，掘地匝後，廣深五尺，名曰命籠。（《六韜·戰步》）

儘管《六韜》的成書年代存在爭議，但公認爲成書於戰國中後期，因此根據清平津館叢書本《六韜》將此條目記録爲“匝”，表示“環繞”，“匝”蓋從匚從帀，帀亦聲。從匚表示形狀爲方形，功能爲置物其上，“帀”又有“周”的意思，因此引申爲“環繞”。

《説文》中并未收録“匝”，蓋漢代以前“匝”並不常用。然在漢代時“匝”用於“周”義代替“帀”的形式已經有明顯的趨勢，主要體現在新著以及對古書的注解中，如：

(10) 異擊走，朱鮪追至雒陽城門，環城一匝，乃還。(《東觀漢記》卷九《馮異列傳》)

(11) 帝張四維，運之以鬥，月徙一辰，復反其所。正月指寅，十一月指子，一歲而匝，周而復始。(劉安《淮南子·天文》)

(12) 其日有鬭蝕、有倍僪、有暈珥。(高誘注曰：“暈，讀爲君，國子民之君。氣圍繞日周匝，有似軍營相圍守，故曰暈也。”)(呂不韋《呂氏春秋》第六卷《季夏紀第六》)

(13) 易曰：“復自道，何其咎。吉。”(高誘注曰：“乾下巽上，小畜初九：‘復自道，何其咎。吉。’乾爲天，天道運爲乾初得其位，即天行周匝復始，故曰復自道也。”)(呂不韋《呂氏春秋》第十三卷《有始覽第一》)

但“帀”也同樣應用，如：

(14) 四者皆周。(鄭玄注曰：“周，帀也。凡棺用能濕之物。”陸德明音義曰：“帀，本又作匝同，子合反，能濕，乃代反。”)(《禮記》卷二)

由此可見，在漢代，“帀”還作爲常用詞通用，甚至可以承擔釋義的功能，而到了唐代，“帀”就需要以通用詞

"匝"來解釋了，也就是說，大致在漢代前後，"匝"與"帀"通用，而在晉代前後，"帀"的使用就已經逐年減少了，"匝"逐漸完成了對"帀"的取代，如：

（15）汝南郡中常有鬼怪，歲輒數來。來時導從威儀如太守入府，打鼓周行內外，匝乃還去，甚以爲患。（《神仙傳》卷九《壺公》）

此例中"周""匝"在一句中開始分而用之。晉代及其後世文獻中，"匝"比"帀"常用得多，而在隋代《諸病源候總論》一書中，"帀""匝"通用以及"帀""匝"用於形容詞新義的用法尤爲明顯，如：

（16）風熱毒氣搏於皮膚，則生沸瘡，其狀如湯之沸，輕者帀帀如粟粒，重者熱汗漬漬成瘡。（隋・巢元方《諸病源候總論》卷三十六《夏日沸爛瘡》）

（17）此由飲酒熱勢衝面而遇風冷之氣相搏所生，故令鼻面生皻赤皰帀帀然也。（隋・巢元方《諸病源候總論》卷二十七《酒皻候》）

（18）此由飲食內有蠅窠子，因誤食之入於腸胃、流注入血脈變化成瘻，發於頸下，初生癢帀帀，如蠅窠子狀，使人寒熱，久其中化生蠅也。（隋・巢元方《諸病源候總論》卷三十四《瘻病諸侯・蠅瘻》）

（19）世病之者多著腰瘡，初生之狀匝匝，起初結小者如黍粟，大者如麻豆。（隋・巢元方《諸病源候總論》卷五十《小兒雜病諸侯六》）

以上"匝"與"帀"皆爲形容詞義，形容起痘的狀態。同時"周匝"在此文中同樣應用，如：

（20）斑毒之病是熱氣入胃，而胃主肌肉，其熱挾毒蘊積於胃，毒氣熏發於肌肉，狀如蚊蚤所囓，赤斑起周匝遍體，此病或是傷寒或時氣或溫病皆由熱不時歇，故入胃變成毒乃發斑也。（隋·巢元方《諸病源候總論》卷四十六《小兒雜病諸侯二·患斑毒病》）

以上可以看出儘管“匝”逐漸取代“帀”已是大勢所趨，然在隋代，仍少量保持著混用的現象。到唐代及以後的世俗文獻中，“帀”逐漸少用，漸漸成了古詞，而“匝”被人們認爲是“帀”的俗字卻廣爲應用，如：“‘帀’通作‘匝’。”（元·黄公紹《韻會》）

（21）四肢六腑有疾不療自愈；閉目暗室中，圓光如蓋，周匝圍身。（《靈寶畢法》卷中《中乘長生不死法三門·肘後飛金晶第五》）

（22）襲襲，匝也。以衣周匝覆衣之也。（《衣屍》）

由以上可知，“帀”在上古時期應用相對廣泛，“匝”在漢代與“帀”混用，在晉、南北朝、隋代逐漸取代“帀”，唐宋時期“匝”廣泛應用，到元明清時期，“帀”已經成爲古字。

而在唐代佛教文獻中，“帀”偶見，如《法苑珠林》中表示量詞時絕大多數都作“帀”，而在《續高僧傳》中多用“匝”，比較而言，仍然是“匝”較常用。因此，《廣燈録》中的“帀”蓋是受佛教漢譯佛經的影響，其更多地保留了燈録的原始面貌，而《會元》采用的“匝”是常用詞。

遭，《說文·辵部》：“遭，遇也。”本義爲“遇到”。後引申爲量詞，表示“周、圈、轉”“次、回”“排”等義。在本書例句中，表示“次、回”義，此義相對於“匝”“帀”來說意義較爲後起，“V＋數詞＋遭（量詞）”的用例大概在唐朝偶見，宋元明時期增多，如：

(23) 手用泄於穀道正後，捧行三五遭，左右入手湏，發正小便通下，見鑿高。(《司牧安驥集》卷四《第十五胞轉起臥病源歌》)

(24) 華膏隔仙羅，虛繞千萬遭。(孟郊《寒地百姓吟》)

(25) 且共汝輩赤脚入荊鍼走三五遭，汝等能乎？(陶岳《五代史補·王彥章八軍》)

(26) 我往復兩遭，尋覓不見。(羅貫中《三國演義》)

在元明時期，出現了“遭”可以擺脱“V＋數詞＋遭(量詞)”中“V”的修飾作用的情況，開始凝固成量詞，以“數詞＋遭”的形式使用，其中“遭”不再是隋唐及以前作爲動詞“遭遇”義使用，而是直接作量詞義，如：

(27) 藤纏葛數千遭，把麗春園纏倒。(元·喬吉《賞花時·風情》)

(28) 周回一遭野水，四圍三面高崗。(元·施耐庵《水滸傳》第六十回)

(29) 蜻蛉綠色者雄，腰間一遭碧色者雌。(明·方以智《物理小識·鳥獸類下》)

王鳳陽《古辭辨》中認爲“匝”在“環繞”義上是流動的，且“匝”多指環繞一周，環繞的運動，兩頭相遇叫“匝”，轉一圈叫一匝，轉多圈時前面要加數字，如曹操《短歌行》：“月明星稀，烏鵲南飛，繞樹三匝，何枝可依。”①此種說法爲確。

“遭”在表示“周、圈、轉”的時候才是“環繞”義，

① 王鳳陽：《古辭辨》，吉林文史出版社，1993年版，第478～479頁。

但同時“遭”作量詞還表示“回”“次”義，此時往往強調行爲的發生，不表示環繞義，如：

（30）想當時識這道理者亦多，所以孔子亦要行一遭問禮於老聃。（宋·黎靖德《朱子語類》卷八七）

（31）自此每一遭痛發，便去請僧道保禳，或是東嶽燒獻。（明·淩濛初《二刻拍案驚奇》卷十六）

（32）真是“一遭生，兩遭熟”，越發成了相知。（清·西周生《醒世姻緣傳》第二十五回）

在“行腳一遭”的例句中，興化存獎禪師如果向南方行腳，沒有回到原處，繼續往别處去了，也可以説“一遭”，表示行爲的次數。在《廣燈録》中，前文有“回”，後用“行腳一帀”，強調往返。根據異文可知，“行腳一遭”的“遭”在此應解釋爲“圈”義。《會元》選用的“遭”爲新義，且常用，爲多義量詞，情節適用範圍較廣。《廣燈録》用“帀”，爲古雅色彩，用語細緻。

另：

“帀”前偶見數詞省略，但“遭”前少見數詞省略。

“遭”作數詞時還有“排”的意義，如：

（33）俺家裏有一遭新板闥，住兩間高瓦房。（元·孟汉卿《魔合罗》第一折）

## 第三節　異文對比與語法研究

古漢語語法研究主要包含句法和詞法兩種，而“五燈”系列禪宗燈録異文中既有中古時期遺留下來的句法或詞法模式，又有近代漢語中新産生的相關用法，對"五燈"同一語境中不同的語法表達進行分析，有助於考察中古到近代時期漢語語法的演變情況，現舉例説明。

**時體特徵在異文中的反映：【透】—【透過】**

漢語動詞的時體特徵往往是通過副詞表現出來的，在異文中見到這種差異，能更直接地使研究者准確地把握研究的角度，進而擴展到整個時體系統的横向描寫與縱向追溯中。本節以"過"爲例，探討此研究方法，具體如下：

【透】—【透過】

（1）對一切境，心無静亂，不攝不散，透一切聲色，無有滯礙，名爲道人。（《傳燈録》卷六《洪州百丈山懷海禪師》）

（2）對一切境，心無静亂，不攝不散，透過一切聲色，無有滯礙，名爲道人。（《會元》卷三《洪州百丈山懷海禪師者》）

在此，"過"有兩種意義：一是動詞語素，與"透"同義，都表示"穿越""經過"；二是已經固定爲助詞，修飾"透"的行爲結果，強調行爲的進行過程，類似未完成體過去時意義。這種時體的表示法在禪宗燈録中常見，并可以追溯到漢譯佛經時期，如：

"過"在上古時期有"經過""過分、太甚""超過、超越""過失、錯誤"幾種意思，如：

"經過"：

（3）晉靈公不君，厚斂以彫牆；從臺上彈人，而觀其辟丸也；宰夫胹熊蹯不熟，殺之，寘諸畚，使婦人載以過朝。

(《春秋左氏傳・宣公二年》)

(4) 帝祓霸上，還過平陽主。(《漢書》卷九七上《外戚傳》)

(5) 於時王敦擅權，嫌忌士望，彝以疾去職。嘗過輿縣，縣宰東海徐甯字安期，通朗博涉，彝遇之，欣然停留累日，結交而别。(《晋书》卷七四《桓彝列传》)

(6) 俄而孝莊幽崩，愔時適欲還都，行達邯鄲，過楊寬家，爲寬所執。(《北齊書》卷三四《楊愔列傳》)

“過分、太甚”:

(7) 子貢問:“師與商也孰賢?”子曰:“師也過，商也不及。”(《論語・先進》)

(8) 往者孝文勞謙，行過乎儉，故有遺詔以日易月。(《後漢書》卷六二《荀淑列傳》)

(9) 陛下既以俯遵漢魏降喪之典，以濟時務，而躬踴太孝，情過乎哀，素冠深衣，降席撤膳，雖武丁行之於殷世，曾閔履之於布衣，未足以逾。(《晉書》卷二〇《志》第一〇)

(10) 夫爲政不欲過碎，碎則人煩。(《北史》卷六三《周惠達列傳》)

“超過、超越”:

(11) 子曰:由也好勇過我，無所取材。(《論語・公冶長》)

(12) 丁寬字子襄，梁人也。初，梁項生從田何受《易》，時寬爲項生從者，讀《易》精敏，材過項生，遂事何。(《漢書》卷八八《丁宽列傳》)

(13) 壽爲亮立傳，謂亮將略非長，無應敵之才，言瞻惟工書，名過其實。(《晉書》卷八二《陳壽列傳》)

（14）長子吐延，身長七尺八寸，勇力過人，性刻暴。（《北史》卷九六《吐谷渾列傳》）

“過失、錯誤”：

（15）悟過改更，我又何言？（《楚辭》卷三《天問》）

（16）天子以爲暗昧之過，不足以傷大臣，鳳固爭，下其事司隸。（《漢書》卷八二《王商列傳》）

（17）願陛下赦小過，舉賢才，垂夢於傅岩，望想於渭濱。（《全晉文》卷六十）

（18）累遷開府儀同三司、侍中、左衛將軍、領軍將軍。懋溫和，小心敬慎，宿衛宮禁十有餘年，勤恪當官，未嘗有過。（《北史》卷六一《王盟列傳》）

在先秦、兩漢、魏晉、南北朝時期，漢語世俗文獻中的“過”并沒有明顯的時體意義。而在南北朝時期的佛教文獻中則出現了時體的表示法，如：

（19）什年七歲，亦俱出家，從師受經，口誦日得千偈，偈有三十二字，凡三萬二千言。誦《毗曇》既過，師授其義，即自通解，無幽不暢。（《出三藏記集》卷十四《鳩磨羅什傳》第一）

由此例可見，“過”在此爲動詞，表示完成義。因《出三藏記》爲佛教文獻，此例又見於魏晉時期，因此，追溯漢譯佛經，用例如下：

（20）梵志頭那答曰：“瞿曇，若有正稱說梵志者，爲父母所舉，受生清淨，乃至七世父母不絕種族，生生無惡，博聞總持，誦過四典經，深達因、緣、正、文、戲五句說……”（東晉·僧伽提婆譯《中阿含經》卷四十）

（21）是故偈中說，未見時無見。云何以見能見？復次二處俱無見法。何以故？見不能有見，非見亦不見。若已破於見，則爲破見者。見不能見，先已說過故。非見亦不見，無見相故。（姚秦·鳩磨羅什譯《中論觀·因緣品第一》）

但這種例子在漢譯佛經中極少見到，“過”多與表示完成義的副詞“已”“既”連用，表示時間已經逝去，如：

（22）於是有異比丘從坐起一向著衣叉手向世尊，白世尊曰：“唯世尊，夜一時已過，世尊及比丘僧坐已久，唯願世尊，當說戒。”彼時世尊默然住，世尊至夜半默然坐住。彼比丘再叉手向世尊，白世尊曰：“唯世尊，夜已過初時，夜已過半。世尊！比丘僧坐已久，唯願世尊，當說戒。”彼時世尊亦默然住，彼時世尊於夜半後坐默然住。彼比丘三叉手向世尊，白世尊曰：“唯願世尊，夜已過初時，夜已過半，夜已過半後明星欲出，不久當明星出。”（西晉·法炬譯《佛說瞻婆比丘經》）

（23）爾時，世尊默然不答。於是，世尊復至中夜默然而坐，彼一比丘再從坐起，偏袒著衣，叉手向佛，白曰：“世尊，初夜已過，中夜將訖，佛及比丘眾集坐來久，唯願世尊說從解脫。”世尊亦再默然不答。於是，世尊復至後夜默然而坐。彼一比丘三從坐起，偏袒著衣，叉手向佛，白曰：“世尊，初夜既過，中夜復訖，後夜垂盡，將向欲明，明出不久，佛及比丘眾集坐極久，唯願世尊說從解脫。”（東晉·僧伽提婆譯《中阿含經》卷九）

又用在運動動詞後，表示動作已經發生并於此經過，如：

（24）時有一人，入林取薪。虎從林出，欲食其人。其人上樹，虎在樹下。其人極大恐怖。時佛從空中飛過，其人

見已，稱南無佛，心生信樂，極厭生死，深心誓願，願離此苦，因此善根，今得解脱。（後秦·釋僧肇選《注維磨詰經》卷九）

由以上可知，“過”作爲動詞，其“經過”“渡過”義都表示行爲已經進行；“過分、太甚”“超過、超越”“過失、錯誤”義都有表示結果的功能；表示時間消逝的“既過”“已過”更有過去時意義，因而引申出時體的表示法。“過”表示時範疇之例見於《中阿含經》《出三藏記集》之後，如向熹所說，“過”用在動詞後，表示行爲進行的意義在唐代開始大量出現，如：

(25) 潘郎妄語多，夜夜道來過。（《敦煌曲詞·喜秋天》）

在宋代時期大量應用，如：

(26) 誠如所諭，甚善。早來所聞是生開者，河道云太淺，卻高如西面三尺已來，更請子細看過。（《歐陽修集》卷一四五）

(27) 公徐令前，低語曰：“如今到彼，更再三告之，若不肯放汝還，但云：‘命即須償。’他固不敢辭，只乞更檢房簿看過。”（《宋朝事實類苑》卷六十九《龜》）

此二例語境均爲未進行時，因此“V過”的形式也表示未進行的行爲，“過”由其“經過”義引申，強調動作的進行與完成。當然，更多的時候，“V過”表示動作已經過去，如：

(28) 師被一問，直得茫然。歸寮將平日看過底文字從頭要尋一句酬對，竟不能得……（《會元》卷九《香嚴智閑禪師》）

(29) 妙喜云：“如今未獲旋陀羅尼者，還見靈山一會否？若見，以何爲證？若不見，是真精進？是名真法供養如來？只恁麼念過，卻成剩法矣。”(《會要》卷二十九《秦跋陀禪師》)

“V＋過＋了”表示行爲結果完成，“了”強調完成體意義，如：

(30) 上堂，維那白椎竟，師召眾曰：“若論第一義，維那與諸人，說過了也。”便下座。(《五燈全書》卷九十二《臨濟石佛斷橋暟禪師》)

此種用法在現代漢語中依然存在。

“過”的時體意義由漢語詞義引申，在漢譯佛經中受梵文時體的影響開始應用，在後代世俗文獻中逐漸穩固，在現代漢語中多有應用。

通過對“過”時體特徵的考察，我們可以推廣到“已”“訖”“卻”等時體助詞的研究中。如：

“已”：

“已”本義爲停止，其時體意義在上古就已經應用。句式爲“已V”，“已VP”“V不（無）已”，如：

(31) 宋已取杞，狄已拔邢衛矣……(《管子·霸形第二十二》)

(32) 風雨如晦，雞鳴不已。(《詩·鄭風·風雨》)

(33) 已事遄往。(《易·損》)

這種用法歷代應用廣泛，在現代漢語中仍有應用。

然而，如向熹所說：“中古‘已’用在動詞後，也表示動作的完成。"[1]"已"用於動詞後表示時體意義的句式，在中古時期形成，如：

(34) 逼迫不得已，更飲一升。飲已，體中荒迷，不復自覺。(《晉書》卷五三《湣懷太子遹列傳》)

(35) 一之禪，善惡淨已，以善消惡，惡退善進。(《六度集經》卷七)

(36) 汗家，重發其汗，必恍惚心亂。小便已，陰疼，可與禹餘糧丸。(《脈經》卷之七)

但南北朝時期"V已"或"VP已"的句式少有應用，隋唐時期又有應用，如：

(37) 駐馬使人傳語已，持彩箋送光業詩……(《北裏志·楚兒》)

(38) 既入謁，肘膝著地，嗚足已，然後起。(《大慈恩寺志》卷二十三《碑銘（一）》)

(39) 伺父去已，遂擔負母妹，下趨人裏。(《大唐西域記》卷十一《二十三國》)

可以看出"V已""VP已"的形式一般用於佛教文獻。

"V已""VP已"的形式在宋代也有應用，如：

(40) 亦齋有程焉，介幾間，槩表可書，餘或從搢紳間聞聞見見歸，倦理鉛槧，輒記其上，編已，則命小史録臧去，月率三五以爲常。(《程史序》)

(41) 入此法門，端坐成佛。到彼岸已，得波羅蜜。(《傳燈録》卷三十《傅大士心王銘》)

① 向熹：《簡明漢語史（下）》，高等教育出版社，1993年版，第185頁。2010年商務印書館修訂本無此句。

（42）郭茂恂之婦，產七日，不食，始言頭痛，頭痛已，又心痛作，既而目睛痛。（《赤水玄珠》第三卷《頭痛門（一）》）

在禪宗燈録中，“V已”“VP已”多用於西天祖師的敘述，而對本土禪師生平事件的記載及言語的轉述，則多用“已V”“已VP”“V不（無）已”的形式，如：

（43）雲童至會，眾久已欽名，歡喜逢迎，推爲上座，受第一供養，雲童收嗟嚫已，持奉仙師，行至蓮華大城……雲童持華，隨王獻佛。生稀有心而發願言：“若我身得同佛身不謬者，是華住於空中，變大華蓋。”才發願已，其華成蓋，住虛空中，覆佛頂上。（《廣燈録》卷一《天竺釋迦牟尼佛》）

（44）問：“先帝首更禪苑，今皇紹聖，重扇宗風，莫大之恩，將何補報？”師云：“爐上檀煙起，空中瑞氣浮。”僧曰：“恁麼則君恩師已報。”（《續燈録》卷二十一《東京大相國寺智海禪院佛印禪師》）

這種形式在現代漢語中已經不再應用，因其產生於魏晉時期，且多在佛經中應用，故追溯佛經，得例如下：

（45）佛說是已，皆大歡喜。（後漢·安世高譯《佛說轉法輪經》）

（46）佛告諸比丘，道不可不作，經不可不讀，佛說經已，五百沙門皆得阿羅漢，諸沙門皆起前以頭面著地，爲佛作禮。（後漢·安世高譯《佛說阿含正行經》）

（47）佛說是已，即還誓牧告諸弟子：“道當少欲，無得多欲……”（後汉·支曜譯《佛说阿那律八念经》）

（48）魔王聞我作此語已，歡喜踴躍還歸天宮，我既於

此受魔請已，即便捨壽，住命三月，以是因緣，大地震動。（東晉·釋法顯譯《大般涅盤經》卷上）

(49) 我若爲說，彼必不解，更生觸擾。作是念已，即便默然不復說法。（後秦·佛陀耶舍、竺佛念譯《佛說長阿含經》）

讀經也是禪宗日常生活的一部分內容，因此譯經句式會對禪宗文本產生一定的影響，"V 已""VP 已"的形式表示過去時完成體意義，在漢譯佛經中比比皆是，由此可知，"V 已""VP 已"的過去時完成體意義來源於東漢漢譯佛經，後在魏晉時期世俗文獻中有所應用，在本土佛教文本中多有應用，現代漢語中用"V 完""V 完 P"的形式，"V 已""VP 已"的形式已經不再使用。

由"過""已"的時體意義產生及發展過程可知，在上古時期，就有漢語動詞具有時體的意義，但虛化爲時體助詞，附加在謂語動詞之後，明確表示時體意義則是受後漢翻譯佛經的影響，這是由於譯經者多是天竺人，他們依照梵文等印歐語系中的文本進行翻譯，更習慣將印歐語中嚴密的時體意義標示出來。又因印歐語多數是通過詞句在詞尾等形態上加以標示的，漢語爲表意文字，缺少這種形態變化，因此譯者多采用具備表時體意義的動詞將其本義加以引申，用在謂語動詞後，類似於印歐語系中用動詞詞尾的變化標記來表示時體意義。因此，漢譯佛經對中古漢語時體的形成與發展是有直接影響的。

由以上類推，還可以推及"訖""了""卻""著""地"等表時體意義助詞的產生原因及其發展使用情況，進一步完善漢語動詞時體用法的系統研究。

**因果句式異文：“……（原因從句），故……”與“……故，所以……”**

（1）問曰：“子何姓？”答曰：“姓即有，不是常姓。”祖曰：“是何姓？”答曰：“是佛性。”祖曰：“汝無姓邪？”答曰：“性空，故無。”祖默識其法器。（《會元》卷一《四祖道信》）

（2）師見問曰：“汝何姓？”答曰：“姓即有，不是常姓。”師曰：“是何姓？”答曰：“是佛性。”師曰：“汝無佛性。”答曰：“佛性空故，所以言無。”（《續燈録》卷一《四祖道信大醫禪師》）

表示因果關係的連詞在此出現了“……故，所以……”的形式，“故”在分句句末，表示原因的用法來源於漢譯佛經，在漢譯佛經中有大量的“故”在分句的末尾表示原因，如：

“故”單用在分句的末尾，如：

（3）提婆達多，非但今日作不善事，貪利養故，世世常造。（元魏・慧覺譯《賢愚經》卷九）

（4）諸玉女等，戀慕我故，作是語耳，若當前進必有好處，即便捨去，遥見鐵城，心生疑怪，而作是念言，外雖是鐵，內爲極好，漸漸前進，並近於城。（元魏・吉迦夜、曇曜譯《雜寶藏經》卷一）

和“以”連用，表示原因：

有“以……故，……”“以此緣故”“以是緣故”“以是因緣故”“以是故”“以是之故”等句式，如：

（5）云何爲五？一者云有雷電，占謂當雨。以火大多故，燒雲不雨，是爲占師初迷惑緣。二者云有雷電，占謂當雨。有大風起，吹雲四散，入諸山間，以此緣故，相師迷惑。（後秦·佛陀耶舍、竺佛念譯《佛說長阿含經》卷二十）

（6）於須彌山半四萬二千由旬，自然變成七寶宮殿，以是故名爲四天王宮殿……雜色間廁、七寶所成，以是緣故有伽陀羅山……雜色參間、七寶所成，以是緣故有伊沙山。（後秦·佛陀耶舍共竺佛念譯《佛說長阿含經》卷二十一）

（7）其人身壞命終，爲日天子，居日宮殿，有千光明，以是因緣故，名善業光明。（後秦·佛陀耶舍、竺佛念譯《佛說長阿含經》卷二十二）

（8）定不有、定不當有，是謂見之弊，爲見所動，見結所系，凡夫愚人以是之故，便受生、老、病、死苦也。（東晉·瞿曇僧伽提婆譯《中阿含經》卷二）

（9）諸尼乾，不熟業，彼業不可因斷、因苦行，轉作熟報。諸尼乾，熟報業，彼業不可因斷、因苦行，轉作異者。以是故，諸尼乾、虛妄方便、空斷無獲。（東晉·瞿曇僧伽提婆譯《中阿含經卷四》）

（10）因彼故，如來於今聖無漏樂，寂靜止息而得樂覺，以此事故，如來於今得五稱譽。（東晉·瞿曇僧伽提婆譯《中阿含經》卷四）

（11）唯有疲勞，因一地想故，若彼中無者，以此故，彼見是空，若彼有餘者，彼見真實有。（東晉·瞿曇僧伽提婆譯《中阿含經》卷四十九）

又和“所以者何”連用，構成各種句式，如：

“……所以者何？因彼故，……”：

（12）云何爲五？今此眾生所受苦樂皆因本作，若爾者，諸尼乾等本作惡業；所以者何？因彼故，諸尼乾於今受極重苦，是謂尼乾第一可憎惡；復次，衆生所受苦樂皆因合會，若爾者，諸尼乾等本惡合會，所以者何？因彼故，諸尼乾於今受極重苦，是謂尼乾第二可憎惡；復次，衆生所受苦樂皆因爲命，若爾者，諸尼揵等本惡爲命，所以者何？因彼故，諸尼乾於今受極重苦，是謂尼乾第三可憎惡；復次，衆生所受苦樂皆因見也，若爾者，諸尼乾等本有惡見，所以者何？因彼故，諸尼乾於今受極重苦，是謂尼乾第四可憎惡；復次，衆生所受苦樂皆因尊佑造，若爾者，諸尼乾等本惡尊佑，所以者何？因彼故，諸尼乾於今受極重苦，是謂尼乾第五可憎惡，若諸尼乾因本所作惡業、惡合會、惡爲命、惡見、惡尊佑，爲惡尊佑所造，因彼故，諸尼乾於今受極重苦，是謂因彼事故，諸尼乾等爲可憎惡。（東晉·瞿曇僧伽提婆譯《中阿含經》卷四）

或作“因彼故”：

（13）云何爲五？彼衆生者，所受苦樂皆因本作，若爾者，如來本有妙業，因彼故，如來於今聖無漏樂，寂靜止息而得樂覺，是謂如來得第一稱譽。復次，衆生所受苦樂皆因合會，若爾者，如來本妙合會，因彼故，如來於今聖無漏樂，寂靜止息而得樂覺，是謂如來得第二稱譽。復次，衆生所受苦樂皆因爲命，若爾者，如來本妙爲命，因彼故，如來於今聖無漏樂，寂靜止息而得樂覺，是謂如來得第三稱譽。復次，衆生所受苦樂皆因見也，若爾者，如來本妙見，因彼故，如來於今聖無漏樂，寂靜止息而得樂覺，是謂如來得第四稱譽。復次，衆生所受苦樂皆因尊佑造，若爾者，如來本妙尊佑，因彼故，如來於今聖無漏樂，寂靜止息而得樂覺，是謂如來得第五稱譽，是爲如來本妙業、妙合會、妙爲命、妙見、妙尊佑，爲妙尊佑所造，因彼故，如來於今聖無漏樂，寂静止息而得樂覺。（東晉·罽賓三藏瞿曇僧伽提婆譯《中阿含經》卷四）

或作"因……故"：

(14) 有五因緣，心生憂苦，云何爲五？淫欲纏者、因淫欲纏故，心生憂苦。（東晉·瞿曇僧伽提婆譯《中阿含經》卷四）

(15) 唯以老耄、頭白、齒落、盛壯日衰、身曲腳戾、體重氣上、柱杖而行，肌縮皮緩、皺如麻子、諸根毀熟、顏色醜惡，彼因此故，使諸梵行愛敬尊重。（東晉·瞿曇僧伽提婆譯《中阿含經》卷五）

(16) 爾時，瞿曇彌大愛往詣佛所，稽首佛足，卻住一面，白曰："世尊，女人可得第四沙門果耶？因此故，女人於此正法、律中、至信、舍家、無家、學道耶？"（東晉·瞿曇僧伽提婆譯《中阿含經》卷二十八）

(17) 時世尊，因是事故，召集眾僧，而告之言："汝等比丘，和上阿闍梨，實不許汝詣遠聚落遊行以不？"（隋·闍那崛多譯《佛本行集經》卷五十）

或作"由……故"：

(18) 彼若見沙門、婆羅門，便起鎮恚，無恭敬心；若見人惠施者，心不喜樂，身、口、意所作行而不平均。以行非法之行，身壞命終，生地獄中，猶如有人從講堂至象，從象至馬，從馬至床，從床至地。由是故，我今說此人如是，大王，所謂此人先明而後暗。（東晉·瞿曇僧伽提婆譯《增壹阿含經》卷十八）

(19) 今迦葉比丘，皆湣念一切眾生，若供養過去諸聲聞，後身方當乃得受報。設供養迦葉者，現身便受其報，設我不成無上等正覺，後當由迦葉成等正覺，由此因緣故，迦葉比丘勝過去諸聲聞，其能如迦葉比丘者，此則上行。（東晉・瞿曇僧伽提婆譯《增壹阿含經》卷四十六）

或作“爲……故”：

(20) 爾時世尊，出難陀家，爲難陀故，步行東西，在於街巷，欲令城內一切人民見彼難陀執非時漿隨逐於佛，是時人民，見此事已，各相謂言，今者世尊，必令難陀舍家出家。（隋・闍那崛多譯《佛本行集經》卷五十六）

(21) 佛有姨母所生之弟，名曰難陀，爲彼人故，燒然此釜。（隋・闍那崛多譯《佛本行集經》卷五十七）

少有“故”在前的表示法：

(22) 拘薩羅王波斯匿語末利皇后曰：“聞師宗說，弟子必同。沙門瞿曇是汝師，故作如是說。汝是彼弟子，故作如是說。若愛生時，便生愁戚、啼哭、憂苦、煩惋、懊惱。”（東晉・瞿曇僧伽提婆譯《中阿含經》卷六十）

(23) 彼既自不施，又見他施，甚懷鎮恚，以行鎮恚，身壞命終，生地獄中，猶如有人從暗至暗，從火焰至火焰，舍智就愚。由是而言，此人可謂先暗而後暗，大王當知，故名此人從暗至暗。（東晉・瞿曇僧伽提婆譯《增壹阿含經》卷十八）

(24) 智慧所照燭，是處咸吉祥，一切皆稀有，故我今頂禮。（唐・地婆訶羅奉詔譯《方廣大莊嚴經》卷十）

(25) 太子復問彼馭者言：“汝善馭者，此人善能造作諸業，何以故？言法行者，此是善行，乃至善能不害眾生，是

故汝今將車向彼出家人邊。”（隋·闍那崛多譯《佛本行集經》卷十五）

由此可知在漢譯佛經中，“故”表示原因時常處於分句的末尾，這大概是受譯經詞語的影響，因梵文中用從格形式表示因果關係，而從格中常有表示推論的詞語“tva”，常置於接近句尾的位置。

而在世俗文獻中，“故”多用於原因導致的結果句的開頭，而不作原因句的收尾，如：

(26) 自八公之徒，咸慕其德，而歸其仁，各竭才智，著作篇章，分造辭賦，以類相從，故或稱小山，或稱大山。(《楚辭》卷十二《招隱士》)

(27) 唐虞謂之牧何？尚質，使大夫往來牧諸侯，故謂之牧。(《白虎通義》卷三《封公侯》)

雖然也偶見“故”在分句尾的用法，但一般是因果小句後置的情況，且“故”前多用“之”修飾，如：

(28) 指九天以爲正兮，夫唯靈脩之故也。(《楚辭》卷一《離騷》)

(29) 六月，齊人取濟西之田，爲立公故，以賂齊也。(《春秋左氏傳·宣公》)

但此种用法并不多见，而在禪宗燈録中，“故”用於原因、目的分句的末尾這種表示方法，多用於敘述西天祖师或敘述與佛经相關的句子中，如：

(30) 尊者曰：“非風鈴鳴，我心誰爾？”伽耶曰：“俱寂靜故，非三昧也。”(《廣燈録》卷四《第十七祖僧伽難提尊者》)

(31) 佛本爲凡夫說，不爲佛說，此理若不肯信者，從他退席。殊不知坐卻白牛車，更於門外覓三車。況經文明向汝道，無二亦無三，汝何不省三車是假？爲昔時故，一乘是實；爲今時故，只教你去假歸實。歸實之後，實亦無名。(《會元》卷二《洪州法達禪師》)

在本土禪師的話語中，則“故”多用於表示由原因所導致的結果的從句開頭，這和漢語世俗文獻中的用法是一致的，如：

(32) 師云：“天地爲橐籥，動而有應。故春則和融、夏則煩熱、秋則微凉、冬則凝結。”(《續燈録》卷六《湖州天聖楚祥禪師》)

(33) 師性澄止水，語灑寒冰，解達宗乘，見超情識，繼唱臨濟三玄九帶，深造曹洞五位十玄，故湊泊者望其津涯而已。(《續燈録》卷八《東京華嚴普孜禪師》)

(34) 後見秦望山有長松，枝葉繁茂，盤屈如蓋，遂棲止其上，故時人謂之鳥窠禪師。(《會元》卷二《杭州鳥窠道林禪師》)

**趨向疑問句式與處所疑問句式通用，表示“向什麼處去”與“何在”**

(1) 如鏡鑄像，像成後，光歸何處？師云：“如大德未出家時，相狀向什麼處去？”(《廣燈録》卷八《南嶽大惠禪師》)

(2) 有一大德問：“如鏡鑄像，像成後未審光向甚麼處去？”師曰：“如大德爲童子時，相貌何在？”(《會元》卷三《南嶽懷讓禪師》)

“什麼處”用於本土文獻是從唐代開始的，在唐代語録中出現了"什麽處V得來"和"N在什麽處"兩種句法，如：

"什麽處V得來"，在現代漢語中即是"從哪V來的"，表示行爲結果的來源，如：

(3) 會云："不是目前法，非耳目之所到。"師曰："什麽處學得來?"會云："目前無法，意在目前。"(《船子和尚撥棹歌·華亭朱涇船子和尚機緣》)

"N在什麽處"，在現代漢語中即是"N在哪裏"，如：

(4) 忽有人不肯與磨道，你還肯也無? 你若肯，過在什麽處? 你若不肯，道理在什磨處? 你若擇得，許你有這個眼；你若擇不出，敢保你未具眼在。(《祖堂集》卷十《長慶和尚》)

(5) 如此者二十年，且道他意在什麽處? 若只喚作吃飯，尋常敲魚擊鼓，亦自告報矣，又何須更自將飯桶來，作許多伎倆。莫是他顛麽，莫是提唱建立麽? 若是提唱此事，何不去寶華王座上，敲床竪拂，須要如此作什麽? (《碧岩録》卷八)

(6) 且道節角淆訛，在什麽處?(《碧岩録》卷六)

在宋代禪宗語録中有大量的"什麽處"和動詞、介詞組合應用的模式，如：

什麽處$V_{運動}$——從哪兒$V_{運動}$

(7) 既到彼，岩頭問："什麽處來?"僧云："嶺南來。"(《碧岩録》卷六)

$V_{運動}$什麽處——從哪兒$V_{運動}$

(8) 南泉在方丈內臥次，見師來參，便問："近離什麽處?"(《古尊宿語録》卷十三)

什麽處是N——“哪兒是N”“N在哪里”

(9)“歸到家山即便休”，什麽處是家山？他若不會，必不恁麽道，他既會，且道家山在什麽處？(《碧岩録》卷七)

(10) 問：“一句道盡時如何?”師云：“義墮也。”進云：“什麽處是某甲義墮處?”師云：“三十棒教誰吃?”(《古尊宿語録》卷六)

(11) 提刑乃問：“和尚法嗣何人?”云：“慈明大師。”楊云：“見個什麽道理便法嗣他?”云：“共鉢盂吃飯。”楊云：“與麽則不見也。”師捺膝云：“什麽處是不見?”(《古尊宿語録》卷十九)

向什麽處V——現代漢語多作“朝哪V”“向哪V”“往哪V”

(12) 若道認見爲有物，未能拂跡。吾不見時，如羚羊掛角，聲響蹤跡，氣息都絕，爾向什麽處摸索？(《碧岩録》卷十)

(13) 上堂，僧問：“從上諸聖向什麽處行履?”師云：“牽犁拽杷。”(《古尊宿語録》卷八)

(14) 昔人問長沙：“南泉遷化向什麽處去。”(《古尊宿語録》卷二十九)

(15) 師乃云：“一法若有，毗盧墮在凡夫；萬法若無，普賢失其境界。正當與麽時，文殊向什麽處出頭？若也出頭不得，金毛師子腰折。”又云：“正好一盤飯，莫待糝椒涓。”便下座。(《古尊宿語録》卷三十九)

宋代禪宗語録中出現了“在什麽處V”的形式，現代漢語中作“在哪裏V”，如：

(16) 爲復是凡是聖，是毗盧師法身主，在什麽處居住。

(《古尊宿語録》卷三十七)

什麽處不是N——哪裏(哪個、什麽)

(17)你且什麽處不是與諸人説處。(《古尊宿語録》卷三十一)

著什麽處——(執著在哪裏,執著、糾纏於哪裏)

(18)如僧教童子讀經畢,令持卷著函內,童子曰:“某念者著什麽處?”達磨云:“將心來與汝安。”(《寓簡》卷七)

在宋、明時期,“什麽處”和介詞連用,表示趨向、方位的疑問意義,多用於禪宗燈録或語録中,世俗文獻少用,即便有,也多用於涉及禪宗或佛教内容的篇章中,其對元、明、清及現代漢語影響不大。

**表示處所及趨向意義,在漢語中最早使用的是疑問代詞“何”**

(19)請問於服兮:“予去何之?”(《史記·屈原賈生列傳》)

何在——在哪裏

(20)一息之道能冥萬物,物亡而道何在。(《關尹子·一宇》)

(21)我於久遠生死之中,捐身無數,唐捨軀命,或爲貪欲,或爲鎮恚,或爲愚疑,未曾爲法。今遭福田,此身何在?(元魏·慧覺等譯《賢愚經》)

(22)師云:“駿馬不露峰骨,朗然清虛。”侍者云:“駿馬何在?”(《祖堂集》卷七)

“何”與“處”結合成雙音疑問詞,與介詞結合用於趨向及方位疑問句中,在歷代世俗文獻中主要有以下句式:

N何處——N在哪裏

(23) 岐無合，夫焉取九子？伯強何處？惠氣安在？(《楚辭》卷三《天問》)

N是何處——N是哪裏

(24) 此人具説來意，並問此是何處。(《博物志》卷十)

N在何處——在哪裏（介詞“在”出現）

(25) 胤問在何處，洋曰：“不出州府門也。”(《晉書》卷九五《戴洋列傳》)

(26) 梁武帝問繪：“高相今在何處？”繪曰：“今在晉陽，肅遏邊寇。”(《北齊書》卷二九《李渾列傳》)

(27) 莫愁在何處？莫愁石城西。(《舊唐書》卷二九《志》第九)

NP何處得來——從哪裏得來NP

(28) 尋至秦國，以枕於市貨之，恰遇秦妃東遊，親見度賣金枕，疑而索看。詰度何處得來？度具以告。(《搜神記》卷十六)

(29) 雙成訴云：“府君放賊去，百姓牛何處可得？”(《北齊書》卷四六《蘇瓊列傳》)

N何處得NP——N從（在）哪裏得NP

(30) 士元笑曰：“封公何處常得應急像，須誓便用。”(《北齊書》卷四三《封述列傳》)

(31) 尋有波斯見大驚，謂康曰：“何處得此，是冰蠶絲所織。若暑月陳於座，可致一室清涼。”(《樂府雜録·康老子》)

V於何處——在（從）哪裏V

(32) 正光初，語人曰：“《易》云‘觀於天文以察時變'，又曰'天垂象，見吉凶'，今觀玄象，察人事，不及十年，當有亂矣。"或問曰："起於何處，當可避乎?"(《北齊書》卷一六《段榮列傳》)

何處有NP——哪裏有NP

(33) 從駕往太行山，詔問賾曰："何處有羊腸阪?"賾答曰："臣案《漢書地理志》，上党壺關縣有羊腸阪。"(《北史》卷八八《崔廓列傳》)

(34) 志遠一見便覺曰："今年銓覆數萬人，總知姓字，何處有丁、士乎。此必萬、王也。"(《封氏聞見記》卷三《貢舉》)

N何處人——N是哪裏人

(35) 又問："壤何處人?"對曰："注云：原壤，孔子幼之舊故。是魯人。"(《北史》卷八一《李業興列傳》)

N何處來——N從哪來

(36) 文烈徐謂曰："舉家無食，汝何處來?"竟無捶撻。(《北史》卷三九《房法壽列傳》)

N何處去——N朝(往、向)何處去

(37) 悦自殺嶽後，精神恍惚，不復如常。恒言："我睡即夢嶽語我。'兄欲何處去?'隨逐我不相置。"因此彌不自安，而致敗滅。(《北史》卷四九《斛斯椿列傳》)

(38) 震與房知溫博於東寨，日亭午，大噪於營外，知溫上馬出門，爲甲士所擁，且曰："不與兒郎爲主，更何處去?"(《舊五代史》卷三八《唐書》一四《明宗本紀》第四)

N何處V來——N從(在)哪裏V來

(39) 武陽太守盧思道，常曉醉於省門，見從侄貢，貢曰："阿父何處飲來，淩晨嵬峨。"(《南北朝雜記·盧思道》)

於何處V——在哪裹V

(40) 故齊敬王子羽將來立後，未詳便應作主立廟？爲須有後之日？未立廟者，爲於何處祭祀？（《宋書》卷一七《志》第七）

(41) 因問欲於何處設齋，云：“近在繁臺北。世間月午，即地下齋時。”(《廣異記・蔡四》)

何處V——在哪裹V

(42) 陳叔寶之數盡，何處偷生！(《舊五代史》卷一一五《周書》六)

由以上可知，魏晉隋唐時“何處”與介詞連用形成的句式對後世世俗文獻中表趨向及處所疑問句式的模式深有影響，在世俗文獻中多以“何處”與介詞連用，這種用法亦應用於禪宗文獻。“什麽處”多只用於漢譯佛經及禪宗燈録；“向什麽處”不見於漢譯佛經，但是漢譯佛經詞彙套用漢語本土句式，替换漢語本土同詞類詞語構成的新的表達方式，僅用於禪宗燈録中；“何在”表示“在哪裹”義，是上古就已經固定，在歷代世俗文獻、漢譯佛經、禪宗語録中都有所使用的“雅言”(通語)，而《廣燈録》中存留了漢譯佛經詞彙套用漢語句法替换本土詞的現象。

# 第四章　“五燈”異文的文獻研究價值

前文已經提到，《五燈會元》雖説是“五燈系列”燈録的彙總，但在内容上的删减、遺漏之處極多，若想真正了解“五燈”的全貌，對“五燈”進行綜合彙校是一項勢在必行的基礎性工作。但目前還沒有這樣一個彙校本，本書就是在幾年來對“五燈”系列彙校工作的基礎上進行的語言和文獻方面的研究。

儘管 1984 年中華書局出版了蘇淵雷點校的《五燈會元》，其在校點上的問題歷年來多有人進行勘正。進年來，隨著禪宗研究的逐漸興起，2010 年上海書店出版社出版了顧宏義的《景德傳燈録譯注》，2011 年海南出版社將朱俊紅點校的“五燈”系列燈録全部以簡體單行本的形式出版發行，然而，儘管是點校本，但對於原文的勘誤難免有疏漏。本章在前輩已有成果的基礎上，重點説明在異文彙校過程中的勘誤問題。

在校對方法上，首先以《會元》所收禪師内容爲綱，進行“五燈”系列的彙總與增補，然後進行彙校。本章綜合采取異文對校法、他校法、理校法、本校法等基本的校勘方法，以中華書局本《五燈會元》爲底本，參考《大正藏》本

《五燈會元》，以“五燈”系列各本異文爲主校，同時，以朱俊紅、顧宏義的點校本爲參校，參考宗教學的知識，通過熟讀理解“五燈”系列燈録，查閲相關史料文獻進行校勘，將其中出現的問題進行分類整理，主要涉及誤字，内容僞托、脱漏，史料不確等幾個方面。本章在對中華書局本《五燈會元》的標點進行勘正的同時，兼及顧校本和朱校本。

## 第一節　“五燈”異文校勘釋例

本章采用異文校正、對校、本校等方式，結合文字、音韻、訓詁、宗教學原理，以異文等材料作爲綜合補充，校勘在“五燈”系列《卍續藏》《大正藏》中出現的訛字、涉文等錯誤，對已出版的各燈録點校本中所存在的標點、誤字等問題嘗試勘正説明，具體分爲以下幾種情況。

### 一、形音相近致誤

（一）形近而誤

（1）雖具少智慧，而多有彼我；所見諸賢等，未嘗生珍敬；四五修功德，其心未恬静；聰明輕慢故，而獲致於此；得王不敬者，當感果知是；自今不疏怠，不久成其智；諸聖悉在心，如來亦複爾。（《廣燈録》卷六《第二十八祖菩提達磨者》）

按：“知是”應作“如是”。《會元》此處異文作“如是”，“知是”不辭，此處表示被異見王驅逐出來的原因是上文所提到的“彼我的分别心、不敬賢者、心不淡薄、憑借自身聰明就瞧不起别人”，“如是”作爲指示代詞在佛教語中常用，是對上文進行總結或引起下文。“知”與“如”字形相近，故《廣燈録》作“知”，爲“如”之形誤。朱校本《廣燈録》作“知是”，未校勘。①

（2）師遂辭王曰：“汝善修德，不乃疾興。經七日，遂乃得疾。國醫診治，有如無瘳。”（《廣燈録》卷六《第二十八祖菩提達磨者》）

按：“有如無瘳”當作“有加無瘳”。此處《會元》卷一《初祖菩提達磨大師者》異文記述爲：“有加無瘳”，爲是。“有如無瘳”不辭，“如”爲“加”之形誤。朱校本《廣燈録》作“如”，未勘改。②

（3）師曰：“空空已空，諸法亦爾。寂静無相，何静何寂？”彼聞旨海，豁如冰釋。（《廣燈録》卷六《第二十八祖菩提達磨者》）

按：“旨海”應作“指誨”。“旨海”在《大正藏》《卍續藏》中屬孤例，《會元》卷一《初祖菩提達磨者》對此的異文記述爲“祖曰：‘空空已空，諸法亦爾。寂静無相，何静何寂？’彼尊者聞師指誨，豁然開悟。”“指誨”在釋典中常用，爲“指教”義，如唐玄奘《大唐西域記·信度國》：“時有羅漢……現大神通，示希有事，令衆信受，漸導言教。諸人敬悦，願奉指誨。”因“旨”與“指”都有“告旨”“旨意”的意思，故“指誨”也作“旨誨”，如《三寶感應要略録》卷下《第四照果寺解脱禪師值文殊感應》：“（釋解脱）

① 朱校本《廣燈録》，第57頁。
② 朱校本《廣燈録》，第57頁。

常誦法花，並作佛光等觀，追尋文殊，於東堂之左，再三逢遇。初則禮已尋失，後則親承旨誨，脫請問文殊曰……”此處朱校本《廣燈録》作“旨誨”，未出校勘記。[①]

（4）師曰：“由傳法印，以契證心；外付袈裟，以定宗旨。後代澆薄，疑慮競生，云吾西天之人，汝生此土，憑何得法？以何證之？汝今授此衣法，卻後難生，但出此衣並吾法偈，用以表明其化無礙。”（《廣燈録》卷六《第二十八祖菩提達磨者》）

按：“由”當作“内”。《會元》卷一《初祖菩提達磨大師者》異文記録爲“内傳法印”，此處“法印”應指“一切行無常、一切法無我、涅槃寂靜”之“三法印”或加上“一切行苦”所構成的“四法印”[②]，這是“以心傳心”的，不以客觀外物爲顯現載體，應是内心的感悟；又根據“外付袈裟”之“外”的位置，“内”恰好與之相對應，“法印”的内心之悟與“袈裟”的外相之物又恰好一一對應，因此“由”應爲“内”之形誤。朱校本《廣燈録》作“由”，未勘改。[③]

（5）師謂王曰：“汝如宗勝來否？”王曰：“未知。”（《廣燈録》卷六《第二十八祖菩提達磨者》）

按：“汝如宗勝来否”當作“汝知宗勝来否”。《會元》卷一《初祖菩提達磨大師者》此處異文爲：“祖謂王曰：‘知取得宗勝否？’王曰：‘未知。’”根據異文及其上下文語境可知，此處是達磨問異見王知不知道宗勝會來，因此，“如”

① 朱校本《廣燈録》，第56頁。

② 星雲、慈濟：《佛光大辭典》，北京圖書館出版社，2005年版，第3343頁。

③ 朱校本《廣燈録》，第60頁。

當作"知"。朱校本《廣燈録》作"知"，未出校勘記。[①]

(6) 第二十九祖惠可大師者，武牢人也，姓姬氏。殳寂，未有子時嘗自念："我家崇善，豈無令子。"(《廣燈録》卷六《第二十九祖惠可大師》)

按："殳"應作"父"。《會元》作"父寂"，"殳"不合文意，"父"爲是。"殳"爲"父"之形誤。朱校本《廣燈録》作"父"，未出校勘記。[②]

(7) 光受教。造於少室。其得法，轉衣變跡。達磨章具之矣。(《廣燈録》卷六《第二十九祖惠可大師》)

按："其得法轉衣變跡"應作"其得法傳衣事蹟"。此處《傳燈録》《會元》等異文記述爲"其得法傳衣事蹟"，爲是。"傳衣"指達磨將衣服傳給慧可之事，"事蹟"指爲"得法傳衣"之中心語，"得法傳衣事蹟"爲定中結構短語，"轉衣""變跡"不辭，皆孤例。朱校本《廣燈録》作"其得法、轉衣、變跡，達磨章具之矣"誤，其一字形未校改，其二誤點。[③]

(8) 前韶州刺史韋據撰碑，會人憶取首之記，遂走以鉄葉漆布固護師頸。(《廣燈録》卷七《惠能大師》)

按："走"應作"先"。《會元》卷一《六祖慧能大師》異文作"遂先"，"先"字的行書及草書有些像"走"，如趙孟頫行書"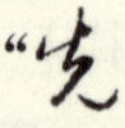"，王獻之草書""[④]，《廣燈録》作

① 朱校本《廣燈録》，第57頁。
② 朱校本《廣燈録》，第63頁。
③ 朱校本《廣燈録》，第63頁。
④ 字體資料來源於 http://images.gg~art.com/。

“先”，蓋爲傳抄時對字形辨識不當之誤。朱校本《廣燈録》作“先”，未出校勘記。[①]

（9）師入賓弟子六人。（《廣燈録》卷八《南嶽大惠禪師》）

按：“賓”應作“室”。《會元》卷三《南嶽懷讓禪師》異文作“入室弟子”，爲是。“室”的手寫字形和“寳”很相像，如東晉王羲之行書“室”爲“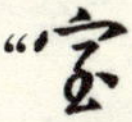”，而唐顔真卿在楷書中已經將“寳”簡寫爲“宝”，《廣燈録》將“室”作“寳”，蓋是傳抄而誤。朱校本《廣燈録》作“寳”，未勘改。[②]

（10）師云：“請兄先過。”其僧卻浮笠於水上便過。師云：“我卻共個梢子行，悔不一捧打殺。”（《廣燈録》卷八《筠州黄檗鷲峰山斷際禪師》）

按：“捧”應作“棒”。《會元》異文作“一棒打殺”，爲是。朱校本《廣燈録》作“棒”，未出校勘記。[③]

（11）能至深夜，自執燭，倩一童子，於秀偈之側，書一偈云：“菩提本無樹，明鏡亦非臺；本來無一物，何處惹塵埃。”（《會要》卷二《五祖弘忍大師》）

按：“倩”當作“請”。此處《會元》等異文作“請”，爲是。朱校本《會要》作“倩”，未勘改。[④]

（12）奉真身於本山，至今塔户不開，儀相如生，代宗

① 朱校本《廣燈録》，第74頁。
② 朱校本《廣燈録》，第79頁。
③ 朱校本《廣燈録》，第91頁。
④ 朱校本《廣燈録》，第46頁。

謚大醫禪師，塔曰"慈雲"。(《普燈録》卷一《四祖道信大士》)

按："不開"應作"不閉"。此處《會元》卷一《四祖道信大師》異文作"明年四月八日，塔戶無故自開，儀相如生，爾後，門人不敢復閉"。若按《普燈録》所載，既然不開，何以得見"儀相如生"？自相矛盾，且其他燈録皆作"自開"，故應勘改。"至今"表示行爲結果的延續，現今塔戶應是敞開不閉的狀態，因此，"不開"應作"不閉"，"開"爲"閉"之形誤。朱校本《普燈録》作"不開"，未勘改。[①]

（二）音近而誤

（1）吾受忍大師衣法，今爲汝等說法，不付其衣。蓋汝等信根純熟，澤定不疑，堪任大事。(《廣燈録》卷七《惠能大師》)

按："澤定"當作"决定"。此處應爲"堅定"義，《會元》卷一《六祖慧能大師》異文作"决定"，爲是。"澤"爲場伯切，入聲，澄紐陌韻，鐸部；上古音爲定紐鐸韻。"决"爲古穴切，入聲，見紐屑韻；上古音爲見紐月韻。"鐸月"可通轉，此處蓋爲音近而誤。朱校本《廣燈録》作"决定"，未出校勘記。[②]

（2）問："淨名默然，文殊贊歎云：'是真入不二法門。'如何？"(《廣燈録》卷八《筠州黄檗鷲峰山斷際禪師》)

按："真入"應作"真如"。《會元》異文作"真如不二法門"，爲是。"真如"是釋典常用詞。朱校本《廣燈録》作

① 朱校本《廣燈録》，第6頁。
② 朱校本《廣燈録》，第73頁。

“如”，未勘改。[1]

(3) 四祖道信大士，族司馬氏。世居河內，後徙蘄之廣濟。生而超異，於解脱法契如夙昔。自續祖位，脅不至席者殆六十年。(《普燈録》卷一《四祖道信大士》)

按：“夙昔”當作“夙習”。此處“夙昔”《會元》異文作“宿習”，《續燈録》卷一《四祖道信禪師》異文作“夙習”，“宿”或“夙”爲梵文譯詞後同音替代，“宿習”爲偏正短語，指道信對解脱法的熟悉程度就像前世有過學習的基礎一樣。“宿”在此表示時間義，爲“宿世”，梵語 pu^rva，巴利語 pubba。宿即久、舊、古之意義。宿世即前生、前世、過去世之義。宿世所有之習慣，稱爲宿習。[2] 而“夙昔”是並列短語，僅僅是表示過去時義，因此“夙昔”應作“夙習”或“宿習”。朱校本《普燈録》作“夙昔”，未勘改。[3]

(4) 師即令太子爲王宥罪施恩，崇奉三寶，復爲懺悔云：“願罪消滅。”如是三說，王即有間。(《廣燈録》卷六《第二十八祖菩提達磨者》)

按：“即”當作“疾”。《會元》卷一《初祖菩提達磨大師者》異文記述爲“王疾有間”，此處的背景爲異見王生病，達磨爲其懺罪之事。“即”和“王”都不適合作“有間”的當事成分，參考異文和上下文，得知“即”爲“疾”之音誤。朱校本《廣燈録》作“即”，未堪改。[4]

---

① 朱校本《廣燈録》，第 100 頁。

② 星雲、慈濟：《佛光大辭典》，北京圖書館出版社，2005 年版，第 4509 頁。

③ 朱校本《普燈録》，第 5 頁。

④ 朱校本《廣燈録》，第 58 頁。

(5) 即抵雒陽龍門香山寺，依寶靜禪師出家受具，復遊講肆，遍探大小乘義。(《廣燈録》卷七《第二十九祖惠可大師》)

按："復遊"應作"浮遊"。《會元》此處異文作"浮遊講肆"，"復遊"不辭，作短語解應是"又返回到原來講經說法的寺廟去"，但是依照前文及"五燈"各燈録所記載，慧可出家受具的寺廟應該是其第一個聽說佛法的寺廟，在同一個小寺廟中"遍學大小乘義"的條件實在是非常局限，更爲關鍵的是，下文有"年三十三。卻返香山"，那麼之前其"遊"的講寺，必然不是香山永穆寺。"遊"這一動詞所要求的環境語義格中的成分不能是唯一的固定處所，而"復"作爲"遊"的限制成分卻要求其處所元必然是已知的，但前文沒有提到慧可在受具前去過講寺，此又何來"復遊"之說？而"浮遊"本身就有四處遊歷之意，與上下文語境相符，因此，《會元》作"浮遊"爲是，《廣燈録》作"復遊"，蓋因"復"爲"房六切，入屋奉。又扶富切，沃部"，"浮"爲"縛謀切，平尤奉，幽部"，兩者音近，"復"爲"浮"的音誤。朱校本《廣燈録》作"復"，未勘改。①

(6) 問："依經解義，三世佛怨。離經一字，如同魔說時如何？"師曰："固守動靜，三世佛怨。此外別求，即同魔說。"(《傳燈録》卷六《洪州山百丈懷海禪師》)

按："怨"應作"冤"。《會元》異文作"三世佛冤"，爲是。依照經典解釋意思固然不是佛的本意，《金剛經》第7品："'須菩提，於義云何？如來得阿耨多羅三藐三菩提耶？

① 朱校本《廣燈録》，第63頁。

如來有所說法耶？’須菩提言：‘如我解佛所說義，無有定法名阿耨多羅三藐三菩提，亦無有定法如來可說。何以故？如來所說法，皆不可取，不可說，非法非非法，所以者何？一切聖賢皆以無爲法而有差别。’”因此，“依經解義”必然是違背佛之本意的，但是所造成的結果應是“冤枉了佛的本意”而不是“使佛產生了怨恨”。《金剛經》云：“菩薩應離一切相，發阿耨多羅三藐三菩提心，不應住色生心，不應住聲香味觸法生心，應生無所住心。”佛是不會產生怨恨心理的，“依經解義”的行爲只能是行爲的主體對佛之宗旨的違背而已。故《廣燈録》作“怨”誤，《會元》作“冤”爲是。顧注本作“怨”，未勘改。[①]

（7）經三年，師乃告之曰：“菩提達磨遠自竺干以正法眼藏密付於吾，吾今授汝，並達磨信衣，汝當守護，無令斷絕。聽吾偈曰：‘本來緣有地，因地種華生；本來無有種，華亦不能生。’”（《廣燈録》卷七《第二十九祖惠可大師》）

按：“不能”應作“不曾”。此處《會元》等異文記述爲“華亦不曾生”，爲是。例句是講佛性在心中的作用，“本來緣有地，因地種華生”是指在眾人的心中都有佛性，因爲有此基礎，那麼才可修佛法。“本來無有種，華亦不能生”，但佛法只是一個辯證的唯物哲理，一切對形式的追求都是宗教爲了傳播教義而采取的教育手段，佛法本就是一個辯證的、邏輯的、來源於生活的哲理，並不是抽象的、晦澀的、形而上的學說，最終要回歸生活本身，因此，根本就是一個不應存在的形式性的東西，所以應該用否定行爲進行可能性的

① 顧注本《傳燈録》，第418頁。

“不曾”，而“不能”表示行爲可能發生，但是結果沒有完成，與禪學宗旨不符。故《會元》等作“不曾”，爲是；《廣燈録》作“不能”，誤。“能”與“曾”同韻，蓋音誤。朱校本《廣燈録》作“不能”，未勘改。①

（三）音形俱近而誤

（1）我今百歲，八十爲非，不能禦歎，生亦奚顏。（《廣燈録》卷六《第二十八祖菩提達磨者》）

按：“歎”應作“難”。“御歎”爲孤例，《會元》卷一《初祖菩提達磨者》異文記述爲：“我今百歲，八十爲非，二十年來，方歸佛道，性雖愚昧，行絕瑕疵，不能禦難，生何如死？”此處是根據當時宗勝被斥逐，被迫退藏深山的背景來講的，“禦”又有“抵擋”“拒絕”“防禦”之義，如“禦敵”指“防禦敵人”，“禦福”指“拒絕福佑”，“禦兇”指“抗拒兇邪之氣”，結合背景，此處“御難”應是“抵禦災難”的意思，如後秦鳩磨羅什譯《大智度論》卷六十五：“譬如良藥能破眾病，若不能將順則不除患，非藥之失；又如瘁人雖得利器不能禦難，非器之過。”“難”爲那干切，泥紐寒韻；上古音爲泥紐元韻。“嘆”爲他但切，透紐翰韻；上古音爲透紐元韻。二字同韻，“透泥”爲旁紐，字形又相似，《廣燈録》蓋因音近形似誤。朱校本《廣燈録》作“禦難”，未出校勘記。②

① 朱校本《廣燈録》，第64頁。
② 朱校本《廣燈録》，第57頁。

## 二、不審文意致誤

（1）今時學者，總不識法，猶如觸草羊，逢著物，安在口裏，奴郎不辨、賓主不分。如是之流，邪心入道，鬧處即入，不得名爲眞出家人。（《會要》卷九《鎮州臨濟義玄禪師》）

按：“觸草羊”應作“觸鼻羊”。《廣燈録》卷十一《鎮州臨濟院義玄慧照禪師》異文爲“觸鼻羊”，爲是。袁賓等釋“觸鼻羊”爲：“傳説羊目不能辨物，凡是觸到鼻子的東西都吃進口裏，故稱‘觸鼻羊’，喻指不能辨識事理的人。”[①] 例文中的“逢著物，安在口裏，奴郎不辨、賓主不分”也表示不辨好惡的意思，而“觸草羊”則限制了選擇的範圍，不合文意，因此應爲“觸鼻羊”。朱校本《會要》作“觸草羊”，未勘改。[②]

## 三、涉文致誤

張涌泉提出“因上下文相涉而誤”是訛文的一個類型。具體指“某字本當作某，但由於受上下文的影響，有時就不知不覺地寫成另一個字”[③]。“涉文”取“涉”有“關聯、牽涉”義。涉文包含涉及上下文。此外，筆者還發現，由於常用詞的使用頻率較高，在文獻中往往會出現順手書寫刻録錯誤的情況，這也可以看成是由於“關聯、牽涉”導致的。本書將其歸結爲“涉慣用詞致誤”。因此“涉文致誤”可分爲

① 袁賓、康健：《禪宗大詞典》，崇文書局，2010 年版，第 58 頁。

② 朱校本《會要》，第 275 頁。

③ 張涌泉、傅傑：《校勘學概論》，江蘇教育出版社，2007 年版，第 38 頁。

"涉上文致誤""涉下文致誤"和"涉慣用詞致誤"，具體如下：

（一）涉上文致誤

（1）彼衆中有寶淨者答曰："我説無得，非得無得，當説得得，無得是得。"師曰："得既不得，得亦非得。既云得得，得得何得?"彼曰："見得非得，非得是得。若見不得，名爲得得。"師曰："得既非得，非得無得。既無所得，當何得得?"（《廣燈録》卷六《第二十八祖菩提達磨者》）

按："非得"應作"得得"。此處《會元》卷一《初祖菩提達磨大師者》異文記述爲："……祖曰：'得既不得，得亦非得。既云得得，得得何得?'彼曰：'見得非得，非得是得。若見不得，名爲得得。'祖曰：'得既非得，得得無得。既無所得，當何得得?'……"寶淨説"無得"是虚懷若谷沒有功利性的無爲但無所不爲，"無得"是"大得"。達磨的意思是連最後"無得是大得"也要捨去，根本就不要有"得"這個概念。在這段對話中，第一個"非得無得"之"非"是否定副詞，否定"得無得"，"我説無得，非得無得，當説得得，無得是得"意爲"我所説的沒有得到，不是行爲沒有收穫，而應該説是有所收穫的（得得），無利己主義、利他主義、無目的、無功利的行爲動機就是收穫（心靈境界的提升）"。而"得"的甲骨文字形爲"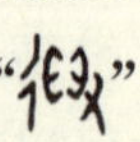"，"彳"表示行爲，"貝"表示財貨，"手"表示有所得到。此處例句"得得"這一個詞組中，前一個"得"是動詞，表示"得到""接受"，是其本義，後一個"得"是名詞，爲引申義，指"收穫"。"無得"是動賓結構詞組，副詞"無"修飾"得"

這一表示結果的名詞，“無得”指一無所獲。[1]“得既不得，得亦非得。既云得得，得得何得?”一句意爲“得到的結果既然不是行爲有目的去獲取的，這個收穫就不是收穫。既然説有所收穫，請問收穫的是什麽呢?”達磨旨在説明“無所住而生其心”，那麽哪有一絲一毫的“得”可取呢?“不得”是狀中結構詞組，“不”爲副詞修飾“得”這個行爲，“不得”指沒有目的和功利的行爲。“非得”是偏正結構詞組，“非”爲形容詞修飾“得”作爲名詞這一結果，“非得”指“不能稱爲收穫，不是收穫”。“見得非得，非得是得。若見不得，名爲得得”一句意爲“見到一切以物質等實相形式存在的結果都不是禪宗宗旨所直指的目的，這種物質存在是尋常所見的實相，如果是以無所追求的心做毫無功利的事情，才是禪法所説的‘得得’”。此處重在强調客觀實相的結果和虚空心性之所得的關係。理清了上面的思路，關鍵在下一句“得既非得，非得無得。既無所得，當何得得”，此句不通之處在於“非得無得”，因上句已説“得既非得”，上文又有“非得是得”，此處就不應是“無得”，儘管是外相的結果，不是形而上的本體究竟，但也是借相的“得”，只能説是“非得”（不究竟，不真實的結果）而不是“無得”（沒有結果），“是非”和“有無”是不同域的概念。而“非得無得”若换成“得得無得”則符合文意：“以客觀物質世界爲外相形式所顯示的結果不是禪法所回歸的宗旨，‘得得’所代表的形而上的本體性質就沒有任何形式來顯現其結果，既然沒

① “一無所獲”僅僅是因爲行爲的實施沒有動機、沒有客觀實相作爲結果載體存在，因此表面上看起來沒有收穫。

有形而下的物質形式作爲載體來顯現，你又怎麽知道什麽是‘得得’這種抽象的本體性呢?”由上下文可知此處的“得得”才的的確確是以“無得”的形式存在的，而“非得”還有一個外相的不究竟的結果爲依托，故不能言之爲“無得”。《廣燈録》中蓋因上文爲“既得非得”，下文便因此而涉誤作“非得無得”。其他幾部燈録皆作“得得”，朱校本《廣燈録》作“非得”，未勘改。[①]

(2) 師云：“修證即不無，不敢污染。”祖云：“秖此不污染，是諸佛之諸念。吾亦如是，汝亦如是。”(《廣燈録》卷八《南嶽大惠禪師》)

按：“諸念”應作“護念”。《會元》卷三《南嶽懷讓禪師》異文作“護念”，爲是。《廣燈録》因前有“諸佛”，涉誤。朱校本《廣燈録》作“諸念”，未堪改。[②]

(3) 簡曰：“弟子回，主上必問。願和尚慈悲，指示心要。”祖曰：“道無明暗，明暗是代謝之義。明暗無盡，亦是有盡，相待立名。故經云：‘法無有比，無相待故。’”(《會元》卷一《六祖慧能大師》)

按：“明暗”應作“明明”。此處《廣燈録》異文同《會元》作“明暗無盡”，《傳燈録》卷五《慧能大師》異文“道無明暗，明暗是代謝之義，明明無盡，亦是有盡”，《傳燈録》爲是。《會要》卷二《六祖惠能大师》：“簡云：‘弟子回京，主上必問，願和尚指示心要，傳奏聖人及京城道學者，譬如一燈，然百千燈，冥者皆明，明明無盡。’師云：‘道無

① 朱校本《廣燈録》，第55頁。
② 朱校本《廣燈録》，第78頁。

明暗，明暗是代謝之義，明明無盡，亦是有盡。'”“明暗”既然是“代謝”之義，就有來去，就有開始有盡頭，“暗”即“明”的終結，“明”是“暗”的開始，因此不能説“明暗”無盡。薛簡認爲只有相繼不斷的明明的外相顯現才是無盡的，是永恆的，但過分強調“明明”的“無盡”，言語行爲中便有了“暗”爲“有盡”的預設，因此，“明明”説起來似乎無盡，但過分執著“明”，便有了對“暗”的分別心、取捨心，就會產生妄知妄見，必然是導致“有盡”的結果，故此，“暗”（即“冥者”）並非常規理解的與“明”絕對對立的一定要否定改變的情境，説“明”，便是有了棄“暗”的分別心，“明”是相對於“暗”而立的。在任何境中不起妄念，自己于任何的外境中如如不動，便是實性。所以説，“明明無盡”是承上文“譬如一燈，然百千燈，冥者皆明，明明無盡”一句而來的，《會元》等未録全背景，又根據句中有“明暗是代謝之義”，導致衍誤，何况“明明”的第一表現是無盡的，“明暗”之“暗”便是“明”的盡頭，因此“明明無盡”爲是。朱校本《廣燈録》[①]及《會元》[②]作“明暗”，未勘改。

（4）示眾：“我聞前廊下也喝，後架裏也喝。諸子。[③]汝莫盲喝亂喝，直饒喝得興化向虛空裏，卻撲下來一點氣也無，待我蘇蘇息起來向汝道，未在何故[④]。”（《會元》卷十

① 朱校本《廣燈録》，第72頁。

② 朱校本《會元》，第69頁。

③ “。”應作“，”或“！”。見下文。

④ 項楚將“待我蘇蘇息起來向汝道，未在何故”一句校勘爲“待我蘇息起來向汝道‘未在’，何故？”爲是。見《〈五燈會元〉點校獻疑三百例》，《柱馬屋存稿》，商務印書館，2003年版，第319頁。

一《興化存奬禪師》)

按："蘇蘇息"應作"蘇息"。《傳燈録》卷十二《魏府興化存奬禪師》及《廣燈録》卷十二《魏府興化存奬禪師》異文皆將"蘇蘇息"作"蘇息"，而中華書局本《會元》在此換行，蓋因此衍文而誤。朱校本《會元》作"蘇息"，未出校勘記。①

（二）涉下文致誤

（1）汝善修德，不乃疾興。(《廣燈録》卷六《第二十八祖菩提達磨者》)

按："不乃"當作"不久"。《會元》卷一《初祖菩提達磨大師者》異文爲"當善修德，不久疾作"。聯繫下文"經七日，遂乃得疾"可知，此處表示時間間隔較短，且"不乃"不辭，"乃"蓋因下文"遂乃得疾"而衍誤。朱校本《廣燈録》作"不乃"，未勘改。②

（三）涉常用詞致誤

（1）性相如今，常住不遷，名時道。(《廣燈録》卷七《六祖慧能大師》)

按："如今"應作"如如"。《會元》異文作"性相如如"，爲是。"性相如如"是釋典常用語，《廣燈録》蓋因"如今"是常用詞，順手筆誤。朱校本《廣燈録》作"性相如如"，未出校勘記。③

（2）師壽於百歲，八十而造次。爲近至尊故，熏修而入道。雖具少智慧，而多有彼我。(《廣燈録》卷六《第二十八

① 朱校本《會元》，第891頁。
② 朱校本《廣燈録》，第57頁。
③ 朱校本《廣燈録》，第72頁。

祖菩提達磨者》)

按：“造次”應作“造非”。此處的背景爲宗勝前八十歲一直在爲非作歹，上文有“宗勝既被斥逐，念曰：‘我今百歲，八十爲非，不能禦歎，生亦奚顔?’言訖，自投崖谷。俄有一神人捧承之，置於岩石。神人說偈告宗勝曰：‘師壽於百歲，八十而造次……’”由此可知，《廣燈録》中的“造次”一詞是在概括說明宗勝八十年來的行爲性質，而無論在世俗文獻還是在禪宗文獻中，“造次”一詞皆多用於剛剛發生的行爲或一次性的行爲，多有“輕率”“冒犯”之義。此處強調宗勝八十年前做了很多的壞事，而並非指其一百歲時與異見王論議之事，因此，用“造次”不妥。《傳燈録》《會元》在《初祖菩提達磨者》卷中的異文皆記述爲：“師壽於百歲，八十而造非。爲近至尊故，熏修而入道。雖具少智慧，而多有彼我。”“造非”爲宋代禪宗新詞，在此例中義爲“進行錯誤之事（即作惡）”。朱校本《廣燈録》作“造次”，未勘改。①

（3）一曰：“磨塼豈得成鏡耶？坐禪豈得成佛耶？”一曰：“如何即是?”師曰：“如人駕車不行，打車即是？打牛即是?”一無對。(《傳燈録》卷五《南嶽懷讓禪師》)

按：“人”應作“牛”。《會元》卷三《南嶽懷讓禪師》異文作“如牛駕車”，爲是。根據例句中後文有“打牛即是”也可推證，此駕車的主體爲牛。顧注本《傳燈録》作“如人駕車”，未勘改。②

① 朱校本《廣燈録》，第 57 頁。

② 顧注本《傳燈録譯注》，第 330 頁。

## 四、倒文致誤

(1) 第二十九祖慧可大師者武牢人也，姓姬氏。父寂未有子時嘗自念言："我家崇善，豈無令子。"(《傳燈録》卷三《二祖慧可大師》)

按："豈無令子"應作"豈令無子"。《廣燈録》同《傳燈録》皆作"豈無令子"，誤。"令子"一詞多用於敬稱别人的孩子，不適合自稱，《會元》作"豈令無子"，爲是。顧本《傳燈録》作"豈無令子"，顧宏義釋"令子"爲"佳兒。令，善、美之意"[①]，但此義並不常用，也不合語義。朱校本《天聖廣燈録》作"豈無令子"，未勘改。

(2) 薩婆羅心知師聖，懸解潛達，即以手指虛空曰……(《廣燈録》卷六《第二十八祖菩提达磨者》)

按："師聖"應作"聖師"。《會元》卷一《初祖菩提达磨大师者》異文記録此條爲："薩婆羅心知聖師，懸解潛達，即以手指虛空曰……""聖師"在釋典中常用，在此指菩提達磨具有慧眼，法眼，化導之三力。"師圣"在禪籍中並不常見，故《廣燈録》作"師聖"，蓋是因倒文而誤。朱校本《廣燈録》作"師聖"，未勘改。

## 五、脱文致誤

(1) 一日，往黄梅縣，路逢一小兒，骨相奇秀，異乎常童。師問曰："子何姓？"答曰："姓即有，是常姓。"師曰："是何姓？"答曰："是佛性。"師曰："汝無姓耶？"答曰：

---

① 顧注本《傳燈録譯注》，第143頁。

“性空故。”師默識其法器。(《廣燈録》卷七《道信大師》)

按：“是常姓”應作“不是常姓”。此處《會元》卷一《四祖道信大師》異文爲“不是常姓”，爲是。道信本就是栽松道者假陰而生，沒有父親，根本就是“無姓兒”，凡“姓”皆無；若説是“佛性”，則佛性非常非無常，何來常姓？另“姓即有”一句後，常規是接轉折關係短句，若是並列或遞進關係，又煩師父問一遍“是何姓”，極爲累贅繁復，因此應作“不是常姓”。朱校本《廣燈録》作“是常姓”，未勘改。[1]

## 六、綜合原因致誤

(1) 一人得吾眉，善威儀（常浩）；一人得吾眼，善顧盼（智達）；一人得吾耳，善聽理（坦然）；一人得吾鼻，善知氣（神照）；一人得吾舌，善談説（岩峻）；一人得吾心，善吾今（道一）。(《廣燈録》卷八《南嶽大惠禪師》)

按：“吾今”應作“古今”。《會元》卷三《南嶽懷讓禪師》異文作“一人得吾心，善古今”，爲是。續藏本《廣燈録》自校爲“善吾命”[2]，蓋因“得心”，“心”與“命”相連的關係，此種解釋未免牽強。《廣燈録》原文作“吾今”，一則因“古”與“吾”音近，致誤；二則因前有“吾心”，衍上文而誤。朱校本《廣燈録》作“古今”，未出校勘記。[3]

---

① 朱校本《廣燈録》，第 67 頁。
② 《卍續藏》第 135 冊，第 651 頁。
③ 朱校本《廣燈録》，第 79 頁。

## 第二節　“五燈”異文勘誤類型

校勘是古籍整理與研究的基本環節，校勘學的任務主要在於以下幾個方面，如字形訛誤、錯簡、混淆、妄加、妄刪、誤改、孱雜、誤讀、避諱等。[①] 而“五燈”這種由口頭傳頌而形成，經學人筆録，後人刪改、增補、傳抄次數較多的系列燈録，對內容的真僞的甄別、脱漏的補充、文字及內容的校正都是校勘工作的重要方面，具體如下。

### 一、甄别僞托

儘管《傳燈録》《廣燈録》《續燈録》《會要》《普燈録》及《會元》共同構成“五燈”系列禪籍，然而各燈録的集撰者往往出於不同的編撰目的而使得燈録記述情節的多寡及真實性等各不相同，其中僞托的成分大量存在，正如龔雋所説的：“……特别是有關禪僧傳的書寫，僧傳和燈録都應用到各自不同的禪學理想去選擇人物、組織史料，並進行不同敘事的形象構造和思想評論，這在很大程度上表示了作傳者對禪師理想以及禪學傳統的詮釋。”[②] 因此在同一禪師的異文對讀中，從語言學的角度對內容的真僞進行剖析不乏是一個新的辦法。

僞托的語言或在語境中，或在邏輯上，或在文字措辭

① 參見戴海南：《校勘學概論》，陝西人民出版社，1986 年版，第 37～55 頁。

② 龔雋：《唐宋佛教史傳中的禪師想像——比較僧傳與燈録有關禪師傳的書寫》，載於《佛學研究中心學報》，2005 年第 10 期，第 158 頁。

間，總會顯出這樣那樣的破綻，抓住其行文不妥之處仔細推究，極利於對偽托的甄别，如：

(1) 能居士受衣法，啟曰：“法則既受，衣付何人?”師曰：“昔達磨初至，人未之信，故傳衣以明得法。今信心已熟，衣乃爭端，止於汝身，不復傳爾。且當遠引，俟時行化，所謂受衣之人，命如懸絲。”復云：“一花開五葉，結果自然成。”又云：“果滿菩提圓，華開世界起。”能曰：“當居何所?”師曰：“逢懷即止，遇會且藏。”能禮辭已，捧衣潛出。是夜南邁，大眾莫知。(《廣燈録》卷七《三十二祖弘忍大師》)

在《會元》此節中，並無“復云：‘一花開五葉，結果自然成。’又云：‘果滿菩提圓，華開世界起。’”一句，對比來看，《廣燈録》此作卻顯突兀，前一句弘忍教慧能“且當遠引”，按會話邏輯下句必然是慧能問“引”之處所，中間有其他寓意的語句插入，破壞了會話的連貫性，故《廣燈録》插入此語應屬偽托之作。

## 二、勘正文字

燈録口述傳抄的性質在保存了大量口語詞的同時，由於撰寫者各自的水平、書寫特點以及輾轉刊刻帶來的種種客觀因素，導致各燈録中有大量的誤字存在，異文校讀可以使讀者更敏鋭地發現字形方面的差異，而不是一味地“依文解義”。正如雷漢卿所説的：“文本互參法就是禪籍文本的比較研究，就語言研究而言，通過比較可以發現文本的校點問題、詞語使用的雅俗及訛錯等問題，對於正確解讀禪籍大有裨益。”[1] 針對“五燈”系列燈録存在大量的訛錯問題，本書在本章第一節已集中分類論述，在此略舉一二，如下：

(1)（慧可）又於筦城縣匡救寺三門下，談無上道，聽者林會。(《會元》卷一《二祖慧可大師》)

《傳燈録》卷三《二十九祖慧可大師》異文也作“筦城縣匡救寺三門下”[2]，《廣燈録》卷六《第二十九祖惠可大師》異文作“又於管城寺談法，聽者林會”[3]，兩者皆誤。“筦城”在廣州市，“管城”在今河南省鄭州市，二地均未見“匡救寺”之記載。另《會元》同篇上文有“即往鄴都，隨宜說法”，下文有“（慧可）葬磁州滏陽縣東北七十裏”，磁州（114.37°E，36.35°N）亦在今河北省邯鄲市。又《廣燈録》卷七《第三十祖僧璨大師》：“師又曰：‘可大師付吾法，後往鄴都，三十余年方終。’”也說慧可晚年在鄴都。因此，慧可所講法之地應在河北省邯鄲市鄴都境內，而《祖堂集》異文更加明確了這種推測，卷二作“時有辯和法師，於鄴都管城安縣匡救寺講《涅盤經》”[4]，“鄴都”在今河北省邯鄲市臨漳縣（114.62°E，36.35°N），“管城”應在鄭州，距離相差較大，故並非鄭州之管城。而“管”又有“管轄、控制”之義，舊時在對地域城市命名時，常稱土城、封地等爲“管城”，如《廣平府志》卷一：“成安縣其地四野平坦，（舊志）土城一座，周圍四里貳佰四十步高三丈闊一丈七尺濠，池深一丈餘。”而“成安縣”（114.68°E，36.43°N）在今河

---

① 雷漢卿：《禪籍方俗詞研究》，巴蜀書社，2010年版，第35頁。

② 《大正藏》第51冊第216頁。

③ 《卍續藏》第135冊第642頁。

④ 張美蘭：《〈祖堂集〉校注》，商務印書館，2009年版，第68頁。

北省邯鄲市，在東魏時期屬臨漳，在成安縣老城城池外的南面有說法臺，（嘉靖）《廣平府志》卷八有圖如下：

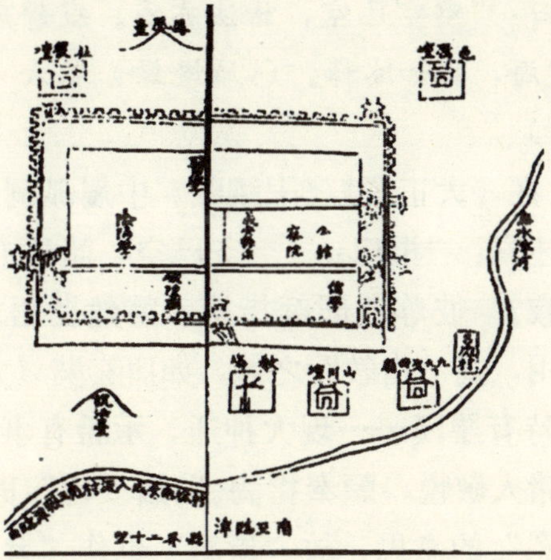

图 4—1

此例句後有文：“說法：在成安縣南二里，南北朝時僧達磨慧河[①]說法於此，隋開皇中筑，相傳二祖塔，在磁州界有二祖鄉，去成安十六里。”隋開皇中在 590 年前後，慧可于 593 年因講法遭辯和法師誣告過世，因此記爲“隋開皇中筑塔”，時間大致不錯。又據《古今圖書集成》之《博物彙編神異典》第一百零八卷僧寺部《畿輔通志》：“匡教寺在成安縣南二里許，曹溪二祖慧可說法處，隋開皇（581—600）中築臺，明嘉靖、萬曆、崇禎間屢有增修。”“匡教寺”与“匡救”音近，可知辯和講法之寺就在成安縣。《廣平府志》與《畿輔通志》記載皆爲“成安縣南二里”，皆爲紀念二祖慧可而作，因此“城安縣”“筦城縣”當爲“成安縣”。《傳

① 疑爲慧可。“河”爲“可”字形誤。

燈録》作"管城"、《會元》作"筦城"皆誤，二祖慧可說法遭難應在河北省邯鄲市成安縣。又如：

(2) 師曰："空空已空，諸法亦爾。寂靜無相，何靜何寂？"彼聞旨海，豁如冰釋。(《廣燈録》卷六《第二十八祖菩提達磨者》)

"旨海"在《大正藏》《卍續藏》中屬孤例，《會元》對此的異文記述爲："祖曰：'空空已空，諸法亦爾。寂靜無相，何靜何寂？'彼尊者聞師指誨，豁然開悟。"[①] "指誨"在釋典中常用，爲"指教"之義，如唐玄奘《大唐西域记·信度国》："時有羅漢……現大神通，示希有事，令衆信受，漸導言教。諸人敬悦，願奉指誨。"因"旨"與"指"都有"告旨""旨意"的意思，故"指誨"也作"旨誨"，如《三寶感應要略録》卷下《第四照果寺解脱禪師值文殊感應》："(釋解脱)常誦法花，並作佛光等觀，追尋文殊，於東堂之左，再三逢遇。初則禮已尋失，後則親承旨誨，脱請問文殊曰……"[②]，因此"旨海"應作"旨誨"或"指誨"。

(3) 一日，往黄梅縣，路逢一小兒，骨相奇秀，異乎常童。師問曰："子何姓？"答曰："姓即有，是常姓。"師曰："是何姓？"答曰："是佛性。"師曰："汝無姓耶？"答曰："性空故。"師默識其法器。(《廣燈録》卷七《道信大師》)

按：此例《會元》異文爲"不是常姓"[③]，爲是。道信本就是栽松道者假陰而生，沒有父親，根本就是"無姓兒"，凡"姓"皆無；若說是"佛性"，則佛性非常非無常，何來

① 中華本《會元》，第56頁。
② 《大正藏》第51冊第849頁。
③ 中華本《會元》，第50頁。

常姓？另“姓即有”一句後，常規是接轉折關係短句，若是並列或遞進關係，又煩師父問一遍“是何姓”，極爲累贅繁復。因此應作“不是常姓”。

誠然，異文校對中還有大量的異體字、通假字、俗字等，如雷漢卿所說的：“比較研究可以在唐代禪籍和宋代禪籍之間進行，也可以在同期語録如《五燈會元》和《景德傳燈録》《天聖廣燈録》《建中靖國續燈録》《聯燈會要》和《嘉泰普燈録》之間展開。通過比較我們可以發現文字（包括異體字、通假字、古今字、正俗字等）、詞彙、語法和内容表述等方面的異同甚至訛錯，有助於禪宗語言和禪宗文獻的整理。”[①] 然而“五燈”系列的異體、通假、俗字在江鈴鈴、郭驥、李旭、林莎、李茂華的碩士學位論文中均有專章涉及，馬丹丹的碩士學位論文《〈五燈會元〉俗字研究》也進行過專門的討論，由於其類型基本不出於譚偉[②]所列的偏旁改換、增減、易位等七種，本書只關注其訛誤部分，異體字、俗字只在校記中逐條標出，本書不再重複作業。

另外，異文中經常出現記録不一致的情况，這種情况爲燈録的校勘提供了極大的便利，如：

(4) 師曰：“諸佛出現猶示涅槃，有來必去理亦常然。吾此形骸歸必有所。”衆曰：“師從此去早晚卻回？”師曰：“葉落歸根來時無日。”（《傳燈録》卷五《慧能大師》）

《會元》異文作“來時無口”[③]，其他幾部燈録也作“無

① 雷漢卿：《試論禪宗語言比較研究的價值》，載於《語言科學》，2011第5期，第551頁。

② 譚偉：《祖堂集文獻語言研究》，巴蜀書社，2005年版。

③ 中華本《五燈會元》，第56頁。

口"，爲是。例句的上文有"先天二年七月一日，謂門人曰：'吾欲歸新州，汝速理舟楫。'時大眾哀慕，乞師且住"。"哀慕"一詞義爲"谓因父母、君上之死而哀伤思慕"，即大眾已知慧能此次回家蓋是"葉落歸根"之舉，且往生之日蓋不遠矣。至今民間有老人執意還鄉或遍探眾親友，眾人便多認爲這是其過世前的預兆。而"諸佛出現猶示涅槃，有來必去理亦常然。吾此形骸歸必有所"一句已經明確說明往生是必然的事情了。因此"早晚卻回"一句應是對轉世投胎的發問，因此慧能大師以"葉落歸根"表面上依然在說回新洲不再回來了，更深一層借"葉"代"身相"，"根"代"實性"，說明真性從未離去時時存在，但已沒有外相的顯現了。《漢語大詞典》釋"無日"條有"不久""天天""遙遙無期"三個義項。從"葉落歸根"一詞可知慧能此语指身相雖已泯滅但是不變的實性卻滲漏在一點一滴中永遠留存，所以此非"遙遙無期"之義；而從禪理上講，一切事物都是在運動變化之中的，身相的"生"是因緣和合而生，並不是主觀能夠決定的，所以，什麼時候、以什麼方式回來這是不能主觀預測的，禪籍中亦未見關於六祖轉世的記載，所以此亦非"不久"之義；慧能大師說的是實性的永恆，學人問的是轉世托生，重在希冀以形體出現，用"無口"表示沒有語言的表述，無跡可尋。這種意思在《會要》卷一《慧能大士》異文中增補爲"法雲秀云：'非但來時無口，去時亦無鼻孔。"[1]"無鼻孔"指沒有落法執，一點都沒有落言詮地以表面上答於新洲去返的問題，卻把相與性的關係用譬喻借代的方式闡

① 《卍續藏》第137冊第463頁。

述得滴水不漏。此正如雷漢卿所説的：“……能夠用佛性教化眾生，使其歸依佛法，就如同給天下人鼻孔穿上了繩索，可以任意調伏，最終成爲一頭馴服的露地白牛。”① 此處慧能大師并沒有給別人留下需要穿上繩索“拉回來”以找到本性的破綻。故此，“口”作爲五官名稱之一，和“鼻孔”爲對文，“日”當爲“口”之筆誤。

## 三、訂正史實

在“五燈”系列禪録對比的過程中，筆者發現大量的史實不一致的情況，這種現象直觀清晰地在各燈録異文中表現出來，在對比參證的基礎上參考相關文獻可有效還原真正的史實面貌。

（1）祖泛重溟，凡三周寒暑，達於南海，實梁普通八年丁未歲九月二十一日也，廣州刺史蕭昂具主禮迎接。（《傳燈録》卷一《初祖菩提達磨大師者》）

按：“普通八年丁未”應作“普通元年庚子”。此處《普燈録》異文記爲“普通元年庚子九月之二十一日”，爲是。② 顧宏義點校《景德傳燈録》作“普通八年丁未”，未勘改。③

（2）祖泛重溟三周寒暑，達於南海，抵廣州。實梁普通八年七月二十一日也，刺史蕭昂延接。（《會要》卷二《初祖菩提達磨大師者》）

按：“普通八年七月二十一日”應作“普通元年九月二

---

① 雷漢卿：《禪籍方俗詞研究》，巴蜀書社，2010年版，第582～583頁。

② 劉學智：《菩提達磨來華年代考》，載於《西北大學學報（哲學社會科學版）》，2005年第4期，第101～107頁。

③ 顧注本《傳燈録》，第124頁。

十一日"。此處《普燈録》異文記録爲"普通元年九月二十一日"，爲是。[①] 朱俊紅點校《聯燈會要》作"普通八年"，未勘改。[②]

（3）大士復念震旦緣熟，行化時至，乃辭祖塔同學及異見王，囑付護持。王具大舟，親率臣屬，送至海壖。歷歲三周，以梁普通元年庚子九月之二十一日始達於南海，廣州刺史蕭勵具主禮迎接，表奏武帝。帝遣使齎詔迎歸京城，十月一日抵金陵，車駕郊迎，延居别殿，遂問聖諦，機語不契，至十九日，潛往江北。(《普燈録》卷一《初祖菩提達磨》)

按："蕭勵"當爲"蕭昂"。此處記載爲"蕭勵具主禮迎接"，理由爲注文中有："(《傳燈》云：'祖以丁未普通八年至韶州，時刺史蕭昂具禮迎接，表奏據明教禪。'《禪正宗記》乃曰：'祖以庚子普通元年至韶州，刺史蕭勵迎接具奏，蓋蕭昂不曾刺韶州，勵乃昂之子也。'以南北史驗之，則當以《正宗記》爲是。)"[③] 因韶州和廣州距離不遠，《普燈録》以地點爲確進行校改，但廣州沿海，根據"跨水又逢羊"的讖緯，"羊"指"羊城"，即廣州的别稱，應是先到廣州的，何况《普燈録》正文中也作"……始達於南海，廣州刺史蕭勵具主禮迎接"。而520年，蕭昂正在廣州任刺史[④]，是符合史料記載的。"五燈"系列燈録相關異文皆作"蕭昂"。朱

---

① 劉學智：《菩提達磨來華年代考》，載於《西北大學學報（哲學社會科學版）》，2005年第4期，第101～107頁。

② 朱校本《會要》，第39頁。

③ 《卍續藏》第79册第40頁。

④ 劉學智：《菩提達磨來華年代考》，載於《西北大學學報（哲學社會科學版）》，2005年第4期，第101～107頁。

校本《普燈録》作“蕭勵”，未勘改。[1]

(4) 祖泛重溟，凡三周寒暑，達於南海，實梁普通七年丙午歲九月二十一日也，廣州刺史蕭昂具主禮迎接。(《會元》卷一《初祖菩提達磨大師者》)

按：“普通七年丙午歲”應作“普通元年庚子”。此處《普燈録》異文記録爲“普通元年”，爲是。[2] 朱校本《普燈録》亦依續藏本作“普通元年”。[3] 朱校本《會元》作“普通七年庚子歲”，“普通七年”未勘改。[4]

## 四、辨正重文

廣義來說，文字的錯誤和傳刻的錯誤是很難嚴格劃清界限的，有些音形相近的誤字也可能是在傳刻的過程中出現的，本書提到的“傳刻錯誤”指在文獻訛誤問題中涉及的一類特殊的現象，即“重文符號與‘今’字相亂”。

張涌泉、傅傑在《校勘學概論》中列舉了重文符號與“之”“了”“二”“夕”“人”相亂的五種情況[5]，但是筆者通過對“五燈”系列禪録的對比，發現可能還會有重文符號與“今”相亂的情況。

在敦煌文獻寫本中，已經見到了“々”“”這一重文符號[6]，與“今”草書字形相近。“今”在草書中的各種寫

① 朱校本《普燈録》，第2頁。

② 劉學智：《菩提達磨來華年代考》，載於《西北大學學報（哲學社會科學版）》，2005年第4期，第101～107頁。

③ 朱校本《普燈録》，第2頁。

④ 朱校本《會元》，第54頁。

⑤ 張涌泉、傅傑：《校勘學概論》，江蘇教育出版社，2007年版，第39頁。

⑥ 張涌泉、傅傑：《校勘學概論》，江蘇教育出版社，2007年版，第39頁。

法如下：（王獻之）、（鮮于樞）、（陳則曾）、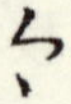（陳伯智）、（敬世江）。這些“今”的寫法和重文符號“々”非常相像，而沈約的草書“今”作“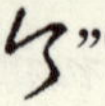”①和重文符號“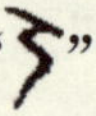”非常相像。重文符號所代表的字誤作“今”的情況在《廣燈録》一書中多見，如：

（1）簡曰：“師說不生不滅，何異外道所談？”師曰：“外道所談不生不滅者，將滅止生，以生顯滅，今猶不滅，生亦無生；我說不生不滅者，本自無生，今亦無滅，所以不同外道。外道者，但以文字句義所說，欲知心要，善惡都莫思量，自然得入，妙用河沙。”（《廣燈録》卷七《惠能大師》）

按：“今”應作“滅”。《會元》卷一《六祖慧能大師》異文作“滅猶不滅”，爲是。外道以滅作爲生結束的標志，有一個消逝的過程，以存在的消逝來表現不生不滅，殊不知消逝的過程依然是生滅的過程，相繼的“滅”以不斷變化的“生”來顯現，相繼的“生”在瞬間就轉變爲“滅”，因此“將滅止生，以生顯滅”的“滅”猶如“不滅”，“生”也如同“不生”。故當作“滅猶不滅”。朱校本《廣燈録》作“滅”，未出校勘記。②

（2）諸善知識，汝等静心，聽吾說法，汝等諸人，自心是佛，更莫狐疑，外無一物而能建立，所以心生種種法生，心滅種今法滅。（《廣燈録》卷七《惠能大師》）

按：“今”應作“種”。《會元》卷一《六祖慧能大師》

---

① 此節字體來源於 http://www.shufami.com/。
② 朱校本《廣燈録》，第 72 頁。

異文作“心滅種種法滅”，此句話在釋典中常用，“今”當作“種”。朱校本《廣燈録》作“種今法滅”，未勘改。[①]

(3) 翌日，覺頭痛如刺，其師欲治之，空中有聲曰：“此乃换骨，非常痛也。”光遂以事具白於師，今視其頂骨，即如五峰秀出矣。(《廣燈録》卷六《第二十九祖惠可大師》)

按：“今”應作“師”。此處《會元》異文記述爲“師視其頂骨”，是。“今”爲時間名詞，而“視其頂骨”的行爲應該是在神光覺得頭痛，之後向寶靜禪師敘説見到神人之事，寶靜禪師馬上做出的行爲[②]，並非是閲讀主體隨時在當下可見的。此句中施事主體應是寶靜禪師，而非讀者，因此，《傳燈録》《會元》等作“師”爲是，《廣燈録》作“今”誤。朱校本《廣燈録》作“師”，未出校勘記。[③]

從另一個角度來説，例（1）、例（2）誤字均爲“今”字，訛字的原因既與涉上下文無關，也無關於常用詞的影響，又不涉及音形義的關係。而且，校勘之後的正字和前一個正好都是重文，即原文“A今××”“B今××”的形式在勘正之後都呈“AA××” “BB××”的形式，因此，“今”很可能在寫本中爲重文符號，在《廣燈録》流傳刊刻的過程中出現了錯誤。

## 五、補充原文脱漏

因燈録是口頭講述或傳抄之作，難免在流傳的過程中造成内容上的脱漏或缺失，而這些又直接影響到文意的連貫性

---

① 朱校本《廣燈録》，第72頁。

② 前文有“即抵洛陽龍門香山，依寶靜禪師，出家受具於永穆寺”。

③ 朱校本《廣燈録》，第63頁。

與完整性，是不可或缺的部分，因此，異文對照對勘補這些內容來說也是一個十分可行的辦法，如：

（1）簡曰："弟子回，主上必問，願和尚慈悲，指示心要。"祖曰："道無明暗，明暗是代謝之義。明暗無盡，亦是有盡，相待立名。故經云：'法無有比，無相待故。'"（《會元》卷一《六祖慧能大師》）

《會要》卷二《六祖惠能大師》在"指示心要"之後加了一句"傳奏聖人及京城道學者。譬如一燈，然百千燈，冥者皆明，明明無盡"①，此句和下句的慧能所說的"道無明暗"話題一致，應爲原文所有，《會元》未録，當補。

（2）但人自虛妄計著，作若干種解會，起若干種知見，生若干種愛畏。但了諸法不自生，皆從自己一念，妄想顛倒，取相而有知。心與境本不相到，當處解脱，一一諸法當處寂滅，當處道場。又本有之性不可名目，本來不是凡不是聖，不是垢淨，亦非空有，亦非善惡，與諸染法相應，名人天二乘界。若垢淨心盡，不住繫縛，不住解脱，無一切有爲無爲縛脱心量處，於生死其心自在……（《會元》卷三《洪州百丈山懷海禪師者》）

《傳燈録》卷六《洪州百丈山懷海禪師》中無"生若干種愛畏……名人天二乘界"②，卻作"但人自虛妄計著，作若干種解會，起若干種知見。若垢淨心盡，不住系縛，不住解脱，無一切有爲無爲，縛脱心量處，於生死其心自在……"

---

① 《卍續藏》第137冊第463頁。

② 《大正藏》第51冊第249頁。

《傳燈録》中“但人自虚妄計著，作若干種解會，起若干種知見”一句明顯是假設行爲的主體有種種不合清淨自性的行爲，“垢淨心盡，不住系縛，不住解脱，無一切有爲無爲，縛脱心量”明顯是了悟清淨自性的，此二句正是相反的話題，卻沒有過渡的語句，兩種結果之間沒有體現轉變的手段、過程的語句，前後銜接不當。正如劉煥輝所説的：“……無論是口語或書面的表達，一定的後文總是一定前文的延伸。後文的組合要收到理想的表達效果，就必須從語音上、結構上，尤其是語義上解决好與前文的承接問題。就語義的組合來説，不管是一般的組合還是特殊的組合，後文非得顧及同前文的語義關聯不可，否則便會前後脱節，甚至相互矛盾。”[①] 而《會元》中“生若干種愛畏”與“起若干種知見”的句式一致，其後文的内容是對起知見的行爲進行總結批判，并明確説明了改變的途徑和方法。因此，《傳燈録》蓋是脱漏了“生若干種愛畏……名人天二乘界”一段，至少，在現今閲讀《傳燈録》時，應參照《會元》異文所載，這對了解以解會、知見參禪爲誤的原由是大有裨益的。

## 第三節　中華書局本《五燈會元》標點商榷

《五燈會元》作爲禪宗重要的典籍廣爲流傳。在禪宗研究空前火熱的當代，蘇校本《會元》更是多次修改再版，2011 年問世的朱校本《會元》點校雖對其中存在的問題多

① 劉煥輝：《言語交際學》，江西教育出版社，1988 年版，第 340 頁。

有改正，然而標點上的錯誤依然存在。本節在前人點校勘誤的基礎上，對蘇校本《會元》中依然存在的標點錯誤試作勘改，以供該書再版時參考。

## 一、不明語法致誤例

(1) 祖振威一喝，師直得三日耳聾。自此雷音將震，檀信，請於洪州新吳界，住大雄山以居處。岩巒峻極，故號百丈。(《會元》卷三《洪州百丈山懷海禪師者》)

按：項楚在《〈五燈會元〉點校獻疑三百例》中對此條點校爲："'自此雷音將震'爲一句。'檀信'是下句的主語，即'檀越信心'的省略，指佛教的施主和信徒。"項楚校點的底本爲中華書局1984年版，但2006年第8次印刷的時候，雖將"檀信"與"雷音將震"一句斷開，然竟未將"檀信"這一主語與"請於洪州新吳界"這一述補成分合爲一句，當改。

又"以居處"之"以"是"因爲"的意義，説明懷海禪師號"百丈"的原因，故應在"住大雄山"之後點斷，"'以居處'和'岩巒峻極'"應爲一句，中間無點斷。

"百丈"爲人名，應加雙引號。朱校本《會元》所點爲是。[①]

(2) 我聞前廊下也喝，後架裏也喝。諸子。汝莫盲喝亂喝，直饒喝得興化向虛空裏，卻撲下來一點氣也無。(《會元》卷十一《興化存獎禪師》)

按："諸子"之後的"。"應改爲"！"或"，"表示稱

① 參見朱校本《五燈會元》，第166頁。

呼語。

朱校本《會元》此處點爲“，”，爲是。①

(3) 汝等正是跉跰乞丐，懷寶迷邦。靈利漢纔聞舉著，眨上眉毛，便知落處。(《會元》卷十六《洪州法昌倚遇禪師》)

按：“眨上眉毛”爲“舉著”的賓語，不應斷開。

朱校本《會元》所點同中華書局本。②

## 二、不明文意致誤例

(1) 若不能恁麼會得，縱然誦得十二章陀典，只成增上慢，却是謗佛，不是修行。但離一切聲色，亦不住於離，亦不住於知解，是修行讀經看教。若準世間是好事，若向明理人邊數，此是壅塞人。(《會元》卷三《洪州百丈山懷海禪師者》)

按：“是修行讀經看教”一句中“是修行”之後應以“。”點斷，遠離外相的聲色，又不執著於這個“遠離”的分别，不執著於自己讀了很多經典、知道很多名相等，是真正的大修行，“但離一切聲色，亦不住於離，亦不住於知解”爲“是修行”的主語；而“讀經看教”之後應用“，”，“讀經看教”是世俗人追求博學多識的標準，但是對於了悟禪理的人來說，這是“唵（或作‘揞’）黑豆僧”。

朱校本《會元》雖解决了上述問題，但不知緣何將“是修行”與“讀經看教”分爲兩段，且“是修行”之後未加後引號。③

---

① 朱校本《五燈會元》，第 889 頁。

② 朱校本《五燈會元》，第 1397 頁。

③ 朱校本《五燈會元》，第 171 頁。

（2）師問院主：“甚處去來？”曰：“州中糶黄米來。”師曰：“糶得盡麼？”主曰：“糶得盡。”師以拄杖畫一畫曰：“還糶得這個麼？”主便喝，師便打。典座至，師舉前話。座曰：“院主不會和尚意？”師曰：“你又作麼生？”座禮拜，師亦打。（《會元》卷十一《鎮州臨濟義玄禪師》）

按：“院主不會和尚意？”一句的“？”應爲“。”。由後文的“座禮拜”可知，此處典座已經是胸有成竹地肯定性地評價院主——他沒有明白臨濟義玄您的意思啊！因此不能用“？”表示疑問，而應用“。”表示肯定。

朱校本《會元》此處作“。”，爲是。①

（3）二十年後。居云：“如今思量，當時不消道個何必。”（《會元》卷十一《興化存奬禪師》）

按：“二十年後。”中的“。”應爲“，”，此作句中的時間狀語，應在同一句內。“何必”應加“‘’”，表示“道”的内容。

朱校本《會元》點作：

二十年後，居云：“如今思量，當時不消道個‘何必’。”爲是。②

（4）次日，師自白椎曰：“克賓維那法戰不勝，不得吃飯。”即便出院。（《會元》卷十一《興化存奬禪師》）

按：《廣燈録》卷十二《魏府興化存奬禪師》異文記爲：“師白槌云：‘克賓維那昨日法戰不勝，罰錢五貫文，設供一堂，不得吃飯。’便令出院。”由此可知，“即便出院”一詞應

---

① 朱校本《五燈會元》，第884～885頁。

② 朱校本《五燈會元》，第891頁。

爲興化存獎禪師所說的，應改爲“……不得吃飯，即便出院”。

朱校本《會元》所點同中華書局本。[1]

(5) 師拈棒，僧乃轉身作受棒勢。師曰：“下坡不走，快便難逢。”便棒。僧曰：“這賊便出去!”師遂拋下棒。(《會元》卷十一《鎮州三聖院慧然禪師》)

按：“便出去!”在引號之外。應改爲：

僧曰：“這賊!”便出去。師遂拋下棒。

朱校本《會元》點爲：

僧曰：“这贼。”便出去，师遂抛下棒。[2]

## 三、不明人名致誤例

在中華書局本《會元》中，人名和地名下均加“____”。而在朱校本《會元》中對人名和地名均未加特殊標注，因此本節只對中華書局本《會元》標點進行勘正。

(1) 上堂：“君問西來意，馬師踏水潦。”(《會元》卷十六《越州天章元善禪師》)

按：“水潦”指水潦和尚，爲人名，下應加“__”。

(2) 僧問：“學人上來，乞師垂示。”師曰：“花開千朵。”秀曰：“學人不會。”師曰：“雨後萬山青。”曰：“謝指示。”師曰：“你作麼生會?”僧便喝。師曰：“未在。”僧又喝。師曰：“一喝兩喝後作麼生?”曰：“也知和尚有此機要。”師曰：“適來道甚麼?”僧無語，師便喝。(《會元》卷十六《越州五峰子琪禪師》)

---

① 朱校本《五燈會元》，第 891 頁。

② 朱校本《五燈會元》，第 896 頁。

按："秀"屬上讀，不應加"＿"，並非人名，全文皆以"僧"泛指與五峰子琪禪師對話的主體，並沒有明確說出名字，且"花開千朵秀"與"雨後萬山青"是對仗的。

(3) 長棄儒得度，訪道曹山，依雅禪師。(《會元》卷十七《隆興府泐潭洪英禪師》)

按："雅"應爲禪師名，下應加"＿"。

## 四、不明詞義致誤例

(1) 龐居士問："不昧本來人，請師高著眼。"師直下覷。士曰："一等沒弦琴，唯師彈得妙。"師直上覷，士禮拜。師歸方丈，居士隨後。曰："適來弄巧成拙。"(《會元》卷三《江西道一禪師》)

按：《會元》誤點，"隨後"與"曰"之間不應點斷。"隨後"是時間詞，表示時間短暫，隨即、立刻、馬上。"隨後"表示時間義在東北方言中有保留。在此表示龐居士反應之快，在落入言詮之後立馬就認識到了自己的疏忽。若點斷，"隨後"便成了動作語，表示跟隨義，如《會元》卷四《黃檗希運禪師》："師隨後入，曰：'某甲特來。'丈曰：'若爾，則他後不得孤負吾。'"此處表示緊隨其後。例句中，"士禮拜。師歸方丈"，既已禮拜，此案已了，居士還緊隨道一回方丈作甚？

朱校本《會元》點爲：

師歸方丈，居士隨後，曰……①

此點法亦將"隨後"理解爲動詞，同中華書局本。

---

① 朱校本《五燈會元》，第163頁。

## 五、引用不明致誤例

古籍中的斷句只有句讀而没有標點，因而引經據典時常常無法標明起止。中華書局本《會元》在點校時常對引用内容不用單引號加以標記，導致起止不明。現舉例如下：

(1) 堂曰：“祇如仲尼道，二三子以我爲隱乎？吾無隱乎爾者。太史居常如何理論。”(《會元》卷十七《太史山谷居士黄庭堅》)

按：應改爲：

堂曰：“祇如仲尼道：‘二三子以我爲隱乎？吾無隱乎爾’者，太史居常如何理論？”

朱校本《五燈會元》點爲：

堂曰：“只如仲尼道：‘二三子以我为隐乎，吾无隐乎尔’者，太史居常如何理论？”①

(2) 曰：“婆子道：比來請轉全藏，爲甚麼祇轉得半藏？此意又且如何。”(《會元》卷十八《福州鼓山别峰祖珍禪師》)

按：應改爲：

曰：“婆子道：‘比來請轉全藏，爲甚麼祇轉得半藏？’此意又且如何。”

朱校本《會元》所點爲是。②

(3) 悟謂曰：“也不易，你得到這田地，可惜死了不能得活，不疑言句，是爲大病。不見道，懸崖撒手，自肯承

---

① 朱校本《五燈會元》，第1541頁。

② 朱校本《五燈會元》，第1627頁。

當。絕後再蘇，欺君不得。須信有這個道理。"遂令居擇木堂，爲不釐務侍者。(《會元》卷十九《臨安府徑山宗杲大慧普覺禪師》)

按：應改爲：

"……不見道：'懸崖撒手，自肯承當。絕後再蘇，欺君不得。'須信有這個道理。"

朱校本《會元》所點爲是。①

## 六、標點使用錯誤例

標點使用錯誤指"、""，""。"等在使用上混淆的情況，如：

(1) 上堂："緊峭離水靴，踏破湖湘月。手把鐵蒺蔾，打破龍虎穴，飜身倒上樹，始見無生滅。却笑老瞿曇，彈指超彌勒。"(《會元》卷十七《潭州雲蓋守智禪師》)

按："龍虎穴"一句之後應爲"。"，朱校本《會元》所點爲是。②

(2) 上堂舉拂子曰："看！看！祇這個，在臨濟、則照用齊行，在雲門則理事俱備……"(《會元》卷十八《吉州禾山超宗慧方禪師》)

按："臨濟"後不應加"、"。朱校本《會元》所點爲是。③

① 朱校本《五燈會元》，第1708頁。
② 朱校本《五燈會元》，第1517頁。
③ 朱校本《五燈會元》，第1586頁。

# 結　語

本書在對“五燈”系列禪録彙編的基礎上，從語言學和文獻學兩個角度進行了研究探討。

語言研究方面，“五燈”系列作爲禪宗語録，保存了宋代大量的口語詞，其價值不言而喻。本書突破了以往專書研究偏重於《景德傳燈録》《五燈會元》的範圍局限，將“五燈”彙總，從多個角度展开研究。首先通過對文本的全面閱讀及文獻語料的檢索，對辭書未收的新詞新義進行整理，利用探求語源、類比歸納、方言佐證等一系列訓詁方法，結合禪宗教義，對“五燈”系列中的新詞新義進行考釋。其次對辭書中未收的詞目及缺漏的義項進行訓釋，並在此基礎上總結了“五燈”系列詞語研究與辭書編纂的價值。最后由於“五燈”系列禪録對禪師的記録多有重合，但内容上卻差異較多的特點，本書還采取了異文参校法對疑難詞語進行釋義。同時異文中的同義詞爲詞義演變的研究提供了切入點，以義位爲單位，進行詞義演變的追溯有利於對漢語詞彙發展史的研究。本書選取部分詞語進行列舉説明，在詞彙發展過程中，有意義擴大、縮小和轉移的變化，另外，外來文化（如佛教的傳入）對詞彙的産生、發展和使用情況也有一定的影響。異文中含有不同的句式表達，因爲修禪的主體是僧人，聽經聞法、讀誦經書是他们日常生活的一個重要方面，因此，“五燈”系列禪録中還有大量的句式異文，一部分是中古及中古譯經句式的存留，一部分是唐宋時期新興的口語句式，這種異文句式直接地反映了漢語中某些句式在中古及近代時期的變化、更替與發展情況。本書舉例說明了異文句式研究的可行性。

文獻研究方面，本書對“五燈”的版本進行了系統的考察，選取國内可見的版本，比較了其中的差異，選出作爲參校的版本。繼而以《會元》所收禪師内容爲主要依據，結合相關“五燈”異文進行增補彙校。在此基礎上對“五燈”中的錯誤進行校勘整理，參考前輩學者的校勘成果，對未勘改的部分進行校勘，並按照錯誤的原因進行舉例說明。從校勘的成果來看，“五燈”系列燈録目前所發行的校點本都是單行本，沒有一個彙總本，導致了對禪師的研究仍呈“割裂式”的解讀，而不能上下前後貫通。單行本的校點存在諸多的不足，最爲明顯的錯誤是依照《大正藏》或《卍續藏》的原文僅是添加標點，而對字詞及内容上的訛誤不予刊改。而禪宗燈録是宗教性質較強的文獻，要想實現對其的精確校點，必然要理解文意，而具有高水平的訓詁學知識、宗教學常識與文史知識是校點工作的前提與必要保障。同時，還應該廣泛地利用其他材料進行綜合校勘，使訛誤在最大限度上得以糾正，同時避免失校、誤校等問題的發生。另外，“五燈”内容中還有僞托、脱漏、史料不明等問題，已刊行出版的校點本還存在漏刊等問題，本书在前人研究的基礎上一一加以辨析。

總體來說，“五燈”系列禪録保存了大量的口語詞、俗諺等，而無論是從世俗詞語還是從禪宗語詞的角度看，作爲基礎性的釋義工作還遠遠不夠。“五燈”系列禪録詞彙中含有大量的引申義，多和禪宗教義有關。釋義工作的基礎要求是讀懂文本，將傳統訓詁學與禪宗義理相結合，根據具體語境與相關文獻，準確挖掘出字面後的引申義，這是漢語詞彙學及宗教學研究最基礎最實際的工作，對“五燈”系列的彙校與勘誤是文獻整理亟待解決的問題。

# 參考文獻

## 一、佛教文獻

安世高. 佛說阿難同學經［M］. 大正新脩大藏經第 02 冊.

般若. 大乘本生心地觀經［M］. 大正新脩大藏經第 03 冊.

本瑞直，性福. 煢絕老人天奇直註天童珏和尚頌古［M］. 卍新纂續藏經第 68 冊.

超永. 五燈全書［M］. 卍新纂續藏經第 81 冊.

澄觀. 大方廣佛華嚴經疏［M］. 大正新脩大藏經第 35 冊.

道宣. 廣弘明集［M］. 大正新脩大藏經第 52 冊.

道宣. 續高僧傳［M］. 大正新脩大藏經第 50 冊.

道元，朱俊紅. 景德傳燈録［M］. 海口：海南出版社，2011.

杜朏. 傳法寶紀［M］. 大正新脩大藏經第 85 冊.

法場. 辯意長者子經［M］. 大正新脩大藏經第 14 冊.

法顯. 大般涅槃經［M］. 大正新脩大藏經第 01 冊.

法應，普會. 禪宗頌古聯珠通集［M］. 卍新纂續藏經第 65 冊.

弘儲表. 南嶽單傳記［M］. 卍新纂續藏經第 86 冊.

惠洪. 林間録［M］. 卍新纂續藏經第 87 冊.

集雲堂．宗鑑法林［M］．卍新纂續藏經第 66 冊．
紀蔭．宗統編年［M］．卍新纂續藏經第 86 冊．
淨覺．楞伽師資記［M］．大正新脩大藏經第 85 冊．
淨柱．五燈會元續略［M］．卍新纂續藏經第 80 冊．
鳩磨羅什．佛說仁王般若波羅蜜經［M］．大正新脩大藏經第 08 冊．
李遵勗，朱俊紅．天聖廣燈録［M］．海口：海南出版社，2011．
聶承遠．佛說超日明三昧經［M］．大正新脩大藏經第 15 冊．
聶先．續指月録［M］．卍新纂續藏經第 84 冊．
普濟，蘇淵雷．五燈會元［M］．北京：中華書局，1984．
普濟，朱俊紅．五燈會元［M］．海口：海南出版社，2011．
瞿汝稷．指月録［M］．卍新纂續藏經第 83 冊．
瞿曇僧伽提婆．增壹阿含經［M］．大正新脩大藏經第 02 冊．
如純．黔南會燈録［M］．卍新纂續藏經第 85 冊．
如巹．緇門警訓［M］．大正新脩大藏經第 48 冊．
僧祐．弘明集［M］．大正新脩大藏經第 52 冊．
僧肇．注維磨詰經［M］．大正新脩大藏經第 38 冊．
善卿．祖庭事苑［M］．卍新纂續藏經第 64 冊．
紹隆，等．圓悟佛果禪師語録［M］．大正新脩大藏經第 47 冊．
師明續刊古尊宿語要［M］．卍新纂續藏經第 68 冊．
曇果，康孟詳．中本起經［M］．大正新脩大藏經第 04 冊．
曇無讖．大般涅槃經［M］．大正新脩大藏經第 12 冊．

通容. 五燈嚴統［M］. 卍新纂續藏經第 80 冊.
通醉. 錦江禪燈［M］. 卍新纂續藏經第 85 冊.
惟白，朱俊紅. 建中靖國續燈録［M］. 海口：海南出版社，2011.
文琇. 增集續傳燈録［M］. 卍新纂續藏經第 83 冊.
悟明，朱俊紅. 聯燈會要［M］. 海口：海南出版社，2011.
悟明. 聯燈會要［M］. 卍新纂續藏經第 79 冊.
心圓，火蓮. 揞黑豆集［M］. 卍新纂續藏經第 85 冊.
性統. 續燈正統［M］. 卍新纂續藏經第 84 冊.
一然. 三國遺事［M］. 大正新脩大藏經第 49 冊.
元賢. 繼燈録［M］. 卍新纂續藏經第 86 冊.
張美蘭. 祖堂集［M］. 北京：商務印書館，2009.
正受. 朱俊紅點校. 嘉泰普燈録［M］. 海口：海南出版社，2011.
志磐. 佛祖統紀［M］. 大正新脩大藏經第 49 冊.
智顗. 釋禪波羅蜜次第法門［M］. 大正新脩大藏經第 46 冊.
智者大師，章安. 四念處［M］. 大正新脩大藏經第 46 冊.
中華大藏經編輯局. 中華大藏經［M］. 北京：中華書局，2012.
竺法護. 度世品經［M］. 大正新脩大藏經第 10 冊.
竺法護. 賢劫經［M］. 大正新脩大藏經第 14 冊.
竺佛念. 出曜經［M］. 大正新脩大藏經第 04 冊.
子璿. 金剛經纂要刊定記［M］. 大正新脩大藏經第 33 冊.
宗密. 大方廣圓覺修多羅了義經略疏［M］. 大正新脩大藏經第 39 冊.

## 二、世俗文獻

班固，撰，顔師古，注. 漢書［M］. 北京：中華書局，2000.
陳述. 全遼文［M］. 北京：中華書局，1982.
戴侗. 六書故［M］. 文淵閣四庫全書本.
段成式. 酉陽雜俎［M］. 四部叢刊本.
顧宏義. 景德傳燈録譯注［M］. 上海：上海書店出版社，2010.
关漢卿. 蝴蝶夢［M］. 四部備要本.
國語［M］. 文淵閣四庫全書本.
黃綰. 明道編［M］. 四部叢刊本.
李賀詩全集［M］. 四部叢刊本.
李延壽. 北史［M］. 中華書局，1974.
劉義慶. 世説新語［M］. 上海：商務印書館，1915.
羅貫中，施耐庵. 水滸全傳［M］. 長沙：岳麓書社，2005.
毛詩傳［M］. 文淵閣四庫全書本.
錢謙益. 列朝詩集［M］. 續修四庫全書本.
全唐詩［M］. 文淵閣四庫全書本.
全相平話五種［M］. 上海：文學古籍刊行社，1956.
蘇澤恩. 圖解五燈會元［M］. 濟南：山東美術出版社，2008.
王鏊.（正德）姑蘇志［M］. 文淵閣四庫全書本.
王弼. 周易［M］. 四部叢刊本.
王充. 論衡［M］. 四部叢刊本.
魏徵，等. 隋書［M］. 北京：中華書局，2008.
向子諲. 酒邊詞［M］. 文淵閣四庫全書本.

徐梦莘. 三朝北盟彙編：影印本［M］. 上海：上海古籍出版社，2008.
嚴可均. 全後魏文［M］. 文淵閣四庫全書本.
耶律楚材. 湛然居士文集［M］. 四部叢刊本.
尹文. 尹文子［M］. 文淵閣四庫全書本.
袁于令. 西樓記［M］. 文淵閣四庫全書本.
张读. 宣室志［M］. 文淵閣四庫全書本.
張恩富，吳德新，錢發平. 五燈會元［M］. 重慶：西南師範大學出版社，2005.
震鈞. 顧平旦. 天咫偶聞［M］. 北京：北京古籍出版社，1982.

## 三、字典辭書

陳彭年，邱雍，等. 廣韻［M］. 四部叢刊本.
丁福保. 佛學大辭典［M］. 北京：中國書店，2011.
芳澤勝弘，等. 禪語辭書類聚二・葛藤語箋［M］. 日本花園大學禪文化研究所，1992.
顧野王，撰，胡宣吉，校釋・玉篇. ［M］. 上海：上海古籍出版社，1989.
郭璞，注，邢昺，疏. 爾雅注疏. 十三經注疏［M］. 北京：中華書局，1980.
胡孚琛. 中華道教大辭典［M］. 北京：中國社會科學出版社，1995.
許寶華，宮田一郎. 漢語方言大詞典［M］. 北京：中華書局，1999.
許慎. 說文解字：影印本［M］. 北京：中華書局，2004.

黄公绍，輯，熊忠，舉要．古今韻會舉要：影印本［M］．北京：北京圖書館出版社，2006.
江藍生，曹廣順．唐五代語言詞典［M］．上海：上海教育出版社，1997.
孔鮒，撰，宋咸，注．小爾雅［M］．四庫全書本．
刘堅，江藍生．宋語言詞典［M］．上海：上海教育出版社，1997.
龍潛庵．宋元語言詞典［M］．上海：上海辭書出版社，1985.
羅竹風．漢語大詞典［M］．上海：漢語大詞典出版社，1994.
梅膺祚．字彙［M］．懷德堂刻本．
邱樹森．中國歷代職官辭典［M］．南昌：江西教育出版社，1991.
星雲，慈怡．佛光大辭典［M］．北京：北京圖書館出版社，2005.
袁賓，康健．禪宗大詞典［M］．武汉：崇文書局，2010.
张自烈，廖文英．正字通：縮印本［M］．北京：中國工人出版社，1996.
張相．詩詞曲語詞彙釋［M］．北京：中華書局，1953.
趙之雲．圍棋詞典［M］．上海：上海辭書出版社，1989.
朱駿聲．說文通訓定聲［M］．北京：中華書局，1984.

## 四、學術著作

曹小雲．中古近代漢語語法詞彙叢稿［M］．合肥：安徽大學出版社，2005.

曾昭聰. 漢語詞彙訓詁專題研究導論［M］. 廣州：暨南大學出版社，2009.

曾昭聰. 魏晉南北朝隋唐五代詞源研究史略［M］. 北京：語文出版社，2010.

戴海南. 校勘學概論［M］. 西安：陝西人民出版社，1986.

董秀芳. 詞彙化：漢語雙音詞的產生和發展［M］. 成都：四川民族出版社，2002.

董志翹. 中古近代漢語探微［M］. 北京：中華書局，2007.

杜繼文，魏道儒. 中國禪宗通史［M］. 南京：江蘇古籍出版社，1992.

方一新. 訓詁學概論［M］. 南京：江蘇教育出版社，2008.

方一新. 中古近代漢語詞彙學［M］. 北京：商務印書館，2010.

馮春田. 近代漢語語法問題研究［M］. 濟南：山東教育出版社，1991.

馮國棟. 《五燈會元》校點疏失類舉］［A］//戒幢佛學第三卷［C］. 長沙：岳麓書社，2005.

高明. 中古史書詞彙論稿［M］. 天津：天津古籍出版社，2008.

葛兆光. 中國禪思想史［M］. 北京：北京大學出版社，1995.

郭良夫. 詞彙［M］. 北京：商務印書館，2000.

郭在貽. 新編訓詁叢稿［M］. 杭州：浙江大學出版社，2010.

郭在貽. 訓詁學：修訂本［M］. 北京：中華書局，2005.

洪修平. 禪宗思想的形成與發展［M］. 南京：江蘇古籍出

版社，1992.
黃金貴. 古代文化詞義集類編考［M］. 上海：上海教育出版社，1995.
江藍生. 近代漢語探源［M］. 北京：商務印書館，1999.
蔣冀騁. 近代漢語詞彙研究［M］. 長沙：湖南教育出版社，1991.
蔣冀騁. 近代漢語綱要［M］. 長沙：湖南教育出版社，1997.
蔣紹愚. 古漢語詞彙綱要［M］. 北京：北京大學出版社，1989.
蔣紹愚. 近代漢語詞彙語法史研究論文集［M］. 北京：商務印書館，2000.
蔣紹愚. 近代漢語研究概況［M］. 北京：北京大學出版社，1994.
雷漢卿. 禪籍方俗語研究［M］. 成都：巴蜀書社，2010.
雷漢卿. 近代方俗詞叢考［M］. 成都：巴蜀書社，2006.
李恕豪. 中國古代語言學簡史［M］. 成都：巴蜀書社，2003.
李豔琴，郭淑偉，嚴紅彥.《五燈會元》與《祖堂集》校讀［M］. 成都：巴蜀書社，2011.
李宗江. 漢語常用詞演變研究［M］. 上海：漢語大詞典出版社，1999.
梁曉虹，徐時儀，陳五雲. 佛經音義與漢語詞彙研究［M］. 北京：商務印書館，2005.
劉煥輝. 言語交際學［M］. 南昌：江西教育出版社，1988.
陸宗達，王寧. 訓詁方法論［M］. 北京：中國社會科學出版社，1983.
陸宗達，王寧. 訓詁與訓詁學［M］. 太原：山西教育出版社，1994.
邱百瑞. 圍棋入門一月通［M］. 上海：上海文化出版社，1997.
史存直. 漢語史綱要［M］. 北京：中華書局，2008.
蘇傑. 三國志異文研究［M］. 濟南：齊魯書社，2006.
蘇新春. 漢語詞義學：第2版［M］. 廣州：廣東教育出版社，1997.
譚偉. 《祖堂集》文獻語言研究［M］. 成都：巴蜀書社，2005.
汪維輝.《齊民要術》詞彙語法研究［M］. 上海：上海教育出版社，2007.
汪維輝. 東漢—隋唐常用詞演變研究［M］. 南京：南京大學出版社，2000.
王鳳陽. 古辭辨［M］. 長春：吉林文史出版社，1993.
王力. 漢語史稿［M］. 北京：中華書局，1980.
王力. 同源字典［M］. 北京：商務印書館，1982.
王彥坤. 古籍異文研究［M］. 廣州：廣東高等教育出版社，1993.
王雲路. 詞彙訓詁論稿［M］. 北京：北京語言文化大學出版社，2002.
王雲路. 中古漢語詞彙史：上、下［M］. 北京：商務印書館，2010.
向熹. 簡明漢語史：修訂本［M］. 北京：商務印書館，2010.

向熹. 簡明漢語史［M］. 北京：高等教育出版社，1993.

項楚.《五燈會元》點校獻疑續補一百例［A］//季羨林教授八十華誕紀念論文集（上）［C］. 南昌：江西人民出版社，1991.

項楚. 柱馬屋存稿［M］. 北京：商務印書館，2003.

徐時儀. 古白話詞彙研究論稿［M］. 上海：上海教育出版社，2000.

徐時儀. 漢語白話發展史［M］. 北京：北京大學出版社，2007.

楊琳. 古典文獻及其利用［M］. 北京：北京大學出版社，2004.

楊琳. 漢語詞彙與華夏文化［M］. 北京：語文出版社，1996.

楊琳. 訓詁方法新探［M］. 北京：商務印書館，2011.

于穀. 禪宗語言和文獻［M］. 南昌：江西人民出版社，1995.

俞理明. 佛經文獻語言［M］. 成都：巴蜀書社，1993.

袁賓. 近代漢語概論［M］. 上海：上海教育出版社，1992.

翟燕生，徐瑩. 圍棋入門［M］. 北京：金盾出版社，2007.

張聯榮. 古漢語詞義論［M］. 北京：北京大學出版社，2000.

張永言. 詞彙學簡論［M］. 武漢：華中工學院出版社，1982.

張永言. 語文學論集：增補本［M］. 北京：語文出版社，1999.

趙克勤. 古代漢語詞彙學［M］. 北京：商務印書館，1994.

趙振鐸. 訓詁學綱要［M］. 成都：巴蜀書社，2003.
周裕鍇. 百僧一案［M］. 上海：上海古籍出版社，2007.
周裕鍇. 禪宗語言［M］. 杭州：浙江人民出版社，1999.
周裕鍇. 禪宗語言研究入門［M］. 上海：復旦大學出版社，2009.
朱承平. 異文類語料的鑒別與應用［M］. 長沙：岳麓書社，2005.
朱慶之. 佛典與中古漢語詞彙研究［M］. 台北：文津出版社，1992.

## 五、學術論文

曾良，蔡俊. 從詞彙系統看中古漢語詞義訓釋［J］. 合肥師範學院學報，2009（1）.
曾良，儲小旵. 唐宋词语考释二则［J］. 古汉语研究，2005（2）.
曾良. 佛經字詞考釋［J］. 語言科學，2004（3）.
曾昭聰，曹小雲. "死亡"義場同義詞的同與異［J］. 漢語學報，2008（4）.
曾昭聰. 古漢語文化同義詞的同義連用現象分析［J］. 綿陽師範學院學報，2010（4）.
曾昭聰. 漢譯佛經與漢語詞彙［J］. 華夏文化，2004（3）.
曾昭聰. 漢語成語的佛教淵源［J］. 嘉應學院學報，2004（2）.
曾昭聰. 論明清俗語辭書的編纂目的［J］. 合肥師範學院學報，2011（5）.
曾昭聰. 中古佛經中的委婉語考析［J］. 廣州大學學報，

2005（2）.
陳世強.《景德傳燈録》概説［J］. 法音，1988（6）.
儲泰松. “和尚”的語源及其形義的演變［J］. 語言研究，2002（1）.
儲泰松. 中古佛典翻譯中的“吳音”［J］. 古漢語研究，2008（2）.
崔達送，詹緒左，儲泰松，曹小雲. 異文比較與古漢語教學［J］. 滁州學院學報，2008（1）.
刁晏斌.《景德傳燈録》中的選擇問句［J］. 俗語言研究，1997（4）.
段觀宋.《五燈會元》俗語言詞選釋［J］. 俗語言研究，1994（創刊號）.
馮春田. 試說《祖堂集》《景德傳燈録》“作麼生”與“怎麼生”之類的詞語［J］. 俗語言研究，1995（2）.
馮國棟.《景德傳燈録》宋元刊本續録［J］. 文獻，2006（1）.
馮國棟.《五燈會元》版本與流傳［J］. 宗教學研究，2004（4）.
龔雋. 唐宋佛教史傳中的禪師想像——比較僧傳與燈録有關禪師傳的書寫［J］. 佛學研究中心學報，2005（10）.
闞緒良，呂曉玲. “野渡無人舟自横”新解［J］. 安徽廣播電視大學學報，2011（3）.
闞緒良.《五燈會元》里的“是”字選擇問句［J］. 語言研究，1995（12）.
黑維強. 元明清白話詞語札記［J］. 中文自學指導，2001（6）.

黄建寧.《廬山遠公話》中的"莫言不道"[J]. 敦煌研究，2004（1）.

黄靈庚.《五燈會元》標點正誤二則[J]. 古漢語研究，1998（1）.

黄靈庚.《五燈會元》詞語札記[J]. 浙江師範大學學報（社會科學版），1999（3）.

黄夏年. 王恩洋與《五燈會元》[J]. 世界宗教文化，2001（4）.

雷漢卿. 試論禪宗語言比較研究的價值[J]. 語言科學，2011（5）.

劉凱鳴.《五燈會元》詞語補釋[J]. 俗語言研究，1994（創刊號）.

劉學智. 菩提達磨來華年代考[J]. 西北大學學報（哲學社會科學版），2005（7）.

盧烈紅.《古尊宿語要》的近指代詞[J]. 武漢大學學報（哲學社會科學版），1998（5）.

盧烈紅.《古尊宿語要》的旁指代詞[J]. 古漢語研究，1999（3）.

盧烈紅. 禪宗語録詞義札記[J]. 中國典籍與文化，2005（1）.

盧烈紅. 禪宗語録中帶語氣副詞的測度問句[J]. 長江學術，2011（3）.

盧烈紅. 談談禪宗語録語法研究的幾個問題[J]. 武漢大學學報（人文科學版），2012（4）.

馬格俠. 俄藏黑城出土寫本《景德傳燈録》年代考[J]. 敦煌學輯刊，2005（2）.

喬立智.《五燈會元》點校疑誤舉例［J］. 宗教學研究，2012（1）.

邱震強.《五燈會元》釋詞二則［J］. 中國語文，2007（1）.

沈丹蕾.《五燈會元》的句尾語氣詞“也”［J］. 安徽師範大學學報，2011（4）.

蘇淵雷. 禪風·學風·文風——《五燈會元》新探［J］. 法音，1984（1）.

唐賢清. 副詞“煞”與“殺”句法分布的歷時演變［J］. 長沙電力學院學報（社會科學版），2004（2）.

唐賢清. 近代漢語副詞“可煞”的演變規律［J］. 中南大學學報（社會科學版），2003（1）.

唐賢清. 近代漢語副詞“忒煞”雜議［J］. 湖南醫科大學學報（社會科學版），2002（3）.

滕志賢.《五燈會元》詞語考釋［J］. 古漢語研究，1995（4）.

滕志賢.《五燈會元》詞語考釋［J］. 俗語言研究，1995（2）.

王振國. 略析《宋高僧傳》《景德傳燈録》關於部分禪宗人物傳記之誤失——兼論高僧法如在禪史上的地位［J］. 敦煌學輯刊，2002（1）.

武振玉.《五燈會元》中的是非問句與選擇問句初探［J］. 陝西師範大學繼續教育學報，2001（1）.

武振玉. 試析《五燈會元》中的是非句與選擇問句［J］. 長春大學學報，1998（2）.

項楚.《五燈會元》點校獻疑三百例［J］. 古籍整理出版情況簡報，1987（3）.

徐健.《五燈會元》語詞考釋［J］. 俗語言研究，1995（2）.
徐時儀. 不離文字和不立文字——談言和意［J］. 上海師範大學學報（哲學社會科學版），1997（4）.
徐時儀. 古白話及其分期管窺——兼論漢語詞彙史的研究［J］. 南陽師範學院學報，2007（1）.
徐時儀. 古代白話研究與漢語詞典的編纂［J］. 喀什師範學院學報，1997（3）.
徐時儀. 略論文獻異文考證在漢語史研究中的作用［J］. 廣州大學學報，2006（3）.
徐時儀. 略論文言與白話的特色［J］. 蘇州科技學院學報（社會科學版），2009（1）.
徐時儀. 密禪二宗語言觀探論［J］. 中華文化論壇，2000（1）.
徐時儀. 試論古白話詞彙研究的新發展［J］. 南陽師範學院學報，2009（1）.
楊曾文. 道原及其《景德傳燈録》［J］. 南京大學學報（哲學人文社會科學版），2001（3）.
楊琳. 論異文求義法［J］. 語言研究，2006（9）.
楊永龍，金朝霞.《宋元語言詞典》釋義獻疑［J］. 周口師專學報，1995（S1）.
袁賓.《五燈會元》詞語續釋［J］. 語言研究，1987（2）.
袁賓.《五燈會元》口語詞探義［J］. 天津師範大學學報，1987（5）.
張靖龍.《景德傳燈録》中的唐五代佚詩考［J］. 溫州師範學院學報，1987（1）.
張美蘭.《五燈會元》詞語二則［J］. 古漢語研究，1997（4）.

張美蘭.《祖堂集》祈使句及其指令行爲的語力級差［J］.清華大學學報（哲學社會科學版），2003（2）.

張美蘭.從《祖堂集》問句看中古語法對其影響［J］.語言科學，2003（3）.

張美蘭.論《五燈會元》中同形動量詞［J］.南京師範大學學報（社會科學版），1996（1）.

周啟付.《五燈會元》中的諺語［J］.讀書，1988（3）.

周志鋒.元明清白話著作釋詞［J］.古漢語研究，1999（3）.

祖生利.《景德傳燈録》的三種複音詞研究［J］.古漢語研究，1996（4）.

祖生利.《景德傳燈録》中的補充式複音詞［J］.渭南師範學院學報，2001（3）.

祖生利.《景德傳燈録》中的聯合式複音詞［J］.古漢語研究，2002（3）.

祖生利.《景德傳燈録》中的偏正式複音詞［J］.古漢語研究，2001（4）.

祖生利.《景德傳燈録》中的支配式和主謂式複音詞淺析［J］.西藏民族學院學報（哲學社會科學版），2001（1）.

## 六、學位論文

杜曉莉.《景德傳燈録》同義名詞研究［D］.成都：四川大學，2003.

馮國棟.《景德傳燈録》研究［D］.上海：復旦大學，2004.

龔峰.《五燈會元》祈使句研究［D］.苏州：蘇州大學，2010.

郭驥.《天聖廣燈録》與《五燈會元》語言比較研究［D］.

成都：四川大學，2010.
闞緒良.《五燈會元》虛詞研究［D］. 杭州：浙江大學，2004.
黄俊銓. 禪宗典籍《五燈會元》研究［D］. 杭州：浙江大學，2007.
江靈鈴.《景德傳燈録》與《五燈會元》語言比較研究［D］. 成都：四川大學，2010.
李茂華.《嘉泰普燈録》與《五燈會元》語言比較研究［D］. 成都：四川大學，2010.
李旭.《建中靖國續燈録》與《五燈會元》語言比較研究［D］. 成都：四川大學，2010.
李豔琴. 禪籍語言研究［D］. 成都：四川大學，2012.
林莎.《聯燈會要》與《五燈會元》語言比較研究［D］. 成都：四川大學，2010.
羅舒.《三朝北盟彙編》文獻與語言研究［D］. 成都：四川大學，2012.
孟豔紅.《五燈會元》程度副詞研究［D］. 武汉：武漢大學，2004.
王遠明.《五燈會元》量詞研究［D］. 贵阳：貴州大學，2006.
殷偉.《五燈會元》反複問句及選擇問句研究［D］. 南京：南京師範大學，2006.
鄒仁.《五燈會元》動態助詞研究［D］. 福州：福建師範大學，2008.

# 後記

時光荏苒，從碩士到博士，在川大的 6 年就這樣一晃而過。

6 年前，根性愚鈍、基礎薄弱的我承蒙雷先生不棄，收至門下，使我讀禪宗原典的愿望終於得以實現，縱然佛家有機緣一說，但我更是終身感激恩師的教導。

說起博士論文的寫作，感慨良多。在碩士期間，先生就引導我們注意新詞新語的訓釋，但由於自身水平有限，尤其是對禪宗義理了解不多，遲遲不敢涉足，這種畏懼心理甚至延續到了博士論文初稿完成之後。對此，雷先生一針見血地指出我的搪塞與逃避，並再三鼓勵，使得我終於將校對過程中記録下的疑難詞抽出部分進行訓釋，並作爲論文的主體内容。儘管由於個人水平有限，先生的建議和構想都沒有貫徹到位，但先生的鼓勵無疑給了我在學術之路上繼續堅持的勇氣和信心。我的畢業論文從選題到成文先後修改了幾次，每次調整都很大，耗費了先生大量的心血。感動無以言表，唯有將先生改過的稿子小心地奉於案頭，時時鞭笞自己腳踏實地。

幸運的是，先生不僅給予我們學業上的指點，還有生活上的幫助與心性沉靜上的提醒。作爲“85 後”的一代人，我也難免受到世俗觀念的影響，一直以來靠意志力強迫自己達到某一目標，好強的另一面，便是急功近利的浮躁，久而久之，便看不到曾經夢想的天空，反倒在終日的忙碌與疲憊中迷失了自己。在每次見面的時候，先生都以各種方式勸導，有時匆忙間的隻言片語，竟也清涼至骨髓。財色名食，無非是庸人自擾，當一切的煩惱在先生的諄諄教誨中如塵埃一般漸漸落去的時候，離別的鐘聲竟已敲響。當我懷著即將遠行的不舍與遺憾，依照先生的教導以淡泊清淨的心態去度過我与經書相伴的餘生時，先生已然早早地向我講述教書育人的道理、要求與方法了……

"要沉下來……"

如今，我在這種寧靜與安詳中讀書、校注，漸漸陶醉於簡單的快樂與充實中。我會依照先生的教導方式，在努力清淨自心、扎實求學的同時把這種淡然與沉靜傳遞給我的學生。

感恩睿智慈愛的師母對我們生活的關懷，您是我們學術與生活的榜樣。

感恩俞理明老師、蔣宗福老師、譚偉老師以及王彤偉老師、顧滿林老師。儘管老師們都很忙，但是幾年來每次面對我幼稚的問題，都不厭其煩地解答並給予新的見解和思路。感恩肖婭曼老師，儘管我最終很遺憾地中斷了對配價的深入探討，但您的鼓勵培養了我在理論探索方面的極大興趣。

感謝曾昭聰、汪維輝、完權、蕭基平、孫尊章、張龍、葉桂郴、程志兵、王閏吉等諸位老師提供的資料並耐心地爲我答疑解惑。

感謝博士學位論文的外審專家及答辯委員，你們提出的寶貴意見爲論文的修改和完善給予了極大的幫助，更爲我今後研究的發展指明了方向。

感謝輔導員張放老師，長久以來您耐心的傾聽、巧妙的開導、持續的鼓勵、熱心的幫助，使我在苦悶與沮喪中不斷地看到希望，得以積極樂觀地堅持並努力著。

感謝程碧英、章紅梅、嚴紅彥、李豔琴、徐琳師姐，李登橋、曹文亮、田啟濤、羅舒師兄，高天霞、魏豔玲、何大吉、周勤、陳永花、王川等同學以及師弟任連明、徐振、王勇、李彬，師妹王淑涵、賈貞等，在川大的 6 年，與你們同行，少了孤單與落寞，多了歡笑與溫暖。

感謝川大提供的學習環境與各項獎助金，使我們能安心讀書。在這裏向各位教務人員及圖書管理員們道一聲“辛苦”!

感謝東華理工大學文法學院的領導與老師們，考慮到我論文寫作中時間緊張，校方把面試及上課的時間都定在節假日前後，給我提供了極大的方便，尚未入職，已感受到極大的關懷與溫暖，特此致謝。

感謝父母多年來對我學業的支持與理解。當理想回歸現實，你們的微笑是讓我最欣慰的答案。今後的生活中，我會用全心的愛陪伴你們。

感謝紛擾與糾結的生活給了我特殊的磨礪，讓我開始學着愛與觀照自己。也許，這是歲月給我的一份极其珍貴的禮物。

唯愿依然：春有百花秋有月，夏有凉風冬有雪……

**李 旭**

**2013 年 6 月**